GÉNÉRATION MÉLENCHON

ADRIEN QUATENNENS

GÉNÉRATION MÉLENCHON

ÉDITIONS DU SEUIL
57, rue Gaston-Tessier, Paris XIXe

ISBN 978-2-02-148092-4

www.seuil.com

Le courage, c'est d'agir et de se donner aux grandes causes sans savoir quelle récompense réserve à notre effort l'univers profond, ni s'il lui réserve une récompense.

Jean Jaurès

1

Pourquoi ce livre ?

Ce lundi-là, je déjeunais avec quelques camarades dans le 10e arrondissement de Paris. C'était entre deux confinements. Enfin, il était de nouveau possible de se retrouver dans un restaurant. Nous ignorions alors que cela ne durerait pas. Attablés dans un coin qui donnait sur l'angle de la rue, nous nous retrouvions pour préparer l'emménagement dans les locaux de notre futur siège pour la campagne présidentielle de 2022.

Notre conversation, rythmée par la musique que jouaient assez fort les enceintes situées tout autour de nos têtes, porta d'abord sur la crise sanitaire et ses conséquences. Il fallait pousser la voix pour se faire entendre. Ce ne devait pas être la radio mais plutôt une de ces *playlists* programmées. Les chansons se succédaient sans la moindre publicité ni intervention. Dans la liste, que des titres français des années 1960. Dans le désordre, je crois me souvenir que nous avons notamment eu droit à du Sylvie Vartan, Eddy Mitchell, France Gall, Hervé Vilard, Dalida, Claude François, Sheila, Dick Rivers et, pour mon plus grand plaisir, l'idole de mon enfance, Johnny Hallyday !

Un court instant, je décrochai de la conversation. Je ressentais le puissant décalage entre la pesanteur du moment que nous étions en train de vivre avec cette épidémie et l'insouciance totale qui se dégage de ces chansons. Elles balisent une époque. Celle où la génération d'après-guerre, de mes grands-parents, vivait ses vingt ans. Il m'est arrivé d'évoquer cela avec eux. Quand on écoute ces titres, qu'on les aime ou pas, on ressent le vent de liberté, de légèreté et de facilité qui les habite. Cette impression que tout allait bien ou presque et que, de toute façon, tout ne pourrait qu'aller mieux.

J'interrompis la conversation pour le faire remarquer à mes camarades qui acquiescèrent d'un sourire gêné et de quelques mots avant de reprendre aussitôt le cours de notre discussion. Est-ce à dire que « c'était mieux avant » ? Je ne le crois pas. Mais l'évidence selon laquelle demain serait inéluctablement meilleur qu'aujourd'hui paraît lointaine. Désormais, l'incertitude domine. Dans le quotidien individuel comme dans notre trajectoire collective, tout paraît plus ou moins précaire, suspendu à un fil.

Depuis combien de temps n'a-t-on pas qualifié le moment vécu de « crise », quelle qu'en soit la nature ? Le mot « crise » est partout mais il est mal adapté à la situation que nous vivons. Le terme de « crise » laisse entendre que, lorsque celle-ci s'achève, on revient à l'état qui la précédait. Or, il est à peu près certain que nous ne reviendrons jamais vraiment à l'état antérieur. Nous vivons une fin de cycle. Une dislocation. Au pied du mur des défis présents et futurs, la génération à laquelle j'appartiens est obligée de penser un monde entièrement neuf.

L'épidémie de Covid-19 a plongé le monde dans l'une des plus graves crises sanitaires de son histoire. Dans un quotidien déjà pavé d'incertitudes, celle-ci est venue nous atteindre jusque dans notre plus stricte intimité, avec de graves conséquences, d'ordres multiples. Aussi, elle fonctionne comme un puissant révélateur des failles d'un système que ses partisans refusaient jusqu'alors d'admettre. Ne nous y trompons pas : la cause des difficultés rencontrées n'est pas seulement le virus. C'est la conjugaison entre le virus et un mode d'organisation particulier, issu de choix politiques. Nos modes de production, d'échanges et de consommation sont en cause. Ce sont des décisions, prises par des hommes et des femmes qui, sans qu'ils aient été en capacité d'anticiper une telle situation, nous ont rendus plus vulnérables face au virus. Les conséquences du virus sont d'autant plus graves qu'il s'abat sur un modèle où règnent d'abord la compétition et le marché plutôt que l'entraide et la solidarité. Plus que d'en tirer le bilan, il faut rompre avec ce modèle.

Longtemps admiré comme l'un des meilleurs au monde, notre système de santé s'est considérablement dégradé en quelques années sous les coups des néolibéraux, de leur volonté idéologique perpétuelle d'introduire de la concurrence et du marché partout et de baisser les dépenses publiques. Mis à très rude épreuve, nos hôpitaux n'ont tenu que grâce au dévouement absolu des personnels. Ceux-là étaient mobilisés avant même le début de la pandémie pour exiger des moyens humains, matériels et financiers supplémentaires.

L'hôpital géré comme une entreprise, la santé comme une marchandise, les privatisations et l'austérité budgétaire auront notamment eu raison de 100 000 lits, fermés en vingt ans à l'hôpital public[1], dont 7 400 en deux ans au début du quinquennat d'Emmanuel Macron. Les fermetures programmées se poursuivaient d'ailleurs au cœur même de la vague épidémique. Le 12 mars 2020, dans son adresse aux Français, Emmanuel Macron affirmait que « la santé n'a pas de prix ». En 2020 pourtant, 5 700 lits d'hospitalisation complète ont été fermés en France, en pleine pandémie de Covid-19, selon la même logique : « faire des économies ». Et comment ne pas évoquer l'accroissement des déserts médicaux où vivent désormais 3,8 millions de Français[2] ? 20 % d'entre eux disent s'être déjà rendus aux urgences dans les

1. Emmanuel Vigneron, *La Santé au XXIe siècle : à l'épreuve des crises*, Éditions Berger-Levrault, 2020.

2. Selon une étude de la direction de la recherche, des études, de l'évaluation et des statistiques, rattachée au ministère des Solidarités et de la Santé, publiée le 14 février 2020.

deux dernières années faute de disponibilité d'un médecin de ville. Il faut en moyenne 6 jours pour obtenir un rendez-vous chez un médecin généraliste, 22 jours pour un pédiatre, 28 jours pour un dentiste, 80 jours pour un ophtalmologiste ! Nos infirmières, parmi les moins bien payées des pays de l'Organisation de coopération et de développement économique (OCDE), ont dû recourir à l'auto-organisation face à une technocratie hors-sol, incapable de planifier quoi que ce soit.

Au début de la crise sanitaire, les Français applaudissaient tous les soirs à 20 heures ces soignants en première ligne qu'ils voyaient porter des sacs-poubelles en guise de surblouses. Des sacs-poubelles, dans la sixième puissance économique du monde ! Et combien d'autres professions de première et deuxième ligne face à l'épidémie, exercées dans la précarité ? Un grand pays comme la France a manqué d'un équipement aussi banal qu'un bout de papier avec deux élastiques ! Au motif que la capacité de production chinoise devait permettre de faire face aux besoins, les stocks stratégiques de masques n'avaient pas été renouvelés.

Pour mieux cacher l'échec de ce grand déménagement du monde, le gouvernement, son Premier ministre Édouard Philippe en tête, nous a répété pendant des semaines que « le port du masque est faussement protecteur ». La France dépend à 80 % d'imports pour les médicaments alors que nous en produisions l'essentiel il y a vingt ans encore. Même le Doliprane n'y est plus produit !

Après les errements de départ, les mensonges sur les masques dont le gouvernement n'a jamais accepté la gratuité que nous n'avons cessé de réclamer, la mise en route laborieuse des tests, le traçage fantôme, l'absence d'accompagnement pour l'isolement, le ratage à l'allumage s'est confirmé lorsque la disponibilité d'un vaccin fut confirmée.

Au printemps 2020, Emmanuel Macron se rendait dans un laboratoire de Sanofi. On allait voir ce qu'on allait voir ! « Quoi qu'il en coûte », « souveraineté sanitaire » et « relocalisation » faisaient alors partie des éléments de langage du plan de communication. L'éponge passée sur la promesse honteuse de Sanofi de servir prioritairement les États-Unis en vaccins alors même que la France lui verse des aides considérables en crédit d'impôt compétitivité et crédit d'impôt recherche, le président de la République misait tout sur le vaccin français. Mais, alors que la plupart des grandes puissances disposaient de leur propre vaccin, la France non. À cette période, Sanofi aura davantage fait les gros titres pour ses 4 milliards de dividendes versés aux actionnaires et 400 suppressions de postes dans la recherche, que pour être parvenu à doter la France de son propre vaccin. C'est l'Union européenne, incapable d'imaginer les choses autrement que dans la logique de marché, qui s'est chargée de négocier dans l'opacité les contrats avec les laboratoires pharmaceutiques du monde entier ou presque. Presque, car on a vu se déployer une diplomatie du vaccin assez originale et surtout très idéologique. Ainsi, avant de savoir s'il était efficace ou non, on avait l'impression que le vaccin russe n'était pas souhaité pour la seule et unique raison qu'il était russe !

Considéré comme une marchandise, soumis aux lois de l'offre et de la demande et à la recherche de profits des laboratoires dont certains patrons sont devenus milliardaires pendant la pandémie, le vaccin est loin d'être « le bien commun de l'humanité » qu'appelait de ses vœux Emmanuel Macron. Sur les 39 millions de premières doses inoculées à travers le monde, seules 25, soit 0,00006 % l'avaient été dans les pays les plus pauvres. Cette fracture vaccinale entre les pays les plus riches et les pays les plus pauvres se poursuit. Elle menace la réussite de notre combat face au Covid. L'épidémie est mondiale. Elle nous rappelle à notre appartenance commune à l'humanité et ses liens d'interdépendance. Une hypocrisie de plus quand on sait que la France, avec l'Union européenne, s'est opposée à la levée des brevets sur les vaccins à l'Organisation mondiale du commerce malgré les recommandations de l'Organisation mondiale de la santé ! Même en pleine épidémie, les sorciers du fric ne désarment pas.

Pendant la crise, le gouvernement réquisitionnait-il les sites de production du matériel indispensable ? Non. Mettait-il fin à l'austérité budgétaire à l'hôpital et dans notre système de santé ? Non. Créait-il un pôle public du médicament comme nous le proposions pour assurer notre indépendance dans la recherche et la production des molécules essentielles ? Non plus. En revanche, il confiait des missions de l'État à d'onéreux cabinets de conseil privés proches de la macronie.

Les confinements, déconfinements, reconfinements, couvre-feux, l'absence de planification, les ordres et contrordres permanents, les mensonges, les incohérences multiples rendant les décisions incompréhensibles et affaiblissant la discipline sanitaire, les paris hasardeux et dangereux comme le choix de ne pas reconfiner sans pour autant planifier la moindre alternative au confinement, les négations du ministre Jean-Michel Blanquer sur la dégradation de la situation sanitaire à l'école, les Conseils de défense utilisés comme gouvernement parallèle tenu au secret, le Parlement réduit à voter sur la base des allocutions télévisées du Président, la gestion de cette crise signe l'affaiblissement de l'État et, par voie de conséquence, le déclassement de la France.

Pendant un an, le groupe parlementaire insoumis a livré au gouvernement des montagnes de propositions[1] : propositions de lois comme le pôle public du médicament, levée des brevets sur les vaccins, guides de protection des salariés, mesures d'urgences pour les étudiants, rapports d'auditions, plan de déconfinement complet, plan d'alternatives au confinement, instauration d'un système de roulements et rotations avec protocoles sanitaires renforcés pour

1. Toutes consultables sur le site internet lafranceinsoumise.fr

permettre que la vie reprenne tout en limitant la circulation du virus. Rien de ce que produit l'opposition ne trouve grâce aux yeux du monarque et de sa cour.

Dès qu'un vaccin fut disponible, nous fûmes les premiers avec Jean-Luc Mélenchon à dire qu'il ferait partie de la solution face au virus et à réclamer la levée des brevets afin qu'il soit libre pour tous. Pas de profits sur la pandémie ! Face aux doutes d'une partie de la population sur ces vaccins de nouvelle technologie, mis sur pied en un temps record, et pour susciter l'adhésion à la vaccination dans le contexte de la crise sanitaire, l'Organisation mondiale de la santé (OMS) préconisait de convaincre plutôt que de contraindre. Emmanuel Macron avait d'ailleurs affirmé que le vaccin ne serait pas obligatoire. Le gouvernement avait assuré que le pass sanitaire, permettant l'accès à tel ou tel lieu selon que l'on soit vacciné ou testé négatif, ne serait pas étendu à tous les domaines de la vie sociale. Mais sans surprise, l'équipe qui avait accumulé les mensonges et approximations sur les masques, les tests et tout le reste confirmait ses mauvaises manières.

Le 12 juillet 2021 fut un paroxysme de la monarchie présidentielle. Seul et en dépit de ses engagements, le président de la République décida l'obligation vaccinale pour les soignants à qui il n'avait pas su fournir les équipements nécessaires pour se protéger et pour protéger leurs patients au début de la crise. Il annonça aussi l'extension du pass sanitaire, jusqu'alors réservé aux événements de plus de 1 000 personnes, dès douze ans et pour des choses aussi banales que prendre le train, aller boire un café ou voir un film au cinéma. Des dispositions de suspension du contrat de travail pour les salariés n'ayant pas de pass sanitaire furent également prises. La France était alors le seul pays d'Europe à prendre de telles mesures pendant que, par la conviction, d'autres pays d'Europe comme l'Espagne étaient très en avance sur la vaccination des personnes les plus fragiles. Surtout, pour contraindre à la vaccination sans en assumer l'obligation, il décida l'objectif de déremboursement des tests PCR sans prescription médicale, alors que ces derniers sont essentiels dans la lutte contre l'épidémie. D'autant plus que, si le vaccin protège d'une forme grave de la maladie et diminue le risque de contamination, il n'en protège pas à 100 %. Dérembourser les tests PCR, c'est accroître la fracture sanitaire dans le pays.

Il ne s'est jamais agi pour nous de remettre en cause l'utilité du vaccin pour mettre fin à l'épidémie. Au contraire. Nous sommes le pays des Lumières, de la science et de Pasteur. Mais on devrait pouvoir discuter de la politique vaccinale, de la population visée, des autres solutions en complément du vaccin, de même que de pouvoir refuser la société de contrôle généralisée qui s'instaure avec le pass sanitaire, sans être taxés d'antivax pour autant. Or la méthode du gouvernement fut, une fois de plus, un véritable déni de démocratie. Pour préserver l'unité du pays dans le combat face au Covid, cette méthode brutale n'était pas la bonne. Vécue comme une grande violence par beaucoup de Français, qu'ils soient favorables ou non à la vaccination, elle fragilise l'adhésion aux politiques de santé et met à mal la démocratie sanitaire. Cela laissera des traces. Dans le même discours, Emmanuel Macron annonçait le retour de la réforme des retraites et confirmait celle de l'assurance chômage. Il n'en fallait pas plus pour faire sortir dans la rue des centaines de milliers de personnes en plein cœur de l'été.

Ainsi se vit l'actuel président de la République, tour à tour chef de guerre dans son Conseil de défense, meilleur épidémiologiste de France et monarque n'ayant « aucun *mea-culpa*, aucun remords, ni aucun constat d'échec à faire ». Ne déclarait-il pas lui-même qu'il « manque un roi à la France » ? Aurait-il oublié l'histoire de notre pays et le sort que les Français ont réservé au monarque ? Entre les « Gaulois réfractaires » et les « 66 millions de procureurs », ses invectives montrent que cet homme a un sérieux problème avec l'idée même de démocratie et de souveraineté populaire. Cette Ve République, véritable monarchie présidentielle, est à bout de souffle. Avant même la pandémie, la puissance des revendications démocratiques portées par les Gilets jaunes, comme celle sur le référendum d'initiative citoyenne, en attestait déjà. Les similitudes entre les cahiers de doléances des Gilets jaunes et ceux du peuple de 1789 en disent long. Il y a un besoin urgent de respiration démocratique et de justice sociale. La Grande Révolution de 1789 est un processus inachevé.

En république, le seul souverain, c'est le peuple. Ce n'est pas le monarque qui décide de tout, tout seul. L'article 28 de la Déclaration des droits de l'homme et du citoyen de la Constitution du 24 juin 1793 rappelle qu'un « peuple a toujours le droit de revoir, de réformer et de changer sa Constitution. Une génération ne peut assujettir à ses lois les générations futures ». Plus de vingt fois, la Constitution de la Ve République a été retouchée sans l'intervention populaire. Stop aux tripatouillages ! Place à l'Assemblée constituante permettant au peuple de redéfinir la règle du jeu !

Pendant la crise sanitaire, les difficultés économiques des entreprises privées ont été exagérées. En effet, les aides que l'État leur versait compensaient souvent plus que leurs pertes. Avec ces aides, mais aussi en détruisant des emplois, beaucoup ont généré des taux de marge importants alors que leur chiffre d'affaires chutait. Ainsi, et sans nier l'existence de difficultés, la majorité des petites et moyennes entreprises (PME) s'en est bien sortie. En moyenne, leur bénéfice a augmenté de 2 % en 2020[1]. Les milliards catapultés par le gouvernement sans contrepartie sur les entreprises leur ont donc permis de générer plus de profits qu'avant la crise.

1. Guillaume Etiévant, « Les entreprises françaises ne sont pas en difficulté… mais elles se sont quand même débarrassées de leurs salariés », site internet du magazine *Frustration*, 5 juillet 2021.

Prenons l'exemple des restaurateurs dans sa globalité : leur chiffre d'affaires a certes baissé de 33,7 % entre 2019 et 2020 mais leur bénéfice a augmenté de 6,6 %[1].

Pour les actionnaires du CAC 40, cette crise a des allures de fête. Alors que 100 % de ces entreprises ont bénéficié des aides publiques et que nombre d'entre elles conservent des activités dans les paradis fiscaux, elles se sont servies de la crise comme prétexte pour procéder à des milliers de licenciements et atteindre de nouveaux records de dividendes. L'Observatoire des multinationales précise qu'en 2021, les entreprises du CAC 40 prévoient de verser 51 milliards d'euros de dividendes à leurs actionnaires, renouant ainsi avec les records de l'année 2019. C'est 140 % de leurs profits annuels. Preuve s'il en fallait une que ce capitalisme ne se soucie absolument pas de l'intérêt général, ni d'investir dans notre avenir. Il procède d'une vision court-termiste et d'une prédation sans bornes des richesses produites sur le dos des travailleurs. Selon l'Insee, entre décembre 2019 et décembre 2020, 284 000 emplois salariés ont été détruits. Le Covid a bon dos. En janvier 2021, la France atteignait un nouveau triste record : 6,8 millions d'inscrits à Pôle emploi, toutes catégories confondues.

Le gouvernement n'a cependant pas renoncé à sa réforme de l'assurance chômage dont le seul objectif est de faire des économies sur le dos des chômeurs. Par une modification du calcul de l'indemnité, cette réforme entrée en vigueur le 1er octobre 2021 va particulièrement pénaliser les travailleurs précaires contraints d'alterner entre des contrats courts et des périodes de chômage. On estime que plus d'un million de personnes vont voir leurs indemnités diminuer, en moyenne de 17%. Alors qu'un chômeur sur deux n'est pas indemnisé, la réforme prévoit de durcir les

1. Marion Kindermans, « Les PME ont en moyenne fait plus de bénéfices en 2020 », site internet des *Échos*, 3 juin 2021.

conditions d'accès à l'indemnisation. On ne rappellera jamais assez que l'indemnisation du chômage n'est pas la charité mais bien une assurance pour laquelle les travailleurs cotisent. Le chômage est une souffrance dont les conséquences multiples tuent 12 000 personnes par an.

La Constitution de 1956 rappelle que l'emploi est un droit. Ce droit est d'autant moins effectif que les politiques menées par les libéraux en la matière sont absolument inefficaces. Pour l'essentiel, elles reposent sur la « flexibilisation », c'est-à-dire la diminution du droit du travail, et la baisse de l'indemnisation. Pourtant, il n'y a aucune corrélation entre le niveau des droits et de l'indemnisation d'une part et le niveau du chômage d'autre part. S'il fallait s'en convaincre, rappelons que le chômage était au plus bas dans ce pays au moment où il était le plus indemnisé, dans les années 1970. Pour justifier sa réforme, le gouvernement met en avant les fameux « emplois non pourvus ». Une façon de dire que le problème ne viendrait pas de la création d'activité mais du manque de volonté des chômeurs de retourner au travail. On peut estimer ces emplois non pourvus au nombre de 264 000. Environ 1 emploi non pourvu pour 24 chômeurs disponibles. De plus, près de 90% des contrats signés sont des contrats courts. Par conséquent, le principal problème de l'emploi en France n'est pas celui d'un chômage volontaire fantasmé mais bien celui d'un manque de création d'emplois pérennes et attractifs. Le « marché du travail » est défectueux. Non, il n'est pas vrai que l'on trouve un emploi en traversant la rue. Non, il n'est pas vrai que l'on gagne davantage au chômage qu'en travaillant.

À ceux qui répètent que « les entreprises créent les emplois », il faut rappeler que ce n'est pas leur but premier. D'ailleurs, si elles en créent, elles en détruisent aussi beaucoup. Pendant la période Covid, on comptait pas moins de 1 000 plans sociaux avec 112 000 licenciements. Mais surtout, le monopole du marché pour décider des priorités et de ce qui est utile ou ne l'est pas est contestable. La vie d'un chômeur qui souhaite obtenir un emploi consiste à multiplier les efforts pour convaincre de potentiels employeurs de ses talents. Or, il y a énormément de tâches à accomplir pour relever les défis qui nous font face, au premier rang desquels le changement climatique, que le marché ne prend pas en charge. C'est la raison pour laquelle, à La France insoumise, nous ne croyons pas du tout à l'idée selon laquelle inéluctablement le travail viendrait à manquer. Par conséquent, s'il y a des tâches à accomplir et des femmes et des hommes disponibles et volontaires pour le faire, il suffit de faire le lien entre les deux.

Le capitalisme utilise le chômage pour faire pression à la baisse sur les droits et les salaires. Plus il y a de chômeurs à la porte de l'entreprise, plus les salariés en emploi revoient leurs demandes à la baisse. À l'inverse, plus on approche du plein-emploi, plus les salaires vont à la hausse. Chaque femme, chaque homme aspire à vivre dignement de son travail. C'est pourquoi, face au chômage de masse, en plus de la poursuite de la bataille historique pour la diminution du temps de travail, il apparaît urgent de contester le monopole du marché du travail dans la création d'emploi. En instaurant un mécanisme de garantie d'emploi avec l'État employeur en dernier ressort, on touche le capitalisme à son point faible.

Outre les politiques pour créer des emplois, encore faut-il savoir protéger ceux qui existent et les savoir-faire qui y sont associés. Pendant que le ministre de l'Économie et des Finances, Bruno Le Maire, déclare qu'il n'y a « pas de casse sociale », les plans sociaux, les liquidations et délocalisations se multiplient dans le pays avec l'incapacité complice de l'État à protéger notre industrie. L'action de l'État se résume au largage de milliards d'argent public sans contrepartie et sans vision stratégique. Chaque fois, c'est la même recette : l'entreprise qui veut délocaliser ou fermer un site de production pour maximiser ses profits invoque le mot magique : « com-pé-ti-ti-vi-té ». S'il ne veut pas dire maximisation des profits, qu'est-ce que ce mot peut bien vouloir dire ? Est-ce que la « com-pé-ti-ti-vi-té » veut dire produire le meilleur, le plus innovant, le plus utile pour l'avenir ? Non. Ça veut juste dire produire moins cher pour maximiser les profits. À force de liquidations, c'est la France qu'ils sont en train de liquider.

Prenons des exemples récents : les fonderies d'aluminium pour le secteur automobile. Renault, PSA et tous les autres auront toujours besoin de fonderies. Elles ferment en France parce qu'ils partent produire ailleurs. Et on ne parle pas nécessairement du bout du monde. Ici, par exemple, en Espagne. Autre exemple. Le cas de l'usine Bridgestone, qui produisait des pneus à Béthune, dans le Nord. Lors de l'annonce de la fermeture, le Premier ministre Jean Castex déclarait : « Bridgestone n'a pas réalisé les bons investissements. » Tout dépend de quel point de vue on se situe. Car, du point de vue des actionnaires, si, totalement ! Tout en ramassant les aides de l'État, le groupe a sous-investi pendant des années sur le site de Béthune, laissant produire sur place des pneus dont il savait pertinemment qu'ils n'étaient plus adaptés au marché. Dans le même temps, le groupe investissait en Pologne et en Hongrie avec les subventions de l'Union européenne pour préparer ses délocalisations. Là encore, il ne s'agit de rien d'autre qu'une délocalisation au sein même de l'UE, avec ses aides et celles de l'État français. La belle affaire pour les actionnaires !

Comme à chaque fois, le gouvernement a tout de même dépêché sur place quelques ministres pour les caméras et pour bredouiller les bras ballants devant les grilles de l'entreprise sous l'œil des salariés et de leurs familles quelque chose comme : « C'est pas bien ! » Fermez le ban. Rideau. Voilà pourquoi nous défendons l'idée que les entreprises qui bénéficient des aides de l'État et versent des dividendes à leurs actionnaires ne devraient tout simplement pas pouvoir licencier.

Le fonctionnement actuel de l'Union européenne porte une large responsabilité dans ce désastre. Bien loin de l'idéal de coopération entre les peuples, ses actuels traités s'appliquent contre leur souveraineté. En 2005, les Français ont trouvé le moyen de se passionner pour un débat politique hautement technique. Par référendum, ils ont dit non aux traités européens. Non qu'ils ne veuillent pas de l'Europe. Ils ne voulaient pas de cette Europe-là. Cette Europe, c'est un marché et à peu près rien d'autre que cela. Les accords de libre-échange signés à tour de bras par l'Union européenne sont une broyeuse antidémocratique, antisociale et antiécologique. La Commission européenne pousse à la privatisation de nos services publics et à l'ouverture à la concurrence dans de nombreux secteurs. Ce fut le cas, par exemple, de l'énergie. Elle promettait que l'ouverture à la concurrence ferait baisser les prix. Or, depuis l'ouverture du marché de l'énergie, le prix du gaz a augmenté de plus de 80 % et celui de l'électricité, indexé sur celui du gaz, a augmenté de 60 %. Jean Castex est passé par là pour les augmentations récentes : une fois celles-ci appliquées, et après leur application seulement, il bloque les prix jusqu'à la présidentielle !

En empêchant l'harmonisation sociale et fiscale entre ses pays membres, l'Union européenne des actuels traités permet aux entreprises cet éternel chantage : soit vous revoyez à la baisse vos acquis sociaux et vos conditions de travail, soit vous prenez le risque de perdre votre emploi pour cause de délocalisation dans des pays où la main-d'œuvre est à bas coûts. Le moins-disant social et environnemental gagnera toujours cette compétition-là. Ainsi, on défait d'autant plus rapidement le modèle social français que nos dirigeants prétendent le défendre d'une main tout en dilapidant notre industrie de l'autre. Et surtout, on renonce à notre souveraineté.

Les budgets nationaux sont soumis aux conditions de la Commission européenne et les politiques publiques à ses

« recommandations ». Ainsi, Emmanuel Macron a avancé auprès de la Commission la réforme de l'assurance chômage, celle des retraites et le retour de l'austérité budgétaire comme autant d'arguments pour décrocher les quelques sous européens d'un plan de relance qui va nous rapporter moins que notre propre contribution au budget européen ! Le programme économique de son second quinquennat est donc connu d'avance. Vous voilà prévenus. Et n'importe qui d'autre que lui qui ne remettrait pas en cause les actuels traités européens serait condamné à appliquer sensiblement le même programme économique avec plus ou moins de zèle.

Selon le dernier rapport du Secours Populaire, 45 % des Français ont subi une perte de revenus durant la crise sanitaire. Ce n'est pas le cas des plus riches qui, eux, ont continué de s'enrichir dans des proportions incroyables et d'autant plus que les États mettaient en place des politiques de soutien à l'économie. Rien que pendant le premier confinement, la fortune des milliardaires dans le monde a progressé de 27 %. En 2020, les 10 personnes les plus riches du monde ont engrangé 540 milliards de dollars. Dans le monde, 26 personnes possèdent autant que la moitié la plus pauvre de l'humanité, soit 3,7 milliards de personnes.

En France, Macron a mis le paquet : suppression de l'impôt de solidarité sur la fortune, fin de la progressivité de l'impôt sur les revenus du capital avec l'instauration de la *flat-tax*, bataille en coulisses à l'Union européenne contre la transparence fiscale. Il n'y a pas à dire, le président des riches se donne du mal pour servir ceux qui l'ont porté au sommet. Et les résultats sont là. Quand Emmanuel Macron est arrivé en 2017, les 500 familles les plus riches de France possédaient 570 milliards d'euros. En 2021, elles possèdent 1 000 milliards.

La crise sanitaire a fait les beaux jours de certains portefeuilles. En 2020, la fortune des milliardaires français s'est accrue de 175 milliards d'euros, soit deux fois le budget de l'hôpital public.

En à peine plus d'un an, Bernard Arnault a accumulé 110 milliards de dollars de plus. Vous avez une idée de ce qu'autant d'argent représente ? C'est normal, moi non plus ! Mais lui, oui ! Un rapport d'Oxfam l'illustre : « si quelqu'un avait pu économiser l'équivalent de 8 000 euros par jour depuis la prise de la Bastille (14 juillet 1789), il n'arriverait aujourd'hui qu'à 1 % de la fortune de Bernard Arnault ».

En France, 7 milliardaires possèdent plus que les 30 % les plus pauvres et les 10 % les plus riches possèdent 50 % des richesses. Et comme rien ne leur suffit jamais, ils vont planquer beaucoup d'argent dans les paradis fiscaux pour échapper à l'impôt et donc à leur contribution à l'effort collectif. La fraude et l'évasion fiscale sont estimées à 100 milliards d'euros par an. 100 milliards qui manquent à la collectivité, pour nos services publics, pour préparer la bifurcation écologique… Il y a urgence à taxer les profiteurs de crise.

Début octobre 2021, les révélations autour des « Pandora Papers » nous coupaient le souffle : 11 300 milliards de dollars (11 300 000 000 000 $) volés aux peuples sur la planète par un gigantesque système de fraude et d'évasion fiscale impliquant de nombreux milliardaires et même des chefs d'État ! Plus de 42 fois ce qu'il faudrait pour éradiquer la faim dans le monde ! Les responsables de ce désastre sont souvent les mêmes qui vous demandent de consentir tant d'efforts, de travailler plus, ou de baisser la dépense publique parce que, vous comprenez, « il n'y a pas d'argent magique ! ».

Bernard Arnault a beau rappeler qu'il paie des montants d'impôts considérables, ce qui nous intéresse, ce n'est pas tant le montant compte tenu de ce qu'il gagne mais bien les taux. Ce sont les plus riches qui contribuent le moins à proportion de leurs revenus. Pendant ce temps, la classe moyenne laborieuse porte l'essentiel de l'effort fiscal sur son dos. Que peut-on bien faire de tant d'argent ?

Quel effort humain justifie qu'à la tête d'une grande entreprise on puisse gagner plusieurs centaines de fois ce que gagne celui qui se trouve tout en bas ? Est-il raisonnable qu'il soit possible pour quelqu'un de gagner en quelques secondes seulement ce qu'un salarié moyen mettra toute une vie de labeur à gagner ? Mais surtout, à quel prix tout cela est-il rendu possible ?

Souvent, quand on parle d'argent, la réaction convenue se résume à : « Je n'ai pas de problème avec le fait qu'il y ait des riches, mais il est insupportable de voir autant de gens pauvres. » La richesse étant le plus souvent associée au mythe de la réussite individuelle obtenue à la sueur de son front et du mérite, ne tenant aucun compte de la reproduction sociale des inégalités, ni de la prédation du capital sur le travail. La pauvreté étant, elle, associée au mauvais sort, à la malchance quand ce n'est pas carrément à la fainéantise !

Mais quand, dans le même temps, on voit bondir la fortune des milliardaires alors que partout s'étend la pauvreté, alors les évidences convenues peuvent être interrogées. Car quand Emmanuel Macron est arrivé en 2017, il y avait 8 millions de personnes vivant sous le seuil de pauvreté en France. Il y en a désormais plus de 10 millions. 6 Français sur 10 estiment avoir perdu du pouvoir d'achat pendant le quinquennat d'Emmanuel Macron. Toujours selon le dernier rapport du Secours Populaire, 1 Français sur 3 a du mal à payer son loyer et 1 Français sur 5 est obligé de sauter des repas. L'urgence sociale est totale. Oui, il y a évidemment un lien entre l'hyperconcentration des richesses produites entre quelques mains d'une part et l'extension de la pauvreté d'autre part. Pour mieux le comprendre, il faut penser la richesse produite exclusivement par le travail humain comme un stock qui se répartit : plus un petit nombre s'approprie l'essentiel du gâteau, plus le grand nombre s'en partage les miettes.

Alors que la productivité a considérablement augmenté ces dernières décennies, notamment grâce au progrès technique, et que les Français sont parmi les plus productifs d'Europe[1], les travailleurs ne voient pas la part de richesse supplémentaire créée leur revenir. Il faut désormais moins de travail humain qu'auparavant pour produire le même stock de richesses et pourtant les salaires stagnent et la conquête historique pour la diminution du temps de travail est bloquée depuis des années. Partager les richesses est indispensable. Par une grande réforme fiscale qui répartisse davantage l'effort entre tous, en augmentant les salaires, en diminuant le temps de travail, en ayant pour objectif qu'aucune pension de retraite pour une carrière complète ne soit inférieure au SMIC, que personne ne vive sous le seuil de pauvreté dans un grand pays riche comme la France et que les prix des produits de première nécessité soient contrôlés.

Parmi les insoumis, nous sommes nombreux à porter le fameux triangle rouge que vous voyez à notre col. Il est un signe de résistance face aux idées d'extrême droite depuis qu'il a été utilisé pour marquer les prisonniers politiques dans les camps, pendant la Seconde Guerre mondiale. Mais à l'origine, il a été adopté le 1er mai 1890 lors des luttes ouvrières. Il symbolisait la revendication pour la journée de 8 heures de travail. Les trois côtés du triangle signifiant : 8 heures de travail, 8 heures de loisirs, 8 heures de sommeil. La bataille pour la diminution du temps de travail est le fil rouge des luttes sociales. En 1936, les travailleurs obtenaient deux semaines de congés payés. 1956, troisième semaine. 1969, quatrième semaine. 1982, cinquième semaine. En 2000, la loi Aubry instaurait les 35 heures hebdomadaires, créant 350 000 emplois nets. Le partage du temps de travail est l'arme la plus efficace pour lutter contre le chômage.

Et depuis ? Aucune semaine de congés payés supplémentaire et les gouvernements successifs ne cessent de vouloir augmenter le

1. Eurostat 2018.

temps de travail par tous les moyens. Ils le font, par exemple, avec les retraites et le justifient avec des phrases creuses et convenues du genre : « On vit plus longtemps, il faut donc travailler plus longtemps. » Ça paraît logique si on oublie de dire que c'est notamment parce que l'on travaille moins longtemps que l'on vit plus longtemps, qu'il y a 13 années d'écart d'espérance de vie entre les 5 % les plus riches et les 5 % les plus pauvres, 6 années entre un cadre et un ouvrier et qu'augmenter le temps de travail, c'est aussi accroître le chômage.

Le nombre de personnes qui cherchent un emploi augmente plus vite que le nombre d'emplois créés pour la raison que le temps de travail est bloqué depuis 2002. Il n'y a pas de problème de financement des retraites, car il y a près de 150 milliards dans les différents fonds de réserve d'une part et que d'autre part en augmentant les salaires, les cotisations et en créant de l'emploi, on remplit les caisses. L'augmentation de l'âge de départ à la retraite voulue par Macron et la droite vise à faire des économies, à attirer l'argent des Français dans les produits d'épargne retraite par capitalisation et à faire travailler les gens plus longtemps pour permettre au capital de ponctionner toujours plus de richesses.

Mais alors, si on produit beaucoup plus de richesses qu'auparavant, que nous sommes parmi les plus productifs, comment se fait-il que les salaires n'augmentent pas ? Pourquoi le temps de travail ne diminue-t-il plus alors qu'il y a tant de personnes au chômage avec qui le travail pourrait être partagé ? Trois chiffres suffisent à le comprendre : en dix ans, les dividendes versés aux actionnaires ont progressé de 70 % pendant que le salaire minimum n'augmentait que de 12 % et que l'investissement productif reculait de 5 %[1]. Les joueurs du grand casino sont insatiables.

1. Rapport Oxfam, « CAC 40 : des profits sans lendemain ? », 2020.

Depuis qu'ils se sont introduits dans les salles de marché, ils en veulent toujours plus. Ils en ponctionnent toujours davantage, sur nos salaires, sur notre temps libre. Même la crise sanitaire ne les a pas fait renoncer. Nous travaillons beaucoup pour eux. Un salarié travaille en moyenne 46 jours par an pour rémunérer les actionnaires[1]. C'était 9 jours dans les années 1980.

Pendant ce temps, la pauvreté explose dans une France en voie de tiers-mondisation. Il y aura bientôt 12 millions de pauvres dans la sixième puissance économique du monde[2]. 8 millions de Français ont besoin de l'aide alimentaire, 2 millions y ont recours dont un million depuis moins d'un an[3]. 300 000 personnes sans domicile fixe[4] et 2 000 personnes qui meurent dans la rue chaque année[5]. Un désastre pour tout le pays, autant qu'une injustice. Un record depuis la Seconde Guerre mondiale. Un nombre impressionnant de gens pour qui les conditions d'une existence matérielle digne, le paiement des factures, subvenir aux besoins d'une famille sont des préoccupations quotidiennes sources d'angoisses.

Ces situations s'accumulent y compris parmi celles et ceux qui occupent un emploi et dont la rémunération ne suffit pas à réunir les conditions de leur existence matérielle. On a pris l'habitude de les appeler « les travailleurs pauvres ». Les jeunes sont les premières victimes de cette vague. Avant la crise sanitaire déjà, un jeune sur cinq vivait sous le seuil de pauvreté. Ils sont de plus en plus nombreux en détresse psychologique. Mais ce gouvernement, le même qui supprime l'ISF pour les riches, leur refuse le RSA

1. Guillaume Etiévant et Nolwenn Neveu, *Le Coût du capital*, Éditions Bruno Leprince, 2014.
2. Secours catholique, « Rapport sur l'état de la pauvreté en France », 2020.
3. Institut CSA, pour les banques alimentaires, février 2021.
4. Fondation Abbé Pierre, « 26e rapport sur l'état du mal-logement en France », 2021.
5. C. Vuillermoz, A. Aouba, L. Grout, C. Rocca, S. Vandentorren, F. Tassin, *et al.*, « Estimation du nombre de décès de personnes sans domicile en France, 2008-2010 », *Bull. épidémiol hebd.*, 2015.

avant vingt-cinq ans et leur pique 5 euros d'APL ! Un jeune sur six a perdu son emploi depuis le début de la pandémie. Nous ne pouvons pas accepter qu'à vingt ans tout juste l'horizon puisse sembler bouché au point que l'on mette fin à ses jours ou même que l'on y ait simplement pensé. Comment un grand pays comme la France peut-il accepter de voir sa jeunesse faire ses premiers pas dans la vie active en grossissant les files d'attente des banques alimentaires ?

Face à la crise sanitaire aussi, ce sont les plus pauvres qui pâtissent les premiers. On attrape d'autant plus le Covid-19 que l'on vit dans la précarité et nombreux dans des logements exigus. On meurt et souffre d'autant plus des formes graves du Covid-19 que l'on a des comorbidités, c'est-à-dire des pathologies comme le diabète, l'obésité et toutes sortes de maladies qui touchent davantage les populations les plus fragiles.

On aurait pu penser qu'après avoir pris de face le choc du Covid-19, les partisans du « moins d'État », les amoureux du « libre marché », de sa sacro-sainte « concurrence » et autres théoriciens du « ruissellement » auraient procédé à leur examen de conscience. On aurait pu croire qu'Emmanuel Macron était honnête quand il déclarait dans l'une de ses multiples allocutions télévisuelles : « il faudra interroger le mode de développement dans lequel s'est engagé notre monde depuis des décennies », « la santé gratuite, sans condition de revenus et notre État-providence, ne sont pas des coûts ou des charges mais des bien précieux, des atouts indispensables » ou encore « il est des biens et des services qui doivent être placés en dehors des lois du marché ». Mais non.

Déjà après la crise financière de 2008, ils nous avaient fait ce coup-là. Rappelez-vous ! C'en était fini du capitalisme sauvage et financiarisé. Lequel aura finalement mis bien peu de temps à redémarrer comme si de rien n'était, appuyant plus fort encore sur le champignon qui nous mène droit dans le mur. Cette fois, c'est pareil. Bruno Le Maire a osé crier victoire pour l'instauration d'une taxe internationale sur les géants du numérique alors que la négociation autour de son taux l'a ramenée au niveau moyen d'impôts que ces géants paient déjà. Un coup d'épée dans l'eau et un permis de poursuivre la fraude fiscale à moindre coût. Une tromperie de plus. Pour eux, dorénavant tout sera comme auparavant. « On va relancer l'économie », disent-ils. Leur projet pour les générations futures est tout trouvé : « rembourser la dette ».

La dette publique, cet épouvantail de confort pour les partisans de la baisse des dépenses publiques alors qu'ils ont largement contribué à la creuser en affaiblissant les recettes avec leurs cadeaux fiscaux de toutes sortes aux plus riches et aux grandes entreprises. Ils en parlent comme s'il s'agissait de la dette d'un ménage pour que chaque Français en ressente le poids lourd sur ses épaules. Pourtant, cela n'a absolument rien de comparable avec la dette que l'on contracte pour l'achat d'un logement ou d'un véhicule ! D'ailleurs, fort heureusement, la dette d'un ménage n'est jamais ramenée à une seule année de sa production comme c'est le cas de la dette publique avec le produit intérieur brut.

En fait, cette dette publique, nous n'avons jamais commencé à la rembourser. Et nous ne la rembourserons jamais. Tout le monde le sait. Il y en a pour 2 600 milliards. En réalité, on ne rembourse que les intérêts. À l'heure où j'écris ces lignes, les taux sont tellement bas qu'avec une dette cinq fois plus importante qu'en 1981 la France dépense moins pour le service des intérêts qu'à l'époque. Certes, nous ne sommes pas à l'abri d'une remontée des taux.

Mettons donc les pieds dans le plat : devant nous, de grands défis à relever et donc des investissements considérables. Contrairement aux apparences, dire que l'on va rembourser la dette n'est pas sérieux. Ce qu'il y a de sérieux à faire, c'est de l'annuler. Comment ? « Ce n'est pas possible », assurent-ils ! Ont-ils oublié qu'en 1953 il fut décidé de rayer d'un trait de plume 50 % de la dette allemande[1,2] ? Il y a un moyen tranquille de le faire. La Banque centrale européenne possède déjà 18 % de la dette française. Elle pourrait donc continuer de racheter directement aux États leurs titres de dette. Puis, elle les classerait en dette perpétuelle. Ainsi, on pourrait mieux respirer et investir pour notre avenir. Car plutôt que de « relancer la machine », comme ils disent, comment ne pas voir que le moment que nous vivons confirme la nécessité d'en changer complètement ?

La crise financière de 2008 était une alerte grave. La crise du Covid-19, bien que d'une autre nature, en est une supplémentaire. Combien nous en faudra-t-il pour changer de trajectoire avant d'arriver au mur ? Les scientifiques parlent désormais de « l'ère des pandémies », au pluriel. Nous ne vivons peut-être qu'une répétition générale. Il faut donc se préparer. D'autant que le grand défi du siècle est déjà là, sous nos yeux. Ses effets se font déjà ressentir et les catastrophes annoncées nécessitent la mobilisation générale. Il ne s'agit pas de faire dans le catastrophisme mais d'avoir la lucidité que n'ont visiblement pas ceux qui pensent que tout peut continuer comme avant. Le changement climatique est commencé. Nous le savons, des seuils d'irréversibilité sont déjà franchis. Certes, la planète pourra bien continuer de tourner sans l'espèce humaine. Mais l'écosystème compatible avec la vie humaine, lui, est menacé par l'action de l'Homme lui-même. Plus précisément, il l'est par ce mode particulier de production, d'échange et de consommation.

Désormais, chaque année, c'est dès le mois d'août que l'humanité entre en dette écologique. Cela veut dire que nous consommons en huit mois l'ensemble des ressources que la Terre peut régénérer en un an. Depuis les années 1970, cette dette de l'humanité envers la

1. Selon Gérard Vindt, « 1953, la dette allemande est divisée par deux », *Alternatives économiques*, 30 juin 2015.

2. En 2015, la Troïka a annulé 50 % de la dette de l'Ukraine à la BCE (alors qu'elle n'est même pas membre de l'UE) et étalé le reste sur trente ans.

planète se dégrade. Pourtant, elle semble moins préoccuper nos dirigeants que la dette publique. Comment le comprendre ? Nous poserons-nous encore la question du bon ordre des comptes publics quand la vie humaine sera rendue impossible ?

La responsabilité des pays dans le creusement de cette dette écologique est évidemment très inégale. Ceux qui subiront le plus les effets du réchauffement climatique sont aussi ceux qui en sont le moins responsables. Si toute la population mondiale vivait comme on vit aux États-Unis, il faudrait 5 planètes en termes de ressources. L'Allemagne, 3 planètes. La France, 2,7 planètes. La Terre est en surchauffe. Ceux qui en tirent la conclusion unique que nous serions simplement « trop nombreux » sont les mêmes qui refusent d'interroger notre modèle de développement. Or, si l'impact de la démographie et du nombre est une évidence, c'est bien le modèle de développement qui est d'abord en cause. Quand un décollage sur dix en France est celui d'un jet privé ou que quatre sociétés, prises séparément, ont un bilan carbone supérieur à celui de la France, on voit bien que le premier problème est bien le capitalisme.

Les engagements actuels, s'ils étaient respectés, car ils ne le sont pas, sont nettement insuffisants. Ils nous placent sur une trajectoire de + 3 ou + 5 degrés de réchauffement. Pour rester en dessous de 1,5 degré de réchauffement, comme cela était ambitionné par les Accords de Paris sur le climat, il faudrait multiplier nos efforts par cinq d'ici à 2030.

Les phénomènes extrêmes se font plus fréquents et plus intenses car les effets du réchauffement climatique ne sont pas linéaires : records de chaleur, inondations, cyclones, méga-feux… Nous sommes entrés dans la sixième extinction de masse. 68 % des populations de vertébrés ont disparu en cinquante ans. L'Arctique se réchauffe deux fois plus vite que le reste du monde, accélérant la montée des eaux. L'insécurité alimentaire progresse. L'agriculture productiviste intensive empoisonne nos agriculteurs mal payés, nos assiettes et nos sols. On dénombrait 24,8 millions de déplacés climatiques en 2019 et le quatrième rapport de l'ONU évalue à 280 millions le nombre de personnes qui pourraient avoir à se déplacer sous l'effet de la montée du niveau des océans. Cette urgence, la jeune génération l'a bien comprise. Les marches climat comme les actions de décrochages de portraits du Président de la République pour dénoncer son inaction climatique en témoignent. Et là encore, la réponse fut la répression féroce.

Le bilan climatique d'Emmanuel Macron est, lui aussi, désastreux : répression des militants écologistes, décret pour revoir à la baisse les objectifs de réduction des émissions de gaz à effet de serre, réintroduction des néonicotinoïdes, refus de l'interdiction du glyphosate… Surtout, alors qu'il s'était engagé devant la Convention citoyenne pour le climat à reprendre 126 de ses propositions, il en reste en fin de parcours une quinzaine, les moins structurantes. L'État a même été condamné en justice pour inaction climatique. À ce rythme-là, le combat face au changement climatique est en passe d'être perdu. À force d'accords trop peu ambitieux et non respectés, de conventions citoyennes utilisées comme supports de communication sans effet et autres sommets spectacles, il va de moins en moins être question de limiter le réchauffement climatique et de plus en plus d'affronter concrètement les catastrophes annoncées par sa part d'ores et déjà irréversible.

Selon les engagements actuels, la température moyenne de la Terre devrait augmenter de 2,7 °C d'ici à 2100. Les chercheurs alertent sur l'effet boule de neige. Les conséquences du changement climatique ne sont pas linéaires. Le rapport d'une équipe internationale de chercheurs publié dans la revue *Science* en septembre 2021 prévoit qu'un bébé né aujourd'hui subira dans sa vie trente vagues de chaleur extrêmes au cours de sa vie. Sept fois plus de vagues de chaleur que ses aïeux, deux fois plus de sécheresses, d'incendies de forêt, trois fois plus de crues de rivières et de mauvaises récoltes. Nous savons ce qui nous attend, ce qui attend nos enfants, si nous ne changeons pas tout et rapidement.

Pendant ce temps, les nuances d'extrême-droite de Le Pen à Zemmour, leurs relais médiatiques et certains politiques qui, jusque dans la majorité présidentielle, s'alignent sur leur agenda, font diversion avec leurs obsessions. Non, chiffres à l'appui, il n'y a pas de « grand remplacement » à l'œuvre en France. Mais pendant qu'on sature l'espace médiatique avec les thèmes de l'immigration et de la religion traités à grands coups de décibels et en dehors de toute rationalité, l'oligarchie, elle, est bien protégée : que le peuple se divise et se fracture sur ces sujets plutôt que de se rassembler autour de ses causes communes par delà ses différences ! Les plus pauvres ont intérêt au partage des richesses, quelle que soit leur couleur de peau, leurs origines ou leur religion. Mieux vaut donc pour les puissants que ceux-là se battent entre eux pour d'autres raisons plutôt que d'affronter les responsables de leur pauvreté !

De même, le défi climatique est lancé à l'humanité tout entière. En cela, il nous ramène à l'essentiel de ce que nous sommes, par-delà tout ce qui nous sépare : des êtres humains dépendants d'un seul et même écosystème. Parce qu'il n'y a qu'un seul écosystème compatible avec la vie humaine, il y a un intérêt général humain qui dépasse toutes nos différences. La lutte contre le dérèglement climatique et la préparation à affronter ses conséquences nécessitent une mobilisation gigantesque dans un temps limité. Au programme, des virages serrés, une planification inédite et, surtout, mettre au sommet l'entraide et la coopération.

Planifier la bifurcation écologique de notre économie, c'est organiser la transition énergétique, la transition agricole, les transports, l'économie de la mer… Ce sont de nouvelles qualifications, formations, de nouveaux métiers, des inventions, des prouesses techniques à réaliser, des emplois par millions à créer. Nous n'avons plus le temps pour l'écologie-marketing, celle des petites initiatives individuelles qui, si elles sont nécessaires, ne seront pas suffisantes. Il faut une écologie de rupture. Une écologie populaire.

Nous ne relèverons pas ce défi gigantesque et décisif qui s'impose à nous dans le chacun pour soi. Nous n'aurons pas d'autre choix que de le faire tous ensemble. Et inutile de croire que les tenants du système capitaliste vont sauter de joie pour le faire. Leurs intérêts particuliers vont se heurter de plein fouet à l'intérêt général. C'est donc bien un rapport de force qu'il faut engager. À l'heure où tout le monde se dit écologiste, le choix reste à faire : écologie ou capitalisme ?

Comme si tout cela ne suffisait pas, la paix reste menacée. Elle n'est jamais acquise. Elle est une construction politique. Pour œuvrer à la paix, pour jouer pleinement son rôle de grande puissance médiatrice, la France doit être indépendante et non alignée. Nous n'avons rien à faire dans l'OTAN, arrimés aux décisions des États-Unis dont l'actualité récente nous rappelle qu'ils n'ont pas d'alliés mais uniquement des affidés.

Tout cela étant dit, retournons, si vous le voulez bien, à la table du restaurant de ce fameux déjeuner d'entre deux confinements par lequel je commençais mon propos. Je crois que vous en serez d'accord avec moi : tel que ça va, nous sommes bien loin de l'insouciance et des promesses de lendemains qui chantent contenues dans les refrains des yéyés que crachaient dans nos oreilles les enceintes du restaurant ouvert ce lundi midi-là ! Le tableau d'ensemble est plutôt sombre, c'est vrai. Mais rien de ce qui le compose ne constitue une fatalité. Il faut opérer une rupture. Elle est à portée de choix et de volonté. C'est à cette condition que viendront d'autres jours heureux.

Le plus important est de ne jamais oublier que nous ne sommes pas les spectateurs désemparés d'une situation courue d'avance ou qui nous échapperait. Comme le disait le philosophe, « l'avenir, ce n'est pas ce qui va arriver, c'est ce que nous allons faire ». La première des choses qu'il faut donc refuser, celle à laquelle il faut s'insoumettre avec force, c'est l'idée répandue selon laquelle « on ne peut pas faire autrement ». C'est le fameux « *there is no alternative* » de Margaret Thatcher, adapté et repris à leur manière par ceux qui ne veulent surtout pas que ça change. Mais si, figurez-vous, on peut tout changer ! On le doit même. Le néolibéralisme, le capitalisme financiarisé qui organisent la société ne sont pas des états de nature. Ce sont des choix. On peut donc en faire d'autres.

Il n'y a pas de fatalité à la concentration du pouvoir entre les mains d'une petite oligarchie au mépris de la volonté du grand nombre. Il n'y a pas de fatalité à quelques îlots de richesse indécente dans un océan de pauvreté. Il n'y a pas de fatalité au chômage de masse alors qu'il y a tant de choses à faire, de défis à relever, de tâches à accomplir, de travail à partager. Il n'y a pas de fatalité à ce que la concurrence, la compétition et le marché restent au sommet de la hiérarchie alors que la situation que nous avons sous les yeux nécessite d'y mettre l'entraide et la solidarité. Il n'y a pas de fatalité à l'inaction climatique et à l'impréparation face aux catastrophes annoncées. Il n'y a pas de fatalité à ce que les traités de l'Union européenne, imposés contre la volonté des peuples, continuent à s'appliquer telle une camisole de force nous empêchant d'engager les bifurcations urgentes. Il n'y a pas de fatalité à voir notre industrie dilapidée et nos emplois délocalisés. Il n'y a pas de fatalité aux menaces croissantes sur la paix civile, aux attentats sporadiques que nous subissons depuis quelques années. Il n'y a pas de fatalité à l'affaiblissement de l'État et à la disparition de nos services publics. Il n'y a pas de fatalité à ce que la République ne réponde pas à ses promesses de liberté, d'égalité et de fraternité partout sur le territoire, ni à ce que les plus jeunes d'entre nous cèdent aux sirènes de l'obscurantisme et du fanatisme religieux. Il n'y a pas de fatalité au racisme et aux discriminations. Il n'y a pas de fatalité à l'exacerbation des tensions à travers le monde. Il n'y a pas de fatalité à ce que nous soyons condamnés à devoir choisir entre le néolibéralisme ou les obsessions ethniques et nationalistes de l'extrême droite.

Marine Le Pen, Éric Zemmour, candidats antisystèmes ? Qui peut croire un seul instant que l'héritière de la dynastie Le Pen ou l'ami de Viktor Orbàn vont affronter le capitalisme financiarisé ? Partout où leurs amis gouvernent en Europe, les affaires continuent. On y mène la vie dure aux homosexuels et aux immigrés, pas aux banquiers ni aux financiers ! Pourtant ce ne sont pas les immigrés qui ferment les usines en France ou s'accaparent les richesses produites par le travail ! Les deux s'égosillent d'autant plus sur leurs thèmes de prédilection qu'ils sont spécialement mauvais en économie et surtout très macronistes !

Monsieur Zemmour se voit en candidat du grand patronat et propose, comme Emmanuel Macron, d'augmenter l'âge de départ à la retraite. Madame Le Pen, qui prétend représenter la France populaire, refuse comme Emmanuel Macron d'augmenter les salaires. Zemmour, Le Pen, comme Macron, ne seraient rien d'autre que des présidents des riches. Le Groupe d'experts intergouvernemental sur l'évolution du climat (GIEC) prévoit que 280 millions de personnes devront se déplacer à cause du changement climatique d'ici à 2050 et Madame Le Pen propose un référendum sur l'immigration ! Ces deux-là sont à la ramasse et, très vite, la pente des événements va reléguer leurs obsessions bien bas dans la liste des préoccupations. Nous n'avons pas l'intention de nous laisser voler les débats de l'élection présidentielle. Voyez comme la question sociale a disparu des chaînes d'information alors que la pauvreté explose[1] !

1. Selon larevuedesmedias.ina.fr (mars 2021), « les sujets sociaux ont été balayés : ils ne représentent que 10,7 % des sujets en 2020 », contre 20 % en 2019.

Il n'y a pas de fatalité, disais-je, et j'en suis certain. Je sais pourquoi je me lève chaque matin. Nous avons bien des raisons de rester enthousiastes. La France est un grand pays. Son peuple dispose de tous les atouts pour marcher aux avant-postes des grands défis à relever et mettre ses pratiques en partage avec le monde entier. Pour autant, les choses ne se feront pas d'elles-mêmes. C'est sûr, il va falloir se bouger sérieusement.

En France, quoi que l'on en pense, il n'y a qu'un rendez-vous qui permette de tout changer. Compte tenu des pouvoirs exorbitants qu'elle confère, l'élection présidentielle, suivie de près par les élections législatives permettant de confier ou non une majorité parlementaire au président de la République, est un rendez-vous historique. Tous les cinq ans, ce n'est pas si souvent que cela dans une vie. Pour permettre au peuple lui-même, s'il le veut, d'en finir avec les pouvoirs exorbitants du Président, de changer les institutions de fond en comble et de rénover la démocratie, le meilleur moyen reste encore l'élection à la présidentielle d'un candidat qui s'engage à lui donner la possibilité de le faire et propose même le droit de révoquer les élus qui ne tiendraient pas leurs promesses.

En 2022, cette occasion de tout changer s'offrira une nouvelle fois à nous. On ne peut pas la laisser passer. La condition pour que tout change, c'est que le peuple s'en mêle. La grève civique qui s'exprime dans l'abstention massive observée aux dernières élections est le fruit pourri des trahisons, des renoncements, d'un désenchantement de la politique qui apparaît comme trop souvent déconnectée des préoccupations concrètes du quotidien vécu par le grand nombre. Elle est légitime. Mais elle est aussi l'assurance vie du système qui ne fera rien pour encourager à la participation. Ne pas participer, c'est les laisser faire. Soyez-en sûrs, ceux qui veulent que rien ne change iront voter. Paradoxalement, ceux qui ont le plus intérêt à ce que ça change sont ceux qui y vont le moins.

Parmi eux, les dégoûtés de la politique. Si les dégoûtés ne s'en mêlent pas, il ne restera que les dégoûtants. L'abstention concerne plus particulièrement les jeunes, les ouvriers, les employés, ceux des quartiers populaires et de la France rurale. Sans eux, rien n'est possible. Avec eux, tout est possible.

Compte tenu de la tournure des événements et des enjeux, en 2022, le caractère historique du rendez-vous présidentiel sera plus que jamais renforcé. J'y consacre toute mon énergie aux côtés d'un candidat que vous connaissez bien. Il porte un programme qui est à la fois de gouvernement et de rupture. Son but : l'harmonie des êtres humains entre eux et avec la nature. Il s'y présente pour la troisième et très certainement pour la dernière fois. Il a mené toute une vie d'engagement, rompant avec certains conforts de situation pour ses idées. Il est le plus talentueux tribun et intellectuel de la scène politique. Il s'appelle Jean-Luc Mélenchon.

Il y a bientôt dix ans, conscient de l'urgence pressante de tout changer, convaincu par son programme et certain qu'il était le mieux équipé pour le faire appliquer, j'ai choisi de le rejoindre pour me battre à ses côtés. J'ai compris que Jean-Luc Mélenchon n'était pas là pour témoigner mais pour gouverner. Je transformais alors ce qui n'était qu'un intérêt pour la chose politique en un engagement de tous les jours. Depuis lors, je consacre l'essentiel de ma vie au combat d'idées que nous partageons, lui, moi et beaucoup d'autres.

En une poignée d'années, partant de si peu et alors que la politique n'avait rien d'évident dans le milieu dans lequel j'avais évolué, je suis devenu son compagnon de route et moi-même député. Je suis de cette génération Mélenchon qu'il a patiemment construite pour assurer la pérennité du combat que nous menons. Cette histoire-là, peu commune, on me demande souvent de la raconter. Probablement pour mieux connaître, vu de l'intérieur, le fonctionnement de cet homme qui ne laisse personne indifférent.

Peut-être aussi pour le comprendre autrement qu'au travers de l'image renvoyée par le filtre, souvent déformant, des médias. Possiblement par intérêt pour l'histoire de la transmission entre un combattant aguerri de la politique et un jeune engagé qu'on a vu y débarquer de nulle part. Plausiblement pour toutes ces raisons et d'autres encore à la fois. J'ai répondu une fois qu'un jour, sûrement, mais plus tard, je prendrai la plume pour en dire davantage sur mon parcours récent et raconter au travers de ce récit le Mélenchon que je connais bien.

Mais alors que nous sommes collectivement engagés dans ce moment décisif et qu'à cette heure c'est lui qui marche devant nous, j'ai réfléchi et je me suis dit : pourquoi attendre plus longtemps pour vous raconter tout cela ?

2

Il fait de la politique

J'avais quinze ans au début de l'année 2006 quand le gouvernement de Villepin a mis le feu aux facs et lycées de France avec son contrat de première embauche (CPE). On l'appelait le « contrat Kleenex ». Outre les exonérations de cotisations patronales, dont on ne rappellera jamais assez qu'elles ne sont pas des « charges » mais bien des « cotisations », c'est-à-dire une partie du salaire socialisée et redistribuée pour assurer notre couverture sociale, ce contrat n'avait de CDI que l'apparence. À destination des jeunes de moins de vingt-six ans, il était assorti d'une période dite « de consolidation ». Une sorte de méga période d'essai, d'une durée de deux ans, pendant laquelle l'employeur pouvait licencier le salarié sans avoir à en énoncer le motif. L'effet d'aubaine pour les employeurs était total et la manière dont le gouvernement défendait l'idée laissait penser qu'embaucher un jeune était un acte de charité. Il y avait toutes les raisons pour la jeunesse du pays de le contester.

J'étais enthousiasmé par les images des manifestations de février où des centaines de milliers de jeunes déferlaient dans les rues pour exiger son retrait et dire leur refus d'entrer dans la vie active en passant par la case précarité. Le rapport de force était bien engagé. Comme dans toute mobilisation sociale qui s'ancre, très vite la contestation du CPE s'est élargie à des mots d'ordre plus englobants. Pour la jeunesse qui participait à ce mouvement, c'était un moment de formation politique accélérée. Tout cela me parlait beaucoup. Pourtant, le milieu dans lequel j'évoluais n'avait rien de très politisé.

La plupart de mes camarades et beaucoup de militants ont baigné dans la politique depuis leur plus jeune âge. Avec des parents ou grands-parents militants politiques ou syndicaux, ils ont été habitués à ces engagements et à la vie que ceux-là supposent. Souvent les choses fonctionnent comme un passage de flambeau ou une sorte de schéma reproductif. Ce n'est pas mon cas. La politique n'était pas présente dans l'environnement dans lequel j'ai grandi. Je ne me souviens même pas avoir assisté à la moindre discussion politique à la maison. Tout juste était-elle évoquée, lors des repas de famille, au moment des grandes échéances électorales ou controverses d'actualité. Quand les enveloppes électorales arrivaient dans la boîte aux lettres, c'est souvent moi qui les récupérais le premier. J'étendais l'ensemble des professions de foi et bulletins de vote sur la table de la cuisine. Je faisais mes petites comparaisons dans l'offre politique.

À ma connaissance, avant que je ne m'en mêle, mes parents ont presque toujours voté à droite. Ils ne me démentiraient pas si j'affirme que c'était davantage par habitude familiale que par réelles convictions. Je le vérifie aujourd'hui. Seuls mes grands-parents paternels avaient un rapport plus prononcé à la politique que le reste de la famille. Mon grand-père était artisan chaudronnier à Nieppe, près de la frontière belge, et ma grand-mère a passé l'essentiel de son temps à travailler avec lui à l'atelier quand elle n'était pas occupée à l'éducation de leurs quatre enfants. C'étaient des gens modestes. Ils avaient le cœur sur la main. Ils étaient proches du maire de la ville, Jules Houcke, et de sa famille. Lui-même était un protégé du général de Gaulle et fut député. Il avait été résistant, fait prisonnier par les Allemands et avait participé au mouvement « Voix du Nord » qui éditait le journal du même nom dans la clandestinité. Lorsque j'ai commencé à m'intéresser à la politique, mon grand-père me ressortait des archives qu'il conservait soigneusement dans une boîte. Parmi elles, une lettre du prisonnier Jules Houcke aux Nieppois. À présent, mes grands-parents sont tous les deux décédés. J'étais proche d'eux. Ils me manquent.

Lorsque je vais au cimetière de Nieppe pour leur rendre visite, je finis toujours mon périple par un détour sur la tombe de l'ancien député-maire. Elle est à l'autre bout du cimetière, sous le drapeau tricolore. J'accomplis ce rituel surtout par fidélité à mes grands-parents, comme pour inscrire mes pas d'homme engagé dans ceux de cet homme politique pour qui ils avaient tant d'affection. Je ne peux m'empêcher de penser que les combats des résistants et la vision qu'ils avaient de la France sont davantage présents aujourd'hui chez nous autres, les insoumis, que dans cette droite largement convertie au libéralisme.

Pendant la campagne présidentielle de 2017, je n'étais pas peu fier de montrer à mon grand-père le numéro de la revue de la Défense nationale consacré au programme géopolitique de Jean-Luc Mélenchon. Ça s'appelait « Pour un nouvel indépendantisme ». Du gaullisme pur sucre. J'aurais tout fait pour tenter de les convaincre avant de comprendre qu'on change difficilement d'avis si tard dans la vie. Ma grand-mère n'aura pas vu son petit-fils député. Mais vous auriez vu le regard fier et les yeux humides de mon grand-père lorsque je suis entré dans la chambre qui fut sa dernière demeure, à la maison de retraite de Steenwerck, ceint de mon écharpe tricolore !

Des années plus tôt, après avoir longuement discuté avec des amis qui menaient la lutte contre le CPE dans leurs lycées respectifs, c'était décidé : j'en ferai autant dans le mien. Une histoire qui, compte tenu du décor, allait prendre des allures tout à fait burlesques. Pas évident la lutte sociale au lycée privé de la Croix-Blanche à Bondues ! Bondues, cette ville au nord de Lille, bulle de verdure où je ne peux plus passer sans être envahi de ces souvenirs d'une enfance et d'une adolescence insouciantes. Pas un endroit là-bas qui ne m'évoque les étés à sillonner les chemins de campagne sur mon vélo en y reniflant les odeurs de barbecue dans les allées, mes loisirs au premier desquels la musique, les dizaines de nuits blanches entre amis à travers champs, mes premières passions amoureuses et l'implication assez folle avec laquelle je les vivais. En dépit des années de maladie de ma mère, qui fut anorexique depuis mon plus jeune âge mais heureusement désormais tirée d'affaire, et des tumultes familiaux finalement assez banals, mes parents auront tout fait pour me préserver un cadre de vie le plus stable possible. Né gravement prématuré, ils avaient failli me perdre à peine avais-je vu le jour et la maladie de ma mère les a empêchés d'avoir d'autres enfants.

Très tôt j'ai été conscient du cadre privilégié dans lequel j'évoluais. Bondues, c'est là-bas que, de retour d'une année à Soissons pour raison professionnelle, ils ont posé leurs valises pendant vingt ans. J'y ai vécu de mes deux ans jusqu'à mon départ de la maison. Originaires de Nieppe et Armentières, « pauvres mais fiers » comme le dit Dany Boon dans son fameux sketch, mon père, agent EDF et ma mère, employée dans un magasin d'optique, y ont loué successivement deux maisons dans un lotissement situé en bordure de champs. Même s'ils y ont eu quelques fortes amitiés, cela n'a pas toujours été évident pour eux de composer avec la population de cette ville particulièrement aisée. Ce n'était pas le monde duquel ils venaient. Bondues, avec son golf immense et son centre hippique encerclés par des lotissements tous plus luxueux les uns que les autres. L'une des villes de France où l'on vote le plus à droite. Où Nicolas Sarkozy, en 2012, réalisait un score de 81 % !

Je me souviens de ces mercredis matin où, enfant, j'allais avec ma mère à la bibliothèque municipale choisir quelques-unes des bandes dessinées de Tintin et d'Astérix que je dévorais. C'était son jour de repos et elle n'avait pas de raison particulière de s'habiller autrement qu'avec son habituel jogging-baskets pour aller en ville. Elle avait l'air d'une intruse dans les allées de la bibliothèque, au milieu de ces familles bourgeoises endimanchées et de ces femmes parfumées, sur leur 31, pour aller faire leurs courses !

Évidemment, le microcosme bonduois tranche assez nettement avec le reste du monde, à quelques kilomètres de là. Pas le cadre exemplaire à la mixité sociale, c'est sûr. Mais l'endroit faisait un terrain de jeu exceptionnel pour un enfant et laissait une liberté quasi totale pour l'adolescent dont les parents devaient se dire, à tort ou à raison, qu'ils n'avaient pas trop à se soucier de savoir quelles étaient ses fréquentations. Pendant toute ma scolarité, j'y étais connu comme un bon élève. On me décrivait comme sensible et impliqué. Mais on ne s'attendait sûrement pas à ce que j'essaye d'y importer la mobilisation contre le contrat de première embauche !

Ce mercredi matin pourtant, à la fin des cours, je réunissais une dizaine de proches camarades de classe, près de la sortie du lycée, pour discuter du fameux CPE. La plupart n'en avaient que vaguement entendu parler. Il faut dire que la majorité des lycéens scolarisés dans cet établissement n'imaginaient pas l'après-baccalauréat autrement que dans une grande école et se sentaient donc assez peu concernés par cette histoire de contrat précaire réservé aux jeunes. En quelques minutes, je leur déployais l'argumentaire de base et j'attirais leur attention sur ce qui se faisait dans beaucoup de lycées aux alentours. Je savais que plusieurs d'entre eux, comme moi, y avaient des amis impliqués et que c'était un argument suffisant pour les convaincre d'en faire autant. « Il n'y a aucune raison que rien ne se passe ici », leur disais-je. C'était un mercredi matin, pas le grand soir. Mais j'étais parvenu à constituer un petit noyau dur de convaincus. Ils étaient d'accord pour passer à l'action. Ce devait être le lendemain matin.

Je mis fin à cette petite réunion par une répartition des tâches. Chacun avait un objectif en nombre de coups de fil à passer dans l'après-midi pour convaincre d'autres élèves d'en être. Puis, la soirée serait consacrée à la préparation de pancartes appelant au retrait du CPE. Créativité et humour de rigueur. Rendez-vous était fixé à 7 h 45 le lendemain, devant les portes du lycée. On bloquerait l'entrée avec les poubelles du local voisin et on improviserait un *sit-in* avant de rejoindre la manifestation à Lille, l'après-midi. L'affaire était dans le sac. En tout cas, je le croyais.

De retour chez moi, je racontais à ma mère lors d'un déjeuner rapide ce que je m'apprêtais à faire. Un peu dépourvue, elle se contenta de me faire part de son hésitation sans chercher à me dissuader. À peine l'avait-elle fait que j'étais déjà dans ma chambre à passer les coups de fil selon la même méthode : argumentaire sur le CPE, disponibilité pour participer à l'action du lendemain matin et éventuellement possibilité de préparer des pancartes. À la fin de la journée, je rebouclais par téléphone avec les participants de la réunion du matin. En faisant les comptes, j'étais sûr de moi. Le lendemain matin, nous serions plusieurs dizaines devant le lycée, équipés de nos pancartes et prêts à bloquer l'entrée. Ça allait le faire ! Rassuré, je finissais ma soirée en confectionnant ma pancarte sur un fond de Bob Marley : « CPE : Contrat de premières emmerdes ». Le message était clair !

Le matin venu, sûr de mon coup, je suis sorti de la maison avec ma pancarte à la main et j'ai entrepris le trajet qui me séparait du lycée à pied, en la levant fièrement sous le regard pour le moins perplexe des automobilistes qui croisaient mon chemin. J'arrivais bientôt à l'angle de la rue qui mène à l'entrée du lycée. Depuis l'angle, je pouvais voir l'entrée et apprécier le niveau de mobilisation. Une fois sur place : l'horreur. Tout se passait exactement comme d'habitude. C'est-à-dire que rien ne se passait ! Je reconnus à peine cinq ou six des participants de la réunion de la veille qui dissimulaient tant bien que mal leurs pancartes en guettant timidement mon arrivée. Je passais pour un abruti en solitaire avec ma pancarte hissée fièrement à bout de bras. Je la repliais et j'accélérais mon pas vers le lycée.

« Qu'est-ce que vous foutez ? Où sont vos pancartes ?! Et tous les autres, ils sont où ?

– Adrien, ils ne l'ont pas fait. La plupart sont rentrés, on est seuls là. »

Alors que trois autres arrivaient à leur tour avec leurs pancartes, je décidais de reprendre les choses en mains :

« Sortez tous vos pancartes, et direction le local poubelles ! »

Davantage pour ne pas me décevoir que par réelles convictions, une poignée s'exécuta. Malgré l'aspect totalement embryonnaire, pour ne pas dire franchement ridicule, de notre mobilisation, nous entreprenions le blocage de l'entrée. Parmi les élèves, ça commençait à réagir. Beaucoup avaient entendu parler de notre intention. Il y eut ceux qui s'empressèrent de rentrer et les autres, visiblement amusés, qui avaient l'intention d'en profiter pour retarder leur entrée en cours. Il commençait à y avoir de l'agitation devant l'entrée quand je vis sortir le proviseur adjoint qui avançait vers moi d'un pas alerte en me fixant de son regard déterminé. Il n'avait eu aucun mal à savoir qui était à l'origine de ce qui était en train de se passer.

Quelques années plus tôt, je l'avais eu comme professeur de français et nous avions noué une relation presque amicale lui et moi. Il était une figure d'autorité mais savait être proche de ses élèves. Lui et moi échangions régulièrement sur notre passion commune pour la musique. On se prêtait des disques. Il m'avait même offert une copie d'une cassette pirate du concert de Nirvana au Reading Festival de 1992 !

Mais ce matin-là, il avait l'air beaucoup moins enchanté par ma tentative de bloquer le lycée qu'il ne l'avait été deux ans auparavant quand il m'avait confié les moyens logistiques d'organiser une projection vidéo en hommage à Kurt Cobain en salle de permanence, pour les dix ans de sa mort ! Il me prit la pancarte des mains, écarta la poubelle que je tenais dans l'autre et me dit, presque désolé mais tout de même en colère : « Qu'est-ce que tu nous fais là, Adrien ? » J'eus à peine le temps de bredouiller quelques mots de l'argumentaire contre le CPE qu'il m'interrompit : « N'empêche pas tes camarades de suivre les cours ! Rentre chez toi ou, si tu veux manifester, vas-y ! Mais ne viens pas mettre le bazar ici ! »

La dispersion s'opéra vite. Déçu, presque humilié après une journée d'énergie dépensée à préparer ce qui n'avait pas pu aboutir, je rebroussais chemin jusqu'à chez moi à pied. Sur la route, je recevais des photos que des amis m'envoyaient depuis d'autres lycées de la métropole où la mobilisation était importante. J'enrageais. À partir de ce moment-là et malgré tout ce que je pouvais apprécier de l'équipe enseignante, de la proximité avec mes amis et de tout ce qui contribuait à mon épanouissement dans ce lycée, je commençais à me sentir pousser de sérieuses envies d'ailleurs.

De retour à la maison, j'entendis ma mère qui parlait. Elle était au téléphone. Je compris rapidement qui était au bout du fil : « Oui, monsieur le proviseur, il fait de la politique ! Cela fait quelque temps qu'il s'y intéresse et qu'il nous en parle. Il m'a parlé hier de ce qu'il voulait faire ce matin mais il était tellement convaincu que c'était peine perdue de chercher à le faire renoncer. » La lutte contre le CPE à la Croix-Blanche de Bondues était mort-née !

Ce premier fait de combat politique me fait beaucoup rire aujourd'hui. Je préfère en retenir les premières véritables manifestations auxquelles j'ai participé. Les cortèges étaient vraiment très impressionnants. Quelques semaines plus tard, le gouvernement reculait et Dominique de Villepin annonçait que les conditions n'étaient « pas réunies » pour que le CPE s'applique.

Ma contribution fut donc modeste, mais mon entrée dans la lutte commença par une victoire !

Peu de temps après, c'est la cause des personnes sans-abri qui m'a fait de nouveau passer à l'action. Plus jeune, j'avais déjà organisé des actions près de chez moi. Avec deux ou trois copains, on tondait les pelouses, on lavait les bagnoles, on rentrait le bois dans les maisons en échange de quelques billets que l'on allait remettre ensemble à l'association Emmaüs la plus proche du coin.

C'est d'ailleurs par l'abbé Pierre que, quelques années plus tard, mon action reprit. J'étais devant le journal de 20 heures le soir de sa mort. Je m'en souviens comme si c'était hier. Pour la première fois, j'entendais son vibrant appel de l'hiver 54, rediffusé pour l'occasion. Plus d'un demi-siècle plus tard, ses mots étaient encore d'actualité et la réalité qu'il décrivait toujours insupportable :

« Mes amis, au secours… Une femme vient de mourir gelée, cette nuit à trois heures, sur le trottoir du boulevard Sébastopol, serrant sur elle le papier par lequel, avant-hier, on l'avait expulsée…

Chaque nuit, ils sont plus de deux mille recroquevillés sous le gel, sans toit, sans pain, plus d'un presque nu. […]

Devant leurs frères mourant de misère, une seule opinion doit exister entre hommes : la volonté de rendre impossible que cela dure. […]

Que tant de douleur nous ait rendu cette chose merveilleuse : l'âme commune de la France. »

J'ai pleuré ce soir-là devant ma télévision, le cœur soulevé par ce discours et les images qui l'illustraient. Elles m'évoquaient ces scènes de misère quotidiennes dont j'étais le témoin chaque week-end lorsqu'avec des amis je prenais le bus pour me rendre à Lille. J'étais confronté comme jamais auparavant dans ma vie à la violence de cette réalité. Comme tous, nous avions nos occupations, nos préoccupations, et nous passions, dans presque chaque rue, devant des femmes et des hommes à terre, dans le besoin, les mains tendues vers cette masse confuse et d'apparence indifférente que formaient les passants. Je ne sais toujours pas dire ce que je trouvais le plus violent entre la misère elle-même ou l'indifférence à son égard. Comment pouvions-nous être indifférents ou habitués à cela ? Et que devenaient ces gens à l'heure où, le soir venu, je reprenais tranquillement le bus dans l'autre sens pour retourner au petit confort de ma vie d'ado privilégié ? Que pouvais-je faire du haut de mes seize ans pour changer ça ?

Ne rien faire m'était devenu insupportable. Ce soir-là, c'était comme si l'appel au secours de l'abbé Pierre, cinquante-trois ans plus tard, m'était lancé, à moi. D'aucuns appelleraient cela la charité ou, avec plus de mépris, le besoin de se donner bonne conscience. Sans doute y avait-il un peu de cela. Mais n'était-ce pas déjà mieux que de ne rien faire du tout ? Je n'avais jamais manqué de rien, j'avais grandi dans l'amour des miens, avec des conditions matérielles plus favorables que la moyenne. Dans ma tête d'adolescent, c'était exactement comme si je me devais de redistribuer une part de ce que j'avais reçu sans rien avoir fait d'autre que d'être bien né, comme pour réparer une forme d'injustice. Lorsque le JT de 20 heures fut terminé, je suis monté dans le bureau à l'étage, j'ai allumé l'ordinateur et j'ai commencé à pianoter pour voir ce qu'il était possible de faire pour agir.

Ainsi, pendant deux ans, chaque jeudi soir d'hiver, je rentrais chez moi après les cours pour y déposer mes affaires avant de prendre le bus pour Lille. Il faisait déjà nuit noire et froid quand je rejoignais le rendez-vous hebdomadaire d'un collectif d'associations, à 19 h 00 sur la place de la gare. Bonnets vissés sur la tête, la vingtaine de participants écoutaient les consignes de la personne chargée d'organiser l'action du soir. Puis, nous nous répartissions en petits groupes de trois ou quatre, équipés de thermos de café, de soupe et d'un plan de la ville sur lequel des zones étaient délimitées, identifiées comme celles concentrant le plus de personnes sans abri. Après une marche rapide pour rejoindre notre zone d'affectation, notre progression dans la rue se faisait au hasard des rencontres.

Une économie de la débrouille se dévoilait chaque soir sous nos yeux. Ces femmes et ces hommes s'installent pour la nuit dans des recoins discrets, le plus à l'abri du vent possible, transformant le mobilier urbain en cabanes de fortune. La plupart du temps, nous engagions la conversation en interrogeant la personne sur ses besoins et lui demandions si elle avait contacté le service d'urgence pour une place dans un hébergement. Au besoin, nous contactions directement le Samu social. Le temps d'un café ou d'une soupe, les langues se déliaient et des parcours de vie tous plus époustouflants les uns que les autres se révélaient. J'étais frappé de constater le nombre de ceux qui avaient basculé dans la grande pauvreté comme dans un précipice après un accident de la vie. Nul n'est véritablement à l'abri. Tout vous paraît d'un coup fragile, précaire et incertain. Pour beaucoup de ceux que nous croisions, les quelques minutes partagées ensemble étaient leur seul contact humain de la journée. Le plus souvent au commencement, les voix sont éraillées et s'éclairent à mesure que la conversation avance, tel un moteur qui chauffe pour redémarrer.

Nous nous retrouvions au point de départ vers 21 h 30 après deux heures de maraude avant de regrouper le matériel et de nous disperser. Puis, je repartais prendre mon bus en direction de ma banlieue privilégiée. Le trajet m'éloignait chaque kilomètre un peu plus de cette insupportable misère. Lorsque le bus fendait la ville, à mon retour, je posais un regard différent sur le décor préservé de la campagne plongée dans la nuit et de ses jolies maisons où l'on ne manque de rien. De retour chez moi, j'avais simplement fait « une bonne action » plutôt que de m'indigner depuis mon canapé. C'était déjà ça. Tant d'autres ne l'auraient pas fait. Mais cela ne me suffisait pas. Certes, j'avais distribué un peu de chaleur humaine, de la soupe et du café. Mais fondamentalement, rien ne changeait. Surtout, il me restait une équation à résoudre : pourquoi ces îlots de richesse dans un océan de pauvreté ?

L'épisode CPE m'avait définitivement catalogué au lycée. Je n'étais plus simplement le bon élève qui faisait parler de lui parce qu'il montait sur scène pour chanter lors de la quinzaine annuelle consacrée aux représentations artistiques, ni celui qui poursuivait souvent la discussion avec certains professeurs après les cours pour parler de musique. J'étais devenu celui qui faisait de la politique et qui, en plus, au secours, était de gauche ! Je me souviens de certains cours d'histoire ou de sciences économiques et sociales qui changeaient littéralement de nature sous mes questions et interventions. Il ne s'agissait pas pour moi de faire dévier l'objet ou de perturber le cours. Mais je prenais un réel plaisir à m'appuyer sur des notions que les professeurs voulaient nous transmettre pour provoquer le débat dans la classe. Mes camarades, qui étaient entrés dans la salle de cours avec leurs habitudes de leçons prêtes à l'emploi qu'il ne faut plus qu'apprendre, en ressortaient en ayant été poussés à interroger leurs propres représentations, leurs préjugés et à se forger une opinion plus personnelle. Je m'arrêtais toujours à temps. Quand je sentais que les professeurs étaient mis en difficulté dans leur devoir de neutralité. Et bien souvent, je m'arrangeais pour être l'un des derniers à sortir pour poursuivre la discussion avec eux. Leur réaction était partagée entre la gêne et l'intérêt. Gênés de voir certains de leurs cours ressembler malgré eux à un débat politique entre élèves, mais intéressés de voir que l'un d'eux y injectait des idées *a priori* peu répandues en ces lieux.

Une fois, ma professeure d'histoire-géo m'interrogea à la fin d'un cours : « Mais, tu milites dans un parti ou une association, toi ? » Je lui parlais des maraudes auxquelles je participais et lui dis que la politique m'intéressait de plus en plus mais que je me méfiais des partis dont j'avais une mauvaise image. J'imaginais, à tort, que rejoindre un parti, prendre une carte, c'était comme s'enfermer dans une case pour toujours. Un jour, après un cours, elle me tendit un petit dépliant imprimé en rouge et noir en me disant : « C'est l'association dans laquelle je milite. Peut-être que tu connais. » Il s'agissait d'un dépliant de présentation d'Attac, l'Association altermondialiste pour la taxation des transactions financières et pour l'action citoyenne. Le bulletin d'adhésion offrait un débouché parfait à mon besoin de politique, conjugué à mon refus de rejoindre un parti.

À l'époque, je visitais régulièrement le site internet de la Ligue communiste révolutionnaire pour en lire les argumentaires sur l'actualité. Pour un jeune engagé, en quête de rupture et de radicalité, la figure de Besancenot et le slogan « 100 % à gauche » étaient propices à l'identification. Lors d'une fête pour mes dix-huit ans, entre le livre des chansons illustrées d'Hubert-Félix Thiéfaine et un disque, mes amis m'avaient offert un tee-shirt de la LCR ! Je crois que le visuel avait été conçu lors de la dernière canicule. Il y avait la caricature d'une grand-mère en dessous de laquelle était inscrit : « Nos mamies valent plus que leurs profits ! » J'avais suivi le processus constitutif du Nouveau Parti anticapitaliste et il avait eu mon premier vote. Mais je n'ai jamais voulu rejoindre le parti. Rejoindre l'association Attac, dont les mots d'ordre m'apparaissaient assez proches, l'étiquette « extrême gauche » en moins, me semblait être un bon compromis. Sur le bulletin d'adhésion, on pouvait notamment lire : « Attac est une association qui milite pour la justice sociale et environnementale, et conteste le pouvoir pris par la finance sur les peuples et la nature. »

Je me suis mis à lire assidûment le journal de l'association, les bouquins qu'ils éditaient et à participer à la plupart des conférences et manifestations qu'ils organisaient à Lille. Je m'en suis fait une sorte de formation politique personnelle entre la fin du lycée et mes premières années d'étudiant. Je ne m'y suis pas fait trop remarquer.

Associées à mes cours de sciences économiques et sociales, les publications d'Attac me procuraient un premier bagage théorique dont je ressentais le besoin.

C'est à cette même période qu'il s'agissait pour moi de choisir ce que je ferai après le bac. Je n'avais aucune idée précise du métier que je voulais faire. Spontanément et parce que c'était la discipline dans laquelle je prenais le plus de plaisir, je répondais que je voulais faire « prof d'éco » lorsque l'on me posait la question. Il n'y a rien d'évident à faire à cet âge-là des choix que l'on vous présente comme définitifs. Compte tenu de mon dossier, la plupart des professeurs du lycée m'imaginaient poursuivre mes études dans une de ces grandes écoles de commerce dont les frais de scolarité dépassent les 10 000 euros à l'année. J'ai passé plusieurs samedis après-midi à certaines de ces adresses, accompagné de mon père. J'y retrouvais les mêmes visages, la même sociologie que celle de mon lycée et pourtant je m'y sentais comme perdu.

J'étais à la croisée des chemins. Rien de tout cela ne correspondait plus au jeune adulte que j'étais en train de devenir. Et cette fois, le choix me revenait intégralement. Mes parents, je le savais, se seraient pliés en quatre s'il le fallait pour m'offrir les études que je voulais. Eux n'avaient pas eu cette possibilité à mon âge. J'étais partagé entre ce qui m'apparaissait comme une continuité assez évidente, même si je ne voyais pas bien où elle me mènerait, et mon envie de tout autre chose qui correspondrait davantage à mes aspirations du moment. Fût-ce au prix de décevoir autour de moi. En cas d'erreur, je pourrai toujours revenir sur mes pas. Le temps était venu pour moi de rompre avec ce cadre. J'ai donc choisi de m'inscrire en fac, en licence d'économie et de gestion.

La fac de Lille 1, changement radical et prise d'autonomie forcée après les années du lycée. Ça m'allait à merveille de me fondre dans ce campus et d'y rencontrer enfin d'autres jeunes venus de tous horizons et milieux sociaux, dont ceux correspondant davantage à celui de ma propre famille que ce n'était le cas à la Croix-Blanche. Les cours de première année me plaisaient d'autant plus qu'ils concentraient la théorie : textes fondateurs d'économistes, Marx au programme mais aussi le courant néo-classique. À la condition d'être assidu en cours, pas besoin de fournir un immense travail personnel pour réussir les examens et valider cette première année. Ce qui me permettait de me consacrer assez largement au militantisme politique et de participer au mouvement contre la loi LRU d'autonomie des universités de Valérie Pécresse, dont les facs étaient le centre de gravité. Il faut le dire, les assemblées générales de facs en lutte avaient tout de même plus de gueule que le mouvement contre le CPE à la Croix-Blanche de Bondues !

Les choses se sont un peu gâtées par la suite. Alors que je me régalais dans les cours théoriques qui l'avaient précédée, la deuxième année commençait par un concentré indigeste de statistiques et de mathématiques à débit très soutenu. Après quelques semaines de tentatives acharnées, j'ai très vite décroché et commencé à déserter les cours. Je dois dire aussi qu'à ce moment-là ce n'était ni les cours ni le militantisme politique qui m'absorbaient le plus.

L'amour. Un an plus tôt, le jour de la rentrée universitaire, j'avais expérimenté la fulgurance du coup de foudre. En une fraction de seconde, ce fut comme si toute la suite de l'histoire m'avait été contée en accéléré. Je me sentais des réserves d'amour et d'affection inimaginables pour cette fille. J'en étais tombé fou amoureux, capable de démonstrations assez improbables. Un vrai film. Nous étions devenus amis et, après une année, les bases de notre relation amoureuse étaient posées. Dès lors, j'avais envie de me consacrer à elle bien davantage qu'à mes cours de statistiques. J'ai quitté la maison de mes parents à la hâte pour vivre avec elle dans ce minuscule studio. Je venais d'avoir dix-neuf ans.

Pendant ces trois années, j'ai enchaîné plusieurs petits boulots. J'ai vendu des disques en hypermarché, des pantoufles aussi avant de finir à la caisse et de transformer mon contrat d'étudiant de quelques heures en temps plein. Puis, j'ai préparé un BTS commercial en alternance chez EDF à l'issue duquel j'ai été embauché comme conseiller clientèle. Je ne serai donc pas devenu prof d'éco ! Le prof d'éco du BTS était d'ailleurs un maire MoDem malheureux aux élections législatives. Il y avait donc de quoi parler politique même si je n'y retrouvais pas les envolées marxistes de certains de mes profs de fac !

De la fac, je retiendrai donc davantage ma rencontre avec celle qui est aujourd'hui ma femme et la mère de ma fille que tout le reste. Certes, à l'issue de ces années d'étudiant, je n'étais ni prof d'éco, ni diplômé d'une grande école de commerce international promis à un job rapportant beaucoup d'argent. Mais j'avais trouvé l'amour auquel j'aspirais et je disposais de temps libre en dehors de mon travail. Des circonstances propices à l'approche de la campagne présidentielle de 2012 dans laquelle j'avais la volonté de m'impliquer vraiment. Avec ce Front de gauche nouvellement né et son candidat qui avait rompu quelques années plus tôt avec un Parti socialiste à la dérive : Jean-Luc Mélenchon.

Après ces quelques années à tourner autour du pot sans jamais y aller vraiment, j'avais enfin saisi que, pour changer les choses en profondeur, les comprendre n'est pas suffisant. « Prenez le pouvoir ! », c'était le slogan sur les affiches de la campagne. Et que faire d'autre sinon cela pour tout changer de la cave au grenier ? L'heure était venue pour moi de franchir le Rubicon et de faire de la politique. Pour de bon.

3

La rivière est sortie de son lit

27 mars 2012. Ce mardi-là, vers 18 h 00, je raccroche le téléphone avec mon dernier client. Je range les quelques affaires qui traînent sur mon bureau dans mon sac à dos, salue mes collègues en vitesse et je quitte mon lieu de travail à la hâte, plein d'enthousiasme. Quelques centaines de mètres seulement me séparent de Lille Grand Palais. Ce soir, j'assiste au meeting de mon candidat à l'élection présidentielle. J'ai alors vingt et un ans et c'est la première fois que j'assiste à un meeting politique. Je me sens représenté par le candidat. Je m'y retrouve. Je n'hésite plus. Je veux en être.

Depuis des semaines, je suis la campagne dans le détail. Sur le tabouret qui sert de table de nuit, dans le petit studio lillois que j'occupe avec celle qui partage ma vie, mon exemplaire du programme « L'Humain d'abord ! » est rempli de surligneur et de post-it sur lesquels je prends des notes. J'en ai toujours quelques autres exemplaires en réserve que j'offre à mes professeurs ou mes camarades d'apprentissage, dans les repas de famille ou les soirées entre amis. Je ne loupe pas un seul des meetings en direct sur internet, ni le moindre passage média du candidat, toujours précédés d'un sms que j'envoie à ceux de mon répertoire dont je cherche à susciter l'intérêt pour ce qui est en train de se jouer.

À peine arrivé à hauteur du boulevard, j'aperçois déjà beaucoup de monde devant les lieux. Je marche vite. À mesure que j'avance, je perçois la musique qui gronde dans les haut-parleurs installés à l'extérieur. Du rock. Les Rolling Stones ! Quand j'arrive sur place, vu le monde, c'est clair, ce meeting va faire un carton. Toutes les rues alentour et les stations de métro font déferler de façon de plus en plus rapprochée des petits groupes de gens qui se pressent devant les grilles du Grand Palais. Rapidement, les stands installés sur le trottoir où les militants vendent le programme et le journal l'*Humanité* sont noyés au milieu de la foule. On ne les distingue plus que grâce aux kakémonos rouge vif en haut desquels trônent le logo du Front de gauche et l'adresse du site internet, placeaupeuple2012.fr.

On commence à être vraiment à l'étroit sur le trottoir, désormais rempli jusqu'au Zénith voisin où le meeting devait initialement avoir lieu. Les organisateurs ont dû changer d'endroit presque au dernier moment, convaincus que les 7 000 places du Zénith de Lille ne suffiraient pas à accueillir tout le monde. À nous voir massés devant les grilles, débordant sur le boulevard, je me dis qu'ils ont été bien inspirés. Tout le monde le sent, il se passe quelque chose autour du candidat du Front de gauche. La dynamique est installée. Jean-Luc Mélenchon est le troisième homme dans les sondages, devant Marine Le Pen, devant François Bayrou. Il est le candidat qui connaît alors la plus forte progression. Les médias commentent : « à 13 %, la progression de Jean-Luc Mélenchon inquiète et agace ses adversaires autant qu'elle requinque ses militants ».

Au moment où les portes s'ouvrent, le boulevard est complètement bloqué à la circulation par l'affluence. Aucun doute, l'écran géant installé en bout de trottoir sera utile. Une fois les grilles franchies, il faut monter de grands escaliers pour accéder aux portes de la salle dans laquelle se tiendra le meeting. À l'étage, le village militant est foisonnant. On y distribue des tracts, des autocollants, on y vend des livres et des exemplaires du programme. L'affluence est si forte qu'il faut à nouveau faire la queue pour passer du village militant à la salle où est installée la scène. Rolling Stones dans la rue, *Bella ciao* à l'intérieur. Ce cocktail d'ambiances me plaît assez.

Je me rappelle qu'en entrant dans la salle, j'ai saisi avec fierté le premier drapeau qu'un militant me tendait. J'en voulais un. C'était un drapeau du Parti communiste français. À vrai dire, je découvrais ce soir-là, par la diversité des stands politiques du village militant, que ce Front de gauche dans lequel je me reconnaissais tant était en fait composé de plusieurs formations politiques. Alors le drapeau, quel qu'il fût, du moment que j'en tenais un à bout de bras pour prendre part à l'immense cohorte qui les agiterait fièrement dans la salle, ça m'allait.

Me voilà donc installé à quelques mètres de la scène derrière laquelle flotte un fond rouge écarlate imprimé d'une frise blanche représentant le peuple en mouvement. Sur la partie droite de la scène, deux canapés sobrement installés derrière une table basse, et au milieu trône un pupitre sur lequel est écrit : « Prenez le pouvoir ! » En attendant que ça commence, je me retourne souvent pour balayer du regard les mines enthousiastes de celles et ceux qui, en l'espace d'un instant, ont littéralement bondé cette salle. Qui sommes-nous qui nous retrouvons là, portés par les mêmes aspirations ? À quelques détails près, cette foule ressemble à s'y méprendre à celles dans lesquelles j'ai l'habitude de me fondre dans les concerts auxquels j'aime assister régulièrement. Mais il y a autre chose.

Mettons de côté le décorum, les drapeaux, les badges et autocollants portés fièrement. Non, cette autre chose est perceptible par-delà ces codes. Dans le regard vif, profond, qui suffit à comprendre l'importance du moment dans le cœur de chacun. On distingue assez facilement dans la salle les militants politiques aguerris dont je ne suis pas et les participants qui, comme moi, ont été portés jusqu'ici par le souffle de cette campagne. Cette force dont nous avons été témoins sur internet à travers ces meetings rassemblant beaucoup de monde, ces images incroyables de la place de la Bastille comme prise de nouveau quelques jours plus tôt, et les remarquables prestations médiatiques de celui que l'on attend. L'échéance approche à grands pas et le pays est encore secoué, sous le choc des récents attentats de Toulouse commis par Mohammed Merah. Mais ce soir, nous sommes rassemblés et nous nous sentons forts. La détermination et la joie se lisent sur les visages des plus jeunes et je suis touché par le regard plein d'espoir que posent sur nous les plus anciens dans la salle. Par-delà les générations, quelque chose nous lie qui nous dépasse.

Le temps de la projection sur écran d'un clip de campagne et d'un numéro de la mini-série « on vous fait un dessin » qui illustre le programme, et vient l'heure des discours. Ce fut d'abord celui de celle dont j'ignore alors qu'elle deviendra quelques années plus tard, et aujourd'hui encore, l'une de mes plus proches camarades, l'écologiste Martine Billard, alors députée de Paris et co-présidente du Parti de gauche. Suivi par le discours de Pierre Laurent, le secrétaire national du Parti communiste français. Leurs discours terminés, l'animatrice Charlotte Girard, remonte sur scène dans un concert de décibels qui crachent la musique de campagne. Celle-là même que j'entends à chaque fois que commence l'un de ces meetings que je suis en direct depuis des semaines de chez moi sur l'écran 13 pouces de mon ordinateur. « Il est temps de l'accueillir ! », pose-t-elle sur la musique avant de hurler à s'en exploser les cordes vocales : « Jean-Luc Mélenchoooooooon ! »

Plusieurs minutes s'écoulent entre l'annonce de son nom et son apparition au milieu de la foule. Depuis le grand balcon de la salle, le candidat est allé saluer la marée humaine qui se trouve à l'extérieur, massée le long du boulevard, sur des centaines de mètres devant l'écran géant. Des images à couper le souffle que je ne verrai que plus tard, en regardant la vidéo de cette soirée qui fut si importante pour moi. Il fend la foule, accompagné de son service d'ordre, en prenant le temps d'attraper toutes les mains tendues. Sourire jusqu'aux yeux, costume noir, chemise blanche, cravate rouge de rigueur assortie au fond de scène, le voilà derrière le pupitre. Le personnage Mélenchon est installé !

« Merci, mes amis, pour cet accueil magnifique que vous nous réservez. Nous sommes conscients, je veux que vous le sachiez, mes camarades Pierre Laurent, Martine Billard et tous les autres, qui chaque semaine nous retrouvons pour mettre au point les étapes de la marche que nous avons commencée ensemble, qu'une tâche et un honneur considérables nous échoient. Aujourd'hui je sais que, comme nous, vous avez fait des efforts pour pouvoir être ici. Je me rends bien compte que ce n'est pas d'un très grand confort d'être debout. Mais tous, nous savons que nous faisons ici quelque chose de très particulier. La démonstration incroyable que nous sommes en train de faire, à chaque étape, se renforce du spectacle de sa propre force. Et est en train, sous sa poussée de volatiliser toutes les certitudes, toutes les organisations, tous les cadres de pensée de ceux qui jaspinent, caquettent, blatèrent, dindonnent, tournent en rond, répétant leurs formules politiques creuses. La rivière est sortie de son lit ! Et quoi qu'il arrive, elle n'y retournera pas de sitôt ! Je m'adresse aux plus jeunes d'entre nous dans cette salle pour leur dire : regardez, voyez ce qui a été rassemblé, parce qu'une ligne politique juste s'applique, parce que des forces politiques anciennes ont réussi à se grouper pour créer un élan qui les dépasse et qui ne nous appartient pas, qui n'appartient pas à une personne ni à un parti ; le Front de gauche est en train de devenir le front du peuple, souvenez-vous-en toute votre vie ! »

D'entrée de jeu, il m'a littéralement embarqué. Ça y est. J'en suis. J'agite mon drapeau rouge avec autant de vigueur que les mots qu'il emploie me touchent et me paraissent bien choisis pour atteindre l'objectif visé. Pendant près d'une heure et demie, regardant à peine ses notes, loin des discours lus et des figures feintes de tant d'orateurs politiques, il nous aura convaincus de notre propre force, nous en aura donné autant qu'il en aura reçue, abordant tous les sujets en alternant la pédagogie des démonstrations, arguments, références historiques, raison, humour et émotion avec une puissance hors du commun. Il revient sur les attentats de Toulouse :

« Le pays a été mis au défi par des meurtres insensés qui n'ont aucune espèce de signification politique. Nous avons tous été là, forts de cette certitude que nous constituons un grand peuple uni, fraternel, solidaire, où l'on ne distingue pas en fonction des couleurs ou des religions… Le peuple a été le grand et beau vaccin dont la patrie républicaine avait besoin ! Ce n'est pas un tueur qui prend en otage la démocratie et la République ! »

Jamais auparavant ces références à la patrie et à la République n'avaient eu autant de signification et de résonance pour moi.

L'adversaire dans la campagne est tout désigné :

« J'ai presque envie de rire en voyant la malheureuse qui est là, sifflante de haine, bête malfaisante qui continue à injurier, à prononcer des paroles de haine et de division… mais qui ne marchent pas. Le peuple français ne veut pas de la guerre civile ! »

Il resitue ce face-à-face idéologique dans la longue histoire du pays :

« Je connais la France, je sais bien que ça dure depuis deux siècles entre eux et nous, mais je sais bien que c'est toujours nous qui avons gagné… toujours ! Ah ! Ils ne voulaient pas de la Révolution de 1789, ses ancêtres : on l'a faite ! Ils ne voulaient pas de la Commune, ils ne voulaient pas des droits universels, ils ne voulaient pas de la république, ils ne voulaient pas de l'égalité :

ils ne veulent jamais de rien… mais on le fait quand même ! On leur est rentrés dedans, et on va les faire reculer encore ! »

Il enchaîne rapidement avec le socle économique et social de son propos :

« Nous ne demandons pas les payes gigantesques et les privilèges abusifs des puissants : nous demandons des payes dignes et honnêtes. »

Face au chantage aux délocalisations, il propose déjà en des termes très clairs ce que nous appellerons plus tard le « protectionnisme solidaire » :

« Il existe une solution qui consiste à mettre, aux frontières de l'Europe, des visas sociaux et environnementaux sur les marchandises. Ces visas interdiraient qu'on joue de la différence de prix, parce que là-bas on saccage tout, parce que là-bas on sous-paye les gens. »

À plusieurs reprises, il s'adresse directement à ceux d'entre nous à qui on fait la leçon tous les jours. En quelques mots, il leur fait relever la tête, changer de point de vue :

« Écoutez les gens : on est tout le temps en train de vous casser les pieds à dire que vos payes coûtent trop cher. On est tout le temps en train de vous dire que vous êtes trop soignés, que vous prenez trop de vacances… mais aux autres, à ceux qui vous donnent ces leçons, on ne leur demande jamais de comptes ! Ils vous traitent d'assistés alors que nous sommes seulement solidaires : car il n'y a pas d'assistés en France, il n'y a que des gens solidaires. La seule classe d'assistés, ce sont les puissants, ce sont les riches, ce sont les trafiquants : eux sont protégés ! Mais regardez comme ils n'ont aucune espèce de morale, aucun sens du bien commun : dès qu'ils commencent à empiler, ils fuient et désertent à l'étranger pour ne pas payer d'impôts. »

Sur le partage des richesses, il va au fondamental, le rapport de force permanent entre capital et travail :

« En 2010, 180 milliards investis dans l'industrie, dans l'activité économique contre 210 dans les poches des actionnaires. Au cours des trente dernières années, le capital et le travail ont vu changer la répartition de la richesse entre l'un et l'autre. Dix points du total sont passés des poches du travail à celles du capital. Cet argent a été soustrait de la consommation, et donc du fonctionnement de l'économie. »

Jean-Luc Mélenchon assume la préférence pour l'emploi. Il fait du travail et de l'emploi, sa priorité :

« Mes amis, l'emploi est le commencement de tout pour nous, et d'abord de l'autonomie individuelle. Chaque femme, chaque homme aspire à vivre dignement de son propre travail, aspire à construire la liberté de tous à partir de sa liberté personnelle, qui est de décider de son propre destin parce qu'il en dispose des moyens. »

Puis, il connecte la question de l'emploi à la nécessité de la bifurcation écologique et attire l'attention sur la place toute particulière de la France pour engager cette bifurcation et relever ce défi qui s'impose à toute l'humanité. Jean-Luc Mélenchon parle toujours de la France comme du grand pays qu'elle est, une puissance observée à travers le monde, depuis laquelle les grands changements peuvent s'amorcer et se mettre en partage. Planification et règle verte sont déjà dans son logiciel :

« Je vous appelle à une grande ambition : nous serons le premier peuple du monde à organiser cette grande bifurcation de la production de l'énergie et des objets qui nous entourent. Nous serons le premier peuple du monde qui exportera des savoir-faire, des techniques dont tous les autres peuples ont besoin, et en particulier ceux qui ne peuvent pas se développer sur la base du capitalisme tel que nous le connaissons. Nous avons une immense ambition pour la France, par exemple lorsque nous parlons de la règle verte, c'est-à-dire réorganiser la production pour que nous cessions de vivre à crédit sur la planète, parce que le parti responsable, celui qui comprend qu'il ne peut pas dissocier son sort de celui de toute l'humanité, c'est le nôtre. C'est nous qui disons aux puissants qui bavardent dans les réunions internationales mais ne prennent aucune décision : "Nous avons la capacité de faire autrement, et nous les Français nous allons commencer les premiers, parce que nous savons que si tout le monde vivait comme vivent les Français, il faudrait deux planètes et demie. Or, ces deux planètes et demie, nous ne les avons pas". Il faut donc que la France se donne pour objectif de solder la dette écologique, et pour ça il faut tout changer : les machines, les *process* de production. Voilà un bel élan que je vous propose, à vous la jeune génération, et à vous les travailleurs expérimentés, femmes et hommes, ingénieurs, techniciens, ouvriers hautement qualifiés qui avez la possibilité de faire cette grande bifurcation. Voilà la grande ambition qu'il faut proposer à la France, pas seulement regarder la pointe de ses chaussures en essayant d'être les bons élèves qui méritent au tableau d'honneur du libéralisme, de la souffrance populaire. Notre politique de l'emploi, c'est d'abord celle qui dit que de l'emploi, il y en a besoin partout ! Il y a des milliers de tâches qui ne sont pas accomplies, depuis les services à la personne, depuis l'immense chantier de ferroutage que nous mettrons en route, pour faire que les marchandises traversent le pays sur des trains plutôt que des camions pilotés par des hommes exténués, surexploités. Nous allons rompre avec leur modèle de libre concurrence saccageant et cassant tout. »

Il met alors le doigt sur un phénomène grandissant, que j'avais identifié au contact de mes collègues dans les différents emplois que j'avais déjà pu occuper : l'interrogation du sens. Quel est le sens, quelle est la finalité de ce pour quoi je me lève le matin ? Cette question-là atteint bien au-delà des classes populaires. Le candidat du Front de gauche le sait et il veut déjà s'adresser à ces Français qui, *a priori* seulement, ne voteraient pas pour lui :

« Parmi les cadres aussi, parmi les ingénieurs, parmi toute la classe moyenne supérieure se répand l'idée : "Nous avons été floués ! Pendant des années, nous croyions qu'en travaillant beaucoup, en ramenant l'ordinateur à la maison, en y passant la nuit, le jour, tous les week-ends, on allait s'arracher, s'éclater, se défoncer, être flexibles… On s'est fait voler notre vie : on n'a pas vécu, on n'a pas vu nos gosses, on a pété notre couple !" Et tout le monde, précarisé ! Voici l'ingénieur précaire, comme l'ouvrier, qui court après un emploi par intérim. La maladie s'est répandue partout, et partout c'est la même révolte. »

SMIC à 1 700 euros bruts, rappelant que 80 % des postes au SMIC sont occupés par des femmes, partage du temps de travail et créations d'emplois par l'application réelle des 35 heures et la retraite à soixante ans sont autant de marqueurs qu'il martèle pour les ancrer et enfoncer le clou à chacun de ses meetings.

Il n'a pas encore fini son discours mais le chiffre tombe : nous sommes 23 000 dans la salle et au-dehors, sans compter celles et ceux qui nous suivent en direct sur internet et sur une chaîne de télévision qui retransmet le meeting. Il commente l'information :

« Franchement, moi, on me dit "On va faire un meeting" et voilà qu'arrivent 23 000 personnes ! Bon. Ce n'est plus vraiment un meeting, mais vous avez remarqué que tous nos rassemblements ont une caractéristique commune : c'est que nous venons nous enseigner les uns les autres et nous donner des arguments pour pouvoir repartir de la réunion en ayant appris quelque chose, et en comprenant mieux le monde dans lequel on veut vivre. Tout ce que je viens de vous dire, c'est pour briser les chaînes qui font qu'on s'habitue à subir, qu'on s'habitue à entendre leurs foutus discours qui vous disent que rien n'est possible, que le chômage est une calamité contre laquelle on ne peut rien. »

Comme un présage de ce qui arrivera par la suite, il avertit :

« Les camarades socialistes pensent qu'il faut composer avec, qu'on doit pouvoir trouver une sorte d'arrangement, notamment dans le cadre de la politique européenne. Nous pensons que c'est une folie, que ceci conduit nécessairement au désastre, que cette politique-là a déjà été appliquée dans plusieurs pays et que c'est la récession partout. Donc ce n'est pas à nous de faire la démonstration que ce que nous proposons est viable, c'est à eux de nous expliquer comment ils comptent faire, avec une telle politique, pour que ce soit non seulement viable et supportable par nos sociétés, mais en plus, quand même, quand c'est la gauche qui gagne, faut bien qu'il y ait quelque chose pour le peuple, non, quand même ? On fait pas tout ça pour rien ! »

Tellement prémonitoire.

Près d'une heure et demie après le début de son discours, Jean-Luc Mélenchon a coché toutes les cases essentielles du programme pour que chacun reparte en sachant quoi dire pour convaincre autour de soi. Cette avalanche de bons arguments, de bonnes démonstrations, conjuguée à la puissance de notre rassemblement, confère une force considérable et une foi dans l'échéance qui vient. Comme souvent, pour conclure un tel moment, il choisit quelques vers, comme une cerise sur le gâteau, ou une couche de vernis sur le tableau qu'il vient de peindre. Il n'hésite pas, et il est bien le seul sur la scène politique, à parler de bonheur, d'amour, des jolies choses de la vie :

« Voilà quelques vers de Paul Eluard. On va les donner à tous ceux qui ne comprennent rien à la vie, qui ne savent pas que la première des vertus, c'est l'amour et que quand on en donne, il est probable que ça revienne. Pas toujours, mais souvent ! La première vertu, c'est pas le fric, c'est pas "tout pour moi", c'est le partage, les choses simples.

Les hommes
Les hommes sont faits pour s'entendre
Pour se comprendre, pour s'aimer,
Ont des enfants qui deviendront pères des hommes
Ont des enfants sans feu ni lieu
Qui réinventeront les hommes
Et la nature et leur patrie
Celle de tous les hommes
Celle de tous les temps.

Paul Eluard.

Vive la révolution ! »

À l'issue de ce discours, avant d'entamer ensemble l'*Internationale* suivie d'une vibrante *Marseillaise*, je me retourne une nouvelle fois sur la salle, comme pour recueillir les réactions, sonder les visages de celles et ceux qui la composent. La foule est dense. Il fait chaud. Beaucoup ont tombé la veste ou le pull en cours de route. Dans le brouhaha de l'intérieur, on distingue les applaudissements et les cris de joie de l'extérieur sur le boulevard. J'en vois plus d'un, comme c'est mon cas, qui ont les yeux humides, jusqu'à des larmes qui coulent le long de leur visage. Pourquoi faudrait-il les retenir ? D'où viennent-elles ? Sûrement du profond dégoût que nous éprouvons pour la situation que nous avons sous les yeux.

Ces inégalités grandissantes, cette pauvreté brisant des vies alors qu'il y a de la richesse produite à foison dont certains ne savent même plus quoi faire tellement ils en ont, cette souffrance quotidienne, violente, injustifiée, dont nous sommes tous les témoins ou les victimes, cette conscience aiguisée des défis qui nous font face et des obstacles qu'il faudra franchir pour les relever. Le tout, doublé d'une prise de conscience collective telle qu'elle se transforme en sentiment d'appartenance entre ceux qui se sont rassemblés à cet instant. Oui, on peut faire autrement. Oui, les jours heureux peuvent advenir. Non, ce ne sera pas simple mais nous allons faire notre possible pour y arriver.

Voilà ce que je ressens précisément à cet instant alors que le candidat se tient debout sur scène, le poing levé, à quelques pas du pupitre qu'il vient de quitter. Visiblement ému lui aussi et renforcé par la tournure que prend cette campagne. Il balaye la foule du regard. Peu m'importe que cela ne dure qu'une fraction de seconde. Je suis concentré au moment où il croise le mien. Plein de gratitude pour l'espoir que cette soirée me donne, j'aimerais qu'il y puise la force dont je sais qu'il a besoin pour le chemin qu'il lui reste à parcourir.

Il est des moments rares dans l'existence où les choses viennent à vous avec une force inexplicable. On parlerait d'un « signe », de ceux qui marquent une occasion qui, si elle est saisie, peut transformer la vie. Cette soirée du 27 mars 2012 est de ces moments-là pour ce qui me concerne. Je n'irai pas jusqu'à dire que j'aurais pu prévoir la suite ou prédire l'avenir. Mais j'ai compris précisément cette soirée-là que quelque chose d'important changeait pour moi. Qu'après plusieurs années à simplement m'intéresser, certes davantage que la moyenne, à la politique, elle prendrait désormais une place prépondérante dans ma vie, que j'y consacrerai beaucoup de temps et d'énergie, en commençant par faire équipe avec lui.

Jean-Luc Mélenchon et ses deux camarades quittent la scène, leurs papiers dans les mains et après un dernier regard impressionné sur la salle, comme pour la photographier et la garder en mémoire. La dispersion s'opère lentement. C'est qu'il faut un moment pour redescendre d'un tel shoot d'adrénaline ! La première bouffée d'air frais prise à l'extérieur tranche avec la température qu'il fait dedans. Je me souviens être sorti de la salle avec le sentiment de n'être plus tout à fait le même qu'en y étant entré. Jamais je ne m'étais autant senti à ma place à un endroit où il était *a priori* assez peu probable que j'aille quelques années encore auparavant. Oui, ce soir-là, on peut le dire, « la rivière est sortie de son lit ».

4

L'opposition de gauche

Au soir du premier tour de l'élection présidentielle de 2012, le score de Jean-Luc Mélenchon fit sortir la gauche de rupture de l'abîme dans lequel elle était enfoncée. Elle retrouvait de sa centralité et confirmait l'installation du Front de gauche comme force politique nouvelle dans le paysage. Force avec laquelle il faudrait désormais compter. Ce chemin s'était ouvert en 2005 avec la mobilisation pour le « non » au traité constitutionnel européen. Ce fut une victoire mais le traité, rejeté par une majorité de Français, fut tout de même appliqué contre leur avis après avoir été repeint par l'axe Sarkozy-Merkel en « Traité de Lisbonne ».

Jean-Luc Mélenchon avait pris part à cette bataille pour le « non », contre l'avis du Parti socialiste dont il était alors membre. Les collectifs unitaires qui s'étaient alors constitués pour mener la bataille n'avaient pas su déboucher sur une candidature commune pour l'élection présidentielle de 2007, laissant beaucoup d'électeurs en manque de représentation. En septembre 2008, à l'occasion du congrès de Reims du Parti socialiste, Jean-Luc Mélenchon soutenait la motion qui rassemblait largement les différentes tendances de l'aile gauche du PS, intitulée « un monde d'avance ». La motion arriva en quatrième position. La majorité sortante confortée, incluant ceux prônant l'alliance au centre, Jean-Luc Mélenchon décida alors de rompre avec le Parti socialiste après trente années passées à l'aile gauche de celui-ci. Il y fut le plus jeune sénateur, proche de François Mitterrand et ministre délégué à l'Enseignement professionnel dans le gouvernement de Lionel Jospin.

De cette rupture fracassante avec le Parti socialiste, il dit souvent : « Ce n'est pas moi qui ai changé. C'est le parti dont j'étais membre qui ne se ressemblait plus. » Avec d'autres, il fonda le Parti de gauche qui, dans une alliance avec le Parti communiste français, mettra sur pied dès les élections européennes de 2009 les bases de la coalition appelée le Front de gauche.

Ce 22 avril 2012, le ciel est dégagé sur la place Stalingrad lorsque, fort de son score à deux chiffres, 11,1 %, Jean-Luc Mélenchon prend la parole au soir du premier tour de l'élection présidentielle. Il dresse un bilan de la situation nouvelle :

« Le premier enseignement qui s'impose au regard est que notre peuple paraît bien déterminé à tourner la page des années Sarkozy. Mais l'extrême droite est à un haut niveau. Nous avons donc eu raison de concentrer notre campagne sur l'analyse et la critique radicale des propositions de l'extrême droite. Nous avons eu raison de le faire et si nous ne l'avions pas fait, peut-être que le résultat ce soir serait encore plus alarmant. »

Après avoir expliqué combien nous nous étions sentis isolés dans cette bataille contre l'extrême droite et avions rendu la monnaie de leur pièce à ceux qui avaient préféré concentrer leurs coups contre le Front de gauche plutôt que contre le Front national, il dresse un constat lucide sur l'immédiate suite :

« C'est le score du Front de gauche qui tient la clé du résultat final dans ses mains. Nous aurons été la force politique nouvelle, la seule, qui ait percé et qui soit née dans cette élection. C'est nous, dès lors, qui avons les clés du résultat. »

Puis, il lance un appel, tout ce qu'il y a de plus clair :

« Je vous appelle à vous retrouver le 6 mai, sans rien demander en échange. Le 6 mai pour battre Sarkozy ! »

Le 6 mai au soir, après avoir voté, je suivais à la télévision, depuis le repas de famille où je me trouvais, l'élection de François Hollande. Le lendemain, mes parents quittaient le Nord pour Marseille suite à une mutation professionnelle de mon père. Comme Jean-Luc Mélenchon et les partisans du Front de gauche, je n'avais aucune espèce d'illusion sur ce que donnerait François Hollande à la tête de l'État. Il n'empêche, ce soir-là, son élection m'a rendu un peu moins amer le départ de mes parents pour l'autre bout de la France. La page Sarkozy était tournée et, en se forçant un peu, on pouvait éprouver une certaine satisfaction à voir la gauche de retour au pouvoir. Si l'illusion n'était pas de la partie, l'espoir n'était pas totalement interdit. On pouvait toujours se dire que, tout de même, quand la gauche arrive au pouvoir, d'une manière ou d'une autre, elle change la vie des gens.

Dès le début cependant, notre intuition eut confirmation. Ainsi, quand Jean-Luc Mélenchon fut reçu à l'Élysée au tout début du quinquennat, Hollande lui confirma qu'il prononcerait l'amnistie sociale des syndicalistes. Il encouragea même le leader du Front de gauche à l'annoncer à la presse dès sa sortie du palais présidentiel. Quelques mois plus tard, le gouvernement socialiste pliait le texte au Parlement, trahissant sa promesse.

La suite était donc annoncée. À mesure que le quinquennat avançait, les quelques promesses de Hollande qui avaient pu retenir notre attention étaient trahies, écrasées les unes après les autres. De même que ces extraits de discours, faisant date, comme le fameux discours du Bourget du 22 janvier 2012, conçu pour attirer l'attention de l'électorat Mélenchon, en pleine percée de ce dernier dans les sondages. On se souvient du candidat Hollande haranguant son public : « Mon véritable adversaire, c'est le monde de la finance ! » ou encore prônant une « France de la justice, où l'argent sera remis à sa place qui est celle d'un serviteur et non d'un maître ». Au lieu de quoi, Hollande qui devait aussi renégocier les traités européens, n'a rien fait de tout cela.

Sa politique économique fut une politique de l'offre marquée par le fiasco du Crédit d'impôt compétitivité emploi (CICE), pour 20 milliards par an, qui devait contribuer à créer un million d'emplois et n'en aura créé que 150 000[1] ! Un immense cadeau fiscal aux entreprises, sans aucune contrepartie.

La réforme des retraites de 2013, portant objectif de 43 annuités pour la durée de cotisations, la loi NOTRe qui affaiblit le pouvoir des communes au profit de la création de métropoles et de grandes régions toujours plus éloignées du citoyen, l'obstination sur le projet contesté d'aéroport de Notre-Dame-des-Landes, la mort du jeune Rémi Fraisse lors de la mobilisation contre le projet de barrage à Sivens, la loi El Khomri ouvrant la voie au démantèlement du Code du travail poursuivi par Emmanuel Macron et passée en force à coups de 49-3 par Manuel Valls au Parlement, sont autant de taches indélébiles sur le quinquennat de François Hollande.

Le mot « gauche » lui-même a ainsi été vidé de sa substance par cette équipe. Pour la première fois de l'histoire de la Ve République, le Président, au plus bas dans les sondages, renonça à se représenter en 2017. Tout le paysage politique était pulvérisé. Que restait-il de la promesse de changement dont le candidat Hollande avait fait son slogan en 2012 ?

Quand une campagne présidentielle s'achève, une grande effervescence retombe. Celle de 2012 à peine terminée et le quinquennat Hollande à peine commencé, je n'imaginais pas en rester là, à me contenter de prendre rendez-vous pour la prochaine fois. Je voulais poursuivre l'aventure et m'investir sans attendre dans ce Front de gauche qui venait de réaliser une si belle performance.

1. Rapport France Stratégie, « Les effets du CICE sur l'emploi, la masse salariale et l'activité : approfondissements et extensions pour la période 2013-2016 », septembre 2020.

Un soir, pianotant sur mon ordinateur à la recherche du bulletin d'adhésion au Front de gauche, je découvrais que celui-ci n'existait tout simplement pas ! En effet, il n'était pas possible d'adhérer directement au Front de gauche, les adhésions étant réservées aux différentes organisations qui le composaient. J'appris plus tard que le Parti communiste français s'était toujours opposé à cette idée d'adhésion directe au Front de gauche que prônait Jean-Luc Mélenchon. Je me souviens avoir visité alors le site internet du Parti communiste français dans ses moindres recoins avec le souvenir de l'un de mes professeurs de sciences économiques et sociales du lycée qui avait fini par me lâcher, non sans fierté, qu'il en était membre. Pour ce qui me concernait, c'était la doctrine développée par Jean-Luc Mélenchon et résumée par le triptyque « Écologie, Socialisme, République » qui m'avait convaincue. Mais aussi, évidemment, l'homme qui m'avait fait basculer de l'intérêt à l'adhésion. Je n'ai pas peur de l'affirmer : c'est d'abord lui que je voulais rejoindre.

À de nombreuses reprises, dans les manifestations auxquelles j'avais participé au cours de mes années de fac, j'avais croisé les militants du Parti de gauche fondé par Mélenchon. Je me souviens en particulier d'une discussion avec le conseiller régional Laurent Matejko, un historique de la maison qui militait déjà dans le courant mélenchoniste à l'époque du Parti socialiste. Il portait un chapeau rond et distribuait des tracts avec quelques militants près de la place de la République à Lille un jour de manif lorsqu'il m'interpella : « Je te vois partout toi ! Tu es assidu ! Tu ne voudrais pas rejoindre le PG ? » Il deviendra plus tard l'un de ceux qui m'encourageront à prendre des responsabilités au sein du parti. C'est lui qui en avait posé les fondations dans le Nord.

Dans la collection de tracts avec laquelle tout manifestant qui répond aux sollicitations rentre chez lui les poches pleines, les tracts du PG étaient de loin ceux qui collaient le plus à la manière dont je pensais qu'il fallait dire et faire les choses. Lors d'une autre manifestation, c'était décidé, j'allais me renseigner sur comment adhérer.

Ce jour-là, je me suis adressé au premier militant croisé qui portait ostensiblement son autocollant du parti. Je l'avais déjà repéré. Un certain Ugo Bernalicis. Avec Matejko, ils me recommandèrent de remplir mon adhésion en ligne et de leur indiquer quand cela était fait. Le soir venu, je remplissais le bulletin et quelques jours plus tard, je commençais à recevoir les mails du comité de Lille métropole et du cercle de Lille auxquels j'étais rattaché.

Je me souviens comme si c'était hier de ma première réunion de parti. C'était au début de l'année 2013, dans une salle municipale louée chaque mois pour l'occasion. La cinquantaine de militants étaient installés autour de tables disposées en U. Ce soir-là, j'étais « le nouveau ». Déjà avec mon éternel carnet de notes, mon stylo à la main et les journaux de ma revue de presse posés sur la table. L'accueil était très chaleureux et fraternel. Il y avait dans l'assistance plusieurs générations représentées. Beaucoup de jeunes actifs comme c'était mon cas et des plus anciens dont je comprenais qu'ils avaient derrière eux un long parcours de militants.

Quand je me suis présenté, je prenais la parole en public pour la toute première fois en politique. J'étais impressionné. Je ne suis pourtant pas d'un naturel timide ou réservé. Gamin, j'avais pris l'habitude de chanter en public ou de mettre sur pied des petits concerts en *play-back* avec mes amis à l'occasion des soirées entre nos parents ! À onze ans, à la terrasse d'un bar qui donnait sur la plage où nous passions la soirée en plein mois de juillet avec mes parents, j'avais rejoint sur scène le groupe qui ambiançait la soirée pour imiter mon idole de l'époque sur *Allumer le feu* ! Cet été-là j'avais même passé, pour le plaisir, le casting de « Graines de Star » sur la plage de mon lieu de vacances avec une reprise *a cappella* de *Vivre pour le meilleur*, du même Johnny Hallyday !

J'avais été plus impressionné par l'attention de la salle lors de ma prise de parole à l'occasion de cette première réunion du Parti qu'en chantant gamin devant une plage bondée !

Ce soir-là, après m'être présenté et avoir expliqué pourquoi j'avais fait le choix de rejoindre le Parti de gauche, je conclus en leur disant : « Si je suis devant vous, c'est que vous allez me voir beaucoup. Si je décide de vous rejoindre, c'est que j'ai l'intention de consacrer du temps et de l'énergie à notre combat commun. »

Aujourd'hui encore, je repense souvent aux militants du PG et à l'accueil formidable qu'ils m'ont réservé. Je n'avais pas poussé la porte avec d'autres prétentions que de me mettre à disposition de l'activité militante. Pour beaucoup d'entre eux qui m'avaient repéré depuis un long moment, j'avais d'ailleurs été long à franchir ce cap de l'adhésion. C'est vrai. Mais une fois que la décision est prise, après avoir étudié tous les paramètres, j'agis sans compter. À partir de ce moment-là, tout s'est accéléré.

J'étais un militant bénévole mais j'y consacrais autant d'heures que si j'avais été un permanent de parti. Les semaines étaient très cadencées. Mes 35 heures hebdomadaires sur quatre jours sur mon plateau de conseiller clientèle chez EDF me permettaient d'aménager mon temps libre, partagé entre ma vie personnelle et l'action politique. Au bout de quelques mois, les militants lillois m'ont chargé de l'animation du cercle de Lille du PG, son responsable souhaitant passer la main. Je les réunissais régulièrement dans un café pour faire le point. Nous y préparions les actions. Je mettais en place une organisation méthodique. À mes yeux, la moindre tâche avait de l'importance. Tout était très fluide et, rapidement, le volontarisme des militants lillois se donna à voir au-delà de la métropole.

En 2014, je vivais pour la première fois de l'intérieur l'organisation d'une campagne électorale lors des municipales. À Lille, le Parti communiste français avait fait le choix de s'émanciper de la tutelle du Parti socialiste et de construire avec nous une liste du Front de gauche. Je faisais alors mes premiers pas dans la cuisine interne. Je découvrais les réunions de négociations sur le programme et sur la composition de la liste. J'en retiens quelques moments politiquement stimulants mais aussi beaucoup d'autres, franchement barbants ! Je me souviens, par exemple, d'une longue soirée de négociation entre le Front de gauche lillois et les représentants d'Europe Écologie les Verts, au local du Parti communiste, pour étudier la faisabilité d'une alliance de premier tour. Je percevais les jeux d'acteur, les grosses ficelles et la part de comédie que tout cela revêtait. Comme lorsque le chef de file des Verts surjoua l'indignation en claquant la porte pour revenir quelques minutes plus tard à la table des négociations.

Je participais à toutes les délégations mais je me tenais plutôt en retrait. Je me vivais comme « en formation ». J'observais tout, dans les moindres détails. J'apprenais. Le contact entre les militants des différentes formations politiques alternait entre des moments de grand froid dans les phases de négociation et des moments plus chaleureux quand il s'agissait de passer à l'action. J'avais de l'affection, réciproque, pour la figure de proue du Front de gauche lillois, Hugo Vandamme, un militant communiste, conseiller municipal sortant. Avec son look de rocker engagé et ses habitudes héritées de la Jeunesse ouvrière chrétienne où il avait milité, il n'avait pas l'air de certains de ces apparatchiks repoussants. Lui, m'inspirait confiance. J'ai donc été candidat à une élection pour la première fois sur la liste qu'il conduisait. Ma position n'était clairement pas éligible mais c'était l'occasion d'expérimenter et de porter la parole de notre collectif.

Dès ces élections municipales, le Front de gauche commençait à battre de l'aile. Après la séquence présidentielle, la succession d'élections intermédiaires qui s'annonçait jusqu'à la prochaine promettait de mettre à l'épreuve la cohésion de la jeune coalition.

En effet, avant la naissance du Front de gauche, le Parti communiste français travaillait presque systématiquement avec le Parti socialiste à toutes les élections locales. Pour le Parti de gauche, cela n'était pas envisageable alors que le quinquennat Hollande avançait avec son avalanche de trahisons. Le mot « gauche » ayant été totalement vidé par le gouvernement en place, la stratégie qu'avec Jean-Luc Mélenchon nous souhaitions mettre en œuvre était celle de « l'opposition de gauche ». Il n'y avait donc aucune cohérence à ce qu'une composante du Front de gauche poursuive localement le travail avec le Parti socialiste pendant qu'une autre le refusait catégoriquement. Les logiques d'appareils et de positions à conserver pour leur survie ont commencé à primer sur la nécessité de clarté et à mettre à mal la cohésion du Front de gauche, incapable de tenir partout la même stratégie à l'échelle du pays, dans un moment qui exigeait pourtant de la cohérence.

La même année, le Parti de gauche mit sur pied son « école des cadres ». Les assemblées départementales étaient invitées à faire remonter au secrétariat national les noms de camarades qui occupaient ou avaient vocation à occuper des responsabilités au sein du Parti. Mon nom fut proposé et quelques semaines plus tard, je me retrouvais à Paris pour toute une semaine de formation au siège du PG, rue Doudeauville, dans le 18e arrondissement. J'étais très honoré d'y participer, tout juste un an après mon arrivée par la petite porte du Parti.

Un planning dense alternait entre des formations théoriques et pratiques. Du matérialisme historique à l'organisation d'un meeting, en passant par l'histoire de l'extrême droite en France et la laïcité. Cette semaine de formation accélérée a été la première occasion pour moi de rencontrer les cadres du Parti parmi lesquels Alexis Corbière, Éric Coquerel, Gabriel Amard, Pascale Le Néouannic et bien d'autres. J'y rencontrais également de jeunes cadres parisiens de ma génération, avec lesquels je nouais rapidement des liens d'amitié, et qui restent aujourd'hui des compagnons de route de premier plan comme Paul Vannier et Sarah Legrain. Ce moment a été particulièrement structurant pour moi. Avec eux, au Parti de gauche, ça filait droit. Et ce soin dans l'organisation correspondait à mes attentes et à la manière dont je concevais le travail politique. En repartant de ce séjour parisien, j'étais prêt à assumer des responsabilités supplémentaires à mon tour.

Quelques semaines plus tard, je décidais, d'un commun accord avec le binôme qui me précédait, de proposer ma candidature pour reprendre en mains le comité Lille métropole du Parti. Le passage de flambeau s'est formidablement déroulé. À peine plus d'une année s'était écoulée entre ma participation à la première réunion du comité et la première réunion dont j'avais moi-même la responsabilité politique. Tout cela semblait à la fois rapide mais aussi plutôt naturel. Les plus anciens étaient ravis par ce coup de jeune et je m'appuyais sur leur expérience conjuguée au volontarisme de ceux de ma génération pour mettre sur pied une véritable équipe de combattants. Mon but : faire de la métropole lilloise un phare du mélenchonisme !

Tout était réglé comme du papier à musique. J'étais conseiller clientèle chez EDF le jour et militant le soir jusque tard dans la nuit. Je soignais tout dans les moindres détails. Je voulais que tout soit parfait. Des mails d'information aux militants jusqu'à la préparation des actions et des réunions. Le dernier matériel du Parti était à chaque fois exposé et je veillais à ce que les stocks soient vidés à la fin de la réunion. Je préparais méticuleusement les points politiques pour amorcer les débats. Sans m'en rendre vraiment compte, j'imposais au collectif un rythme soutenu. Dans le moindre petit collectif militant, les tâches pratiques étaient réparties dans un organigramme. Le plus difficile pour moi était d'assumer d'en quelque sorte diriger des militants aguerris dont l'expérience était bien plus longue que la mienne.

Le tout fonctionnait surtout comme un superbe travail d'équipe. Ils m'avaient élu à cette fonction et je ne doutais donc pas de ma légitimité. Un noyau dur s'est peu à peu constitué, dont une bonne partie est encore au combat aujourd'hui, rejoint par beaucoup d'autres, arrivés dans les épisodes suivants et intégrés selon les mêmes méthodes éprouvées. Lorsque nous nous retrouvions l'été pour le traditionnel « Remue-méninges » du Parti de gauche ou lorsque nous partions en bus de bon matin, les jours de grandes marches nationales appelées par Jean-Luc Mélenchon, nous formions un collectif soudé, telle une grande famille qui s'en va participer à un événement avec les siens. Ce fut le cas de la « Marche pour la 6e République » qui réunit 180 000 personnes, ainsi que de celle « pour la révolution fiscale », contre les hausses de TVA, l'impôt le plus injuste, décidées par Hollande. Le militantisme tisse des liens de camaraderie, des amitiés fortes et parfois même des amours. Le sentiment d'appartenance est important quand on partage le même idéal et les mêmes objectifs. Ensemble, on se sent forts.

Peu de temps après mon élection à la tête du comité Lille métropole du PG, le Parti renouvelait son conseil national, sorte de parlement interne dans lequel chaque département envoie sa délégation. J'y suis entré la même année. Chaque conseil national durait un week-end à Paris. Les plénières se déroulaient dans un grand amphithéâtre, suivies par des séances de travaux en petits groupes appelées « ruches ». Dans les ruches, le conseil national débat et amende un texte de résolution politique proposé par la direction du Parti. S'ensuit une nuit de travaux d'un petit comité élu appelé la « commission des débats ». Elle délibère sur l'ensemble des amendements proposés, en présence de deux membres de la direction, afin de proposer une nouvelle version du texte au vote des militants, le lendemain.

Toujours dans le souci de saisir les occasions d'apprendre, j'ai largement pris ma part de ces nuits blanches dans la fameuse commission ! À l'approche d'un congrès, certaines nuits étaient spécialement rythmées. J'en garde quelques souvenirs épiques. C'était tout autant un exercice physique qu'intellectuel. Il m'est arrivé de prendre la parole devant le conseil national au petit matin sans avoir dormi. Dans mon esprit, tout en occupant ces fonctions, je poursuivais ma formation.

À l'époque, il était beaucoup question de la riposte politique aux mauvais coups de Hollande, mais aussi et surtout, de la consolidation de la doctrine du PG, « l'écosocialisme », dont il reste un manifeste de référence intitulé « Les 18 thèses pour l'écosocialisme[1] » qui a depuis été revu et augmenté. Pas systématiquement, mais quand le plan de marche le nécessitait, Jean-Luc Mélenchon venait au conseil national pour un point politique d'une bonne heure. C'est à l'occasion de l'un d'entre eux que je l'ai rencontré personnellement pour la toute première fois.

Il arrivait généralement pendant la plénière et, bien que lui et son équipe fassent attention à ne pas perturber nos travaux, son arrivée suscitait toujours l'attention. Il descendait les marches de l'amphithéâtre pour s'installer au premier rang. Je l'observais. J'étais curieux de savoir comment il travaillait en dehors des temps de campagnes électorales. J'avais toujours à l'esprit ce meeting de Lille de 2012 où il m'avait soulevé d'enthousiasme. En complément de nos travaux, ses longs points politiques mettaient les choses en bon ordre. En sortant, nous savions précisément où nous allions et ce qu'il y avait à faire sans qu'il ait eu besoin de formaliser les consignes. « N'attendez pas les consignes ! », disait-il souvent avant d'ajouter : « Ce qui ne veut pas dire qu'il n'y en a pas ! »

Un jour, alors que je me trouvais dans le hall de l'amphi et qu'il s'apprêtait à repartir, il vint vers moi. J'ai été surpris de le

1. Éditions Bruno Leprince, février 2013.

trouver très au courant du travail que je menais à Lille. Il savait que j'avais suivi les formations de l'école des cadres du Parti. « On m'a beaucoup parlé de toi », me dit-il. « Qu'as-tu de prévu dans l'heure ? Tu as le temps pour un café avec moi ? » Pour lui, c'était tout à fait banal. Pour moi, c'était le candidat à la présidentielle que j'avais applaudi deux ans plus tôt en anonyme parmi la foule qui sollicitait un échange personnel avec moi ! Attablé quelques minutes plus tard autour d'un double expresso dans un café à deux pas de là, il me demanda de lui résumer mon parcours et de décrire la manière dont j'organisais les choses à Lille.

J'étais impressionné et il le savait. Il avait le souci de me mettre à l'aise et poursuivait l'argumentaire qu'il avait déployé pendant son point politique pour mieux recueillir mon appréciation. À la fin de cette première rencontre, il m'encouragea à poursuivre le travail commencé en me disant qu'il suivait de près ce que nous faisions à Lille et qu'il comptait beaucoup sur moi. J'ai senti que je lui avais inspiré une grande confiance dès ce premier échange. On ne se connaissait pas encore, mais il m'a vite considéré comme un point d'appui stable. À partir de là, nous resterions en contact étroit. Non sans difficulté pour me concentrer après ça, je retournais me fondre dans les travaux du conseil national. Cela n'était pas rien pour moi que d'avoir pu avoir ce premier échange direct avec lui. Sans le dire, je l'avais tellement souhaité.

5

Cahier de brouillon

J'étais absorbé par les préparatifs de mon mariage quand, en 2014, Jean-Luc Mélenchon décida de lancer avec un collectif d'intellectuels et d'artistes le M6R : Mouvement pour la 6e République[1]. La situation marquée par l'inertie du Front de gauche, son incapacité de cohérence nationale et le dévoiement du mot « gauche » lui-même par le désastre en cours du quinquennat Hollande, nécessitait de reprendre l'initiative. La pérennité du Front de gauche était clairement compromise et les relations en son sein plus que refroidies. Dans ces moments où l'impression de faire du sur-place se confirme, Jean-Luc Mélenchon nous rappelle souvent à l'ordre : « La guerre de position, ça ne mène à rien. Il faut bouger tout le temps. Nous ne menons pas une guerre de position mais une guerre de mouvement. »

Sur la plate-forme m6r.fr ouverte pour l'occasion, comme sur des stands militants montés un peu partout dans le pays, on commença par collecter les signatures sur la base d'un appel aussi court qu'efficace : « Je demande l'élection d'une assemblée constituante qui fonde avec les citoyens la 6e République. Une république débarrassée de la monarchie présidentielle et fondant les nouveaux droits personnels, écologiques et sociaux dont notre pays

1. Tribune de Jean-Luc Mélenchon dans *Le Monde* du 18 septembre 2014 : « Pour une 6e République avec une souveraineté populaire jusqu'au bout ».

a besoin. » La 6e République, le cœur du logiciel mélenchoniste depuis de très longues années. En témoignent les images d'archives du trio Mélenchon-Lienemann-Dray animant une « Convention pour la 6e République » en 1992.

En juin 2015, nous faisions donc la première assemblée représentative de ce nouveau mouvement. L'objectif principal était d'interpeller les parlementaires et les citoyens afin d'obtenir une loi de convocation d'une assemblée constituante qui permettrait au peuple d'écrire une nouvelle constitution pour passer à la 6e République. On y débattait, entre autres, des modes de scrutins, de référendum d'initiative citoyenne et du droit de révoquer les élus en cours de mandat, ce que nous aurions tous beaucoup aimé pouvoir faire au mi-mandat de François Hollande. J'y retrouvais certains camarades du Parti de gauche, notamment Raquel Garrido, spécialement en pointe sur le sujet, mais aussi beaucoup de nouveaux visages.

L'expérience M6R a aussi été l'occasion de tester de nouveaux outils. Ici débutait l'usage de la « plateforme » pour collecter les signatures et pour mettre en relation les signataires. Elle s'appelait « Nous le peuple ! » On y proposait, débattait et votait. De nouveaux cadres dans le sillage de Mélenchon ont émergé à ce moment-là. Ce fut le cas de ma camarade Mathilde Panot, chargée de l'organisation des actions ou de Jill Royer sur le développement des outils numériques. Jean-Luc Mélenchon parle souvent de l'expérience M6R comme d'un « cahier de brouillon » de ce que nous allions faire par la suite. Un peu comme l'association PRS, « Pour la République sociale », fut à l'époque du PS le cahier de brouillon du Parti de gauche.

Ce fut sans doute aussi le coup d'envoi de ce que les commentateurs appellent « le tournant populiste de Mélenchon ». Que faut-il garder de l'usage de ce terme, souvent connoté négativement, soit par des journalistes de gauche perdus dès lors que disparaît la référence au mot « gauche », soit par ceux-là et tous les autres qui le confondent et l'utilisent en lieu et place du terme « démagogie » ? La racine du mot « populisme » confirme qu'il s'agit d'être connecté aux aspirations populaires. En république, le peuple est seul souverain. Pourtant il se retire largement de la vie politique. Mais pourquoi « Nous le peuple » et non pas « Nous la gauche » ? Tout simplement parce que, dans la grande masse du peuple, le mot « gauche » était dorénavant associé à François Hollande et son gouvernement. Tous les points de repère traditionnels volaient en éclat les uns après les autres sous l'action du gouvernement. Le mot « gauche » ne suffisait plus à – voire ne permettait plus du tout de – se définir. En effet, suffit-il de dire « je suis de gauche », pour que l'on comprenne que je propose de convoquer une assemblée constituante pour passer à la 6e République, d'organiser le partage des richesses pour éradiquer la pauvreté et d'engager la planification écologique ? Évidemment, non.

Ce que certains appellent donc la « stratégie populiste », ou le « populisme de gauche », consiste en fait pour l'essentiel à ne pas se contenter d'utiliser des étiquettes pour défendre une ligne politique, mais de faire au contraire le pari de la transversalité des idées et mots d'ordre. En effet, on peut être d'accord pour la 6e République, d'accord pour le partage des richesses et d'accord pour la planification écologique sans s'être jamais référé à la gauche ni défini comme tel, et encore moins en se reconnaissant un quelconque lien avec l'action rabougrie du Parti socialiste et de son gouvernement. Même si les marqueurs du programme peuvent sans détour être classés à « gauche » dans un référentiel « gauche / droite », il s'agit de s'adresser au peuple dans son ensemble, qu'il admette ou non ce référentiel et qu'il parvienne ou non à s'y positionner le cas échéant. En une année d'activité, le Mouvement pour la 6e République avait collecté 100 000 signatures. Tous les signataires voulaient la 6e République par la constituante. Tous les signataires se revendiquaient-ils de gauche ? Je ne le crois pas. Surtout, la stratégie populiste établit un nouveau clivage, moins confus que le clivage gauche/droite sous l'ère Hollande : le peuple autour de ses causes communes et par-delà ses différences face à l'oligarchie.

Le 20 juin 2015, la famille mélenchoniste prenait un gros coup de massue sur la tête. Ce matin-là, je fus réveillé par un texto bref de Laurent Matejko m'annonçant une terrible nouvelle : « François est mort ». François Delapierre, quarante-quatre ans, bras droit de Jean-Luc Mélenchon, venait de s'éteindre, balayé par une tumeur au cerveau dont nous le savions atteint depuis de longs mois. Il avait rejoint le cabinet de Jean-Luc lorsque ce dernier était ministre délégué à l'Enseignement professionnel. Avec lui, il avait dirigé l'association « Pour la République sociale » (PRS) avant d'imaginer et de fonder le Parti de gauche et d'être son directeur de campagne lors de la présidentielle de 2012 avec le Front de gauche.

J'avais davantage entendu parler de François que je ne l'avais véritablement connu. Avec lui, je n'avais eu qu'un court échange lors de l'un de ses déplacements dans le Nord. Il était venu présenter son livre sur la sécurité : *Délinquance : les coupables sont à l'Intérieur*[1] avec Nicolas Sarkozy et Manuel Valls en couverture. On dit souvent que, dans le duo qu'ils formaient ensemble, Jean-Luc était le feu et François, la glace. Ces deux inséparables se complétaient à merveille. La capacité d'anticipation et l'efficacité redoutable de François en faisaient un pilier du dispositif autour de Jean-Luc. François Delapierre devait lui succéder à la tête du Parti au moment où Jean-Luc Mélenchon prévoyait de passer la main de la co-présidence qu'il menait avec Martine Billard. En 2014,

1. *Délinquance : les coupables sont à l'Intérieur*, Éditions Bruno Leprince, « Politique à gauche », septembre 2013.

Éric Coquerel et Danièle Simonnet avaient repris la co-présidence du Parti. Il a beaucoup été dit que Jean-Luc Mélenchon voyait en François Delapierre son propre successeur. J'encourage le lecteur à revoir les interviews de François et à lire ses livres pour apprécier son sens politique. Ses contributions demeurent très utiles.

Derrière son allure de gendre idéal, calme et tempéré que l'on disait même « froid », François avait été l'instigateur de la stratégie dite du « bruit et de la fureur », convaincu de la nécessité absolue de conflictualité pour mettre en perspective les clivages et créer de la conscience en politique. En 2013, il s'était fait remarquer à la tribune d'un congrès, implacable face à l'attitude des 17 gouvernements de la zone euro envers Chypre, y dénonçant un « coup d'État financier » mené par les « 17 salopards de l'Europe » : « Dans ces 17 salopards, il y a un Français, il a un nom, il a une adresse, il s'appelle Pierre Moscovici et il est membre du Parti socialiste. » François Delapierre nous invitait à ne rien laisser passer du désastre mené par François Hollande au pouvoir. « Il faut combattre la thèse médiatique selon laquelle la gauche est au pouvoir », disait-il. Jusqu'à son dernier souffle et malgré le handicap grandissant que provoquait sa maladie, François aura dicté l'éditorial de la feuille argumentaire « À gauche » fondée par Jean-Luc Mélenchon, historiquement appelée « Données et arguments » et devenue, peu de temps avant sa mort, « À gauche pour la 6e République ».

J'ai souvent cherché à me faire raconter François et son travail depuis sa disparition auprès de ses plus proches. Jean-Luc lui-même, mais aussi Alexis Corbière, Raquel Garrido, Gabriel Amard et bien sûr, sa compagne et maman de ses deux petites filles, Charlotte Girard. Je regrette de ne pas l'avoir connu davantage. J'aurais beaucoup aimé travailler avec lui.

Le 25 juin 2015, sous un soleil éclatant, nous étions nombreux, rassemblés, écharpe rouge autour du cou et œillet de la même couleur à déposer à sa mémoire, au Père-Lachaise. Avant d'entrer dans le cimetière, j'avais croisé Jean-Luc à la porte du café, juste à côté. Je ne l'avais jamais vu aussi pâle, abattu, les yeux mouillés. Avec Charlotte Girard, ils nous ont ouvert la voie ce jour-là pour accompagner François jusqu'à sa dernière demeure dans un rituel militant millimétré. Nous formions un grand cortège, une file, affectée mais déterminée, marchant au pas des chants révolutionnaires que nous entonnions en chœur. S'ils s'étaient déplacés en nombre, l'hommage dépassait largement les seuls militants du Parti de gauche. Depuis la cour du Père-Lachaise où j'assistais avec la foule à la retransmission des discours sur l'écran géant, je reconnus des dirigeants socialistes et notamment, juste derrière moi, Julien Dray. Dray avait fait prendre à François sa carte aux Jeunes socialistes au moment des mobilisations contre les lois Devaquet de sélection à l'université en 1986. Son CPE à lui, vingt ans avant le mien ! L'attitude, la dignité et le discours de Charlotte Girard ce jour-là forçaient l'admiration. Elle réussit même à nous faire rire en expliquant qu'« avec François, il fallait tout planifier ! Même les enfants, en fonction de l'agenda politique ». Puis, vint le tour de Jean-Luc, dans un exercice si difficile, bien que personne ne doutât que sa parole ferait honneur à la mémoire de celui que l'on pleurait ce jour-là. Il commença d'une voix tremblotante :

« Ici gît la dépouille de François Delapierre, notre camarade. Je parle pour nous, son ample famille, celle de l'esprit. Jour de cendres amères. François, quarante-quatre ans, savait que sa fin était très proche. Mais il n'a jamais spéculé sur l'évidente absurdité de sa mort. »

Le parcours de François Delapierre, que Jean-Luc détaillait, faisait écho, pour beaucoup d'entre nous et pour moi :

« Du début de sa vie politique consciente, à quinze ans, son cartable sur le dos, venant à mobylette aux réunions, jusqu'à l'heure des derniers mètres arrachés au long des ultimes dictées de son éditorial hebdomadaire, François a vécu, totalement, pleinement, parce qu'il n'a jamais cessé de donner un sens et une direction à sa vie, en la liant à celle des autres. C'est ce que signifie pour nous, être militant politique, une personne engagée, une conscience en alerte, qui est à la fois capable de certitudes et de doutes, marque singulière des enfants de la philosophie des Lumières, adepte de l'insurrection morale permanente. »

Retrouvant de la force dans la voix et le ton, Jean-Luc Mélenchon mit en garde :

« Notre action politique n'est pas un jeu de rôle ! Elle n'est pas une carrière ! Elle est une étincelle, elle est une brûlure, celle de l'idéal choqué par l'inertie des indifférents, les sarcasmes des malins, la tristesse des résignés. Elle est le choc du futur sur la résistance du présent, de la poésie contre l'ordre vain et prétentieux des apparences. Souvenez-vous, camarades, que si la fin est incertaine, comme toute œuvre humaine, les moyens quotidiens sont le chemin concret que nous ouvrons sous nos pas. Cette marche est celle qui fait de nos principes une réalité, ici et maintenant. »

Avant de lancer un appel pour conclure :

« Marchez, camarades, à son appel, pour entraîner de nouveaux rangs, de nouvelles files. Et demandez-vous qui vous aurez, vous-mêmes, à votre tour, comme François l'a fait pour vous, instruit. Marchez, soutenant ceux qui sont devant. Marchez en ouvrant largement le chemin de ceux qui vous suivent. Marchez avec François, liés les uns aux autres, sans faille. Répondez pour lui quand on l'appellera, pour que jamais la file ne soit rompue ! »

Depuis lors, le portrait de François Delapierre se déplace avec nous au gré de nos déménagements, marqué de la citation suivante : « La Révolution commence dans notre regard. » Avec Alexis Corbière, Raquel Garrido, Gabriel Amard, Danièle Simonnet, Éric Coquerel et beaucoup d'autres qui, même s'ils ne sont pas cités, ont aussi joué ce rôle, François est de cette génération qui avait déjà Jean-Luc Mélenchon pour référence et a tendu la main aux plus jeunes d'entre nous pour l'étape suivante. J'estime que nous leur devons beaucoup. Jean-Luc Mélenchon est un passeur qui a su former d'autres passeurs.

Le Front de gauche battait de l'aile en 2015 alors qu'approchaient les élections régionales. Les mêmes difficultés de cohérence que celles rencontrées lors des municipales de 2014 s'annonçaient. Cela ressemblait de plus en plus à un baroud d'honneur. Dans la métropole lilloise, aux élections départementales de mars 2015, nous étions parvenus à dépasser le Front de gauche que les militants du PG appelaient de leurs vœux. Dans une alliance entre le Front de gauche et Europe Écologie les Verts, nous avions réalisé de très beaux scores. Cela nous encourageait à en faire autant pour les régionales de décembre dans la grande région des Hauts-de-France. C'était sans compter sur le blocage interminable entre Sandrine Rousseau, cheffe de file des Verts et Fabien Roussel, le secrétaire fédéral du Nord du PCF, incapables de s'entendre malgré le contexte du quinquennat Hollande et le risque de la victoire de Marine Le Pen dans la région.

C'est à cette période-là qu'avec Ugo Bernalicis nous sommes devenus proches. Nous étions tous deux mandatés par le PG pour mener les négociations. Bien que cela fasse déjà trois années que nous militions ensemble, les longs trajets en voiture à travers la région nous permettaient de faire plus ample connaissance. Nous avions le même âge, militions dans le même parti mais avions des parcours bien différents. Et pour cause, contrairement à moi, Ugo était tombé dans la marmite politique tout petit et avait déjà été candidat à plusieurs élections. Je me rappellerai toujours ces soirs où, après nos journées de travail respectives, Ugo venait me chercher et nous sillonnions ensemble la région jusque tard dans la nuit pour tenter de trouver le chemin du rassemblement entre le Front de gauche et les Verts et ainsi aller au bout de notre stratégie d'opposition de gauche face à Hollande. En 2014, pendant les municipales, j'observais. Cette fois, j'étais en première ligne. Moi le *good cop*, Ugo le *bad cop*, sans avoir à trop se forcer !

Je me souviens plus particulièrement d'une réunion au fin fond de la Picardie, avec Fabien Roussel et ses camarades qui ne voulaient rien entendre de nos arguments sur la nécessité du rassemblement que nous cherchions. Roussel prétendait vouloir « consolider le Front de gauche d'abord ». Évidemment, derrière lui. Sur les murs de la salle de réunion, il y avait partout des affiches contre « l'austérité ». Intérieurement, je riais : difficile de faire plus austère que l'accueil qui nous était réservé ! Avec les militants du PG, nous décidions alors de faire accord avec les Verts. Nous avions en tête que le PCF ne laisserait pas le Front de gauche exploser et que, par conséquent, il finirait par rejoindre l'accord que nous formions et que nous nous retrouverions. Rien de tout cela ne s'est finalement passé, les deux chefs de file n'en démordant pas.

C'est à cette période, au détour des négociations, que je fis la rencontre de Franck Vandecasteele. Franck ne me connaissait pas autrement que comme un militant, mais moi oui. J'avais l'habitude d'aller le voir en concert avec mes potes depuis l'adolescence. Il est le chanteur du groupe Marcel et son orchestre. Incontournable dans la région dont ils ont été les ambassadeurs jusque sur le plateau rouge du dimanche chez Michel Drucker ! Chacun de leur concert était un foutoir de première catégorie. Une sorte de grand carnaval. Vous y alliez entre amis mais, dès que le concert commençait, vous ne retrouviez plus personne avant la fin, dans les odeurs de bière mêlées de sueur ! J'avais dans mes archives personnelles une photo de mes amis et moi, perruqués et déguisés de la tête aux pieds, avec Franck qui se baladait dans la fosse du Zénith de Lille incognito à quelques minutes de leur concert pour peser l'ambiance. Il avait accepté de prendre la pose avec nous.

Jusque-là, je préférais voir Franck sur scène avec son tee-shirt léopard, son pantalon à pattes d'eph et ses lunettes trop grandes en train de chanter *Où sont passées mes pantoufles ?!* que de l'avoir face à moi en négociateur du PCF pour les régionales !

Quand ça s'est tendu entre nous, je lui ai mis la photo sous le nez. Le militant redevenait chanteur ! Malgré nos désaccords et nos affrontements dans la négociation, quelque chose s'est passé entre nous. Nous nous sommes mutuellement reconnus sur des principes. Et depuis, nous sommes devenus amis et notre passion commune pour la musique a consolidé le tout. Comme moi, il se souvient bien de cet épisode où nous nous sommes parlé pour le moins franchement ! Nous n'étions pas parvenus à mettre nos candidats d'accord mais nous le voulions tous les deux. Nous assistions, presque impuissants, au naufrage annoncé du Front de gauche pendant que François Hollande déroulait ses mauvais coups.

Avec Ugo, nous avions alors appelé Jean-Luc Mélenchon à la rescousse pour un rendez-vous de la dernière chance. Il s'était déplacé à Lille. Au programme du midi, un déjeuner avec Fabien Roussel. Jean-Luc essayait péniblement de le convaincre de la nécessité de faire une démonstration commune entre le Front de gauche et les Verts face à Hollande, pendant que Fabien Roussel lui faisait entendre que, s'il avait l'intention d'être à nouveau candidat à la présidentielle avec le soutien des communistes en 2017, il valait mieux que Jean-Luc le soutienne plutôt que de faire le choix de Sandrine Rousseau. Le type de chantage pas vraiment du genre à vous mettre Mélenchon dans la poche ! Agacés par ce déjeuner, nous voyions Sandrine Rousseau l'après-midi dans la foulée. Jean-Luc lui annonça clairement l'épilogue du déjeuner : « Écoute, Fabien ne bougera pas. » À notre grand regret, le Front de gauche, incapable de cohérence nationale et encore moins capable de créer les conditions de son propre dépassement, était en train d'éclater. La région des Hauts-de-France en était une vitrine témoin.

Jean-Luc revint dans la région, à Creil, le 1er décembre 2015, cinq jours seulement avant le premier tour des élections régionales. Nous y tenions une réunion publique de la liste appelée « Le Rassemblement », emmenée par Sandrine Rousseau d'Europe Écologie les Verts avec le soutien du Parti de gauche, pendant que Fabien Roussel, lui, faisait « Front de gauche » à lui tout seul de son côté.

Comme prévu, l'épilogue fut désastreux. La liste du Parti communiste français maquillée en Front de gauche et conduite par Fabien Roussel atteignait péniblement les 5 % nécessaires au remboursement des frais de campagne. La liste conduite par Sandrine Rousseau des Verts, soutenue par le Parti de gauche, finissait à 4,83 %, juste au-dessous de ce seuil, laissant une belle ardoise aux différentes composantes. À gauche, seul le Parti socialiste, avec ses 18 % était en mesure de se maintenir mais, face aux 40 % de Marine Le Pen et aux 25 % de Xavier Bertrand, le candidat socialiste, Pierre de Saintignon, fit le choix de se retirer. Exit la gauche. L'hémicycle régional se résumerait pour les six prochaines années à un face-à-face entre la droite et l'extrême droite. Le désastre absolu.

Au Parti de gauche, la limite de patience était atteinte. On sentait le Front de gauche en état de léthargie alors que la fin du quinquennat Hollande approchait doucement et, avec elle, la perspective de la prochaine présidentielle. Cela faisait un moment que je voyais Jean-Luc Mélenchon se creuser la tête sur le sujet. Régulièrement, je l'entendais me dire « Ça ne peut plus durer. » Lors de sa venue à Creil le 1er décembre 2015, il me paraissait totalement désabusé par l'épisode des régionales en cours, mais néanmoins concentré sur autre chose. Comme s'il avait un plan pour sortir de la nasse. Après son discours, une fois les chaises rangées et le traditionnel pot militant terminé, avant de remonter en voiture, il nous prit à part avec Ugo pour nous dire : « N'ayez pas le moral dans les chaussettes, d'accord ?! Tenez-vous prêts ! On va bouger, prendre un virage et mettre fin à cette comédie. On n'a quand même pas fait tout ça pour ça ! »

Fin janvier 2016, le Parti de gauche était à l'initiative du premier « Sommet international pour un plan B en Europe », conformément à l'engagement pris dans une tribune publiée en septembre 2015. Le processus avait démarré lors de la Fête de l'Humanité, en présence de l'ancien ministre grec des Finances, Yánis Varoufákis, de la présidente du Parlement hellénique Zoé Konstantopoúlou, du député et ancien vice-ministre de l'Économie et des Finances italien, Stefano Fassina et de l'ancien ministre des Finances et co-fondateur de Die Linke en Allemagne, Oskar Lafontaine. C'était juste après la mise à genoux du gouvernement grec d'Aléxis Tsípras par l'Union européenne. Le texte d'appel à la constitution de ce sommet pour un plan B en Europe était limpide. On y avait écrit notamment :

« À l'époque, les Soviétiques écrasaient le printemps de Prague par les tanks. Cet été, l'Union européenne a écrasé le printemps d'Athènes par les banques » ; « Nous sommes déterminés à rompre avec cette Europe. C'est la condition pour reconstruire des coopérations entre nos peuples et nos pays sur une base nouvelle. Comment mener une politique de partage des richesses et de création d'emplois notamment pour les jeunes, de transition écologique et de refondation démocratique face à cette Union européenne ? Nous devons échapper à l'inanité et l'inhumanité des traités européens et les refonder afin d'enlever la camisole de force du néolibéralisme, abroger le traité budgétaire, refuser le traité de libre-échange avec les États-Unis (TTIP) » ; « Notre plan A : travailler dans chacun de nos pays, et ensemble à travers l'Europe, à une renégociation complète des traités européens » ; « La majorité des gouvernements représentant l'oligarchie européenne et se cachant derrière Berlin et Francfort a aussi un plan A : ne pas céder à la demande de démocratie des citoyens européens et utiliser la brutalité pour mettre fin à leur résistance. Nous l'avons vu en Grèce en juillet. Pourquoi ont-ils réussi à étrangler le gouvernement démocratiquement élu de la Grèce ? Parce qu'ils avaient aussi un plan B : éjecter la Grèce de la zone euro dans les pires conditions possibles en détruisant son système bancaire et en achevant son économie. Face à ce chantage, nous avons besoin de notre propre plan B. »

Ce Plan B, c'est la sortie des traités et la construction d'autres formes de coopération avec les pays et les peuples d'Europe qui le souhaiteraient. Contrairement aux partisans du Frexit qui pensent que le Plan A n'a aucun intérêt, Jean-Luc Mélenchon a toujours été convaincu qu'« on ne fait pas l'Europe sans la France » et que, si avec le soutien populaire, on négocie la sortie de ces traités au sein de l'Union avec un plan B dissuasif, alors on peut faire céder les tenants de l'Europe libérale. En résumé : « Notre plan A pour une Europe démocratique, soutenu par un plan B qui montre que les pouvoirs en place ne peuvent pas nous terroriser dans la soumission, vise à faire appel à la majorité des Européens. »

On lança le processus à la Fête de l'Huma, en septembre 2015 et le premier sommet eut lieu fin janvier 2016 à Paris. J'étais obsédé par ce que Jean-Luc nous avait dit à Ugo et moi à l'issue du meeting de Creil. Le virage qu'il avait alors évoqué s'annonçait imminent et cela se sentait. Il était déjà dans l'étape d'après. La première édition du sommet du Plan B s'était tenue à Paris, non loin des Invalides.

À l'issue de la première journée, le soir venu, j'errais dans les rues alentour avec deux ou trois camarades alors qu'il faisait déjà noir. Nous étions à la recherche du premier restaurant ouvert sur notre chemin. Nous nous sommes attablés dans une brasserie sur des banquettes assez confortables. Je n'avais aucune idée précise de l'endroit où nous nous trouvions. Pendant le dîner, je suis sorti du restaurant pour répondre à un coup de fil privé. Je faisais les cent pas sur la place, devant l'établissement, pendant ma conversation. Lorsque j'ai raccroché, je me trouvais face à un grand bâtiment, assez imposant et d'autant plus impressionnant dans la nuit noire. En m'approchant de l'entrée, je parvins à lire ce qu'il y avait d'écrit dessus en lettres capitales : « Assemblée nationale ».

J'étais devant la grande maison du peuple et la brasserie dans laquelle nous étions installés avec mes camarades s'appelait *Le Bourbon*. Je ne connaissais rien de ces rues, mais j'étais à cet endroit-là. Avant de retourner à table, je me souviens être resté un instant contemplatif, comme rêveur, devant ce qui était en fait l'arrière de l'Assemblée nationale. Je me rappelle précisément la sensation éprouvée à cet instant et la pensée qui m'envahit instantanément en fixant cette entrée : un jour peut-être. Qui sait…

6

La France insoumise, le peuple souverain

10 février 2016. Dans l'après-midi, comme prévu, une publication apparaît sur les réseaux sociaux : « Jean-Luc Mélenchon sera ce soir l'invité du JT de 20 h 00 de TF1. » Dès lors, tout le monde comprend de quoi il s'agit. Depuis plusieurs semaines, l'opération se préparait. J'en connaissais l'architecture. Jean-Luc avait tout réorganisé et structuré son réseau en une multitude de boucles sur la messagerie que nous utilisions. Des « commandos » numérotés et tous associés à des tâches pratiques. Il m'avait positionné dans le « Commando 1 ». Tout était prêt.

Une précampagne avait été organisée à l'occasion de la sortie d'une version enrichie de son livre *L'Ère du peuple*, qui l'avait notamment vu faire une tournée de conférences dans les facs. Encore sonnés par l'échec des régionales et définitivement déçus d'un Front de gauche dans l'impasse, mes camarades nordistes attendaient avec impatience de savoir comment les choses allaient se dérouler. Entre deux appels de clients sur mon plateau téléphonique, je diffusais le rendez-vous médiatique du soir à tous mes contacts. Le soir même, j'avais prévu de réunir quelques dizaines de camarades à partir de 19 h 00 à l'étage d'un kebab, non loin de la gare Lille Flandres. Cette soirée devait redonner la pêche à tout le monde. À 18 h 30, j'étais sur place pour préparer la salle. La télé allumée derrière nous sur TF1, nous faisions un point sur l'actualité du jour et le vote à l'Assemblée nationale sur la déchéance de nationalité, nouvelle crasse de la hollandie.

Peu après 20 h 00, Jean-Luc Mélenchon apparaissait sur le plateau de Gilles Bouleau. Il avait l'air reposé, sortait visiblement de chez le coiffeur, costume et cravate rouge impeccables. Après une rapide question d'actualité, le présentateur l'interrogea très directement :

« Avez-vous l'intention de vous présenter à l'élection présidentielle de 2017 ?

– Je l'ai déjà fait, vous vous en souvenez et nous étions 4 millions à nous être regroupés en 2012. Le rythme s'est accéléré. Après messieurs Fillon, Juppé et Sarkozy, madame Le Pen, sur votre plateau, a annoncé sa candidature. Dans ces conditions, il faut passer à l'action. On ne peut pas rester sans voix et, oui, je propose ma candidature pour l'élection présidentielle de 2017. Voyez-vous, je n'aimerais pas que ce soit une espèce de jeu de pronostics que cette élection. Au contraire, c'est une occasion formidable de dénouer les liens qui nous paralysent aujourd'hui, grâce à nos bulletins de vote, pacifiquement, tranquillement, démocratiquement. Mon mot d'ordre central, c'est l'intérêt général humain qui doit prévaloir. Le changement climatique est commencé. C'est maintenant qu'il faut changer la manière de produire, d'échanger, de consommer.

– Mais, Jean-Luc Mélenchon, en faisant cela, en vous présentant à la gauche de la gauche, vous allez casser la gauche en deux comme Christiane Taubira en 2002 et faire qualifier le candidat du FN pour le second tour et un candidat de droite.

– C'est ça, et alors ce n'est plus la peine de faire des élections dans ce cas.

– Vous prenez la responsabilité de faire perdre un candidat de gauche ?

– Non, non, monsieur Bouleau. Les autres pourraient renoncer à se présenter ! Je propose ma candidature et c'est le peuple qui va en disposer. Je ne demande la permission à personne. Je le fais hors cadre de parti. Je suis ouvert à tout le monde : les organisations, les réseaux mais les citoyens d'abord. Je m'inspire à ma manière de la méthode de monsieur Bernie Sanders aux États-Unis. J'ai loué la même plateforme que lui. La mienne porte mon nom, elle s'appelle jlm2017.fr si bien qu'à l'instant où je parle, tout le monde peut se joindre à moi pour travailler sur le programme et agir.

– Jean-Christophe Cambadélis vous invite à une primaire à gauche qui irait de Macron à Mélenchon.

– La seule primaire dont je suis sûr, c'est le premier tour de la présidentielle. Je me prépare à ce qui est sûr, une élection. Et moi, dans cette élection, je ne m'occupe que d'une chose : je veux incarner et représenter La France insoumise et fière de l'être. Celle qui n'a pas de muselière, ni de laisse. À ceux-là qui m'ont souvent entouré et accompagné, je leur dis : ouvrons la marche !

– Pouvez-vous dire clairement aux téléspectateurs qui est votre adversaire ?

– Mon adversaire, c'est la résignation, c'est la soumission, la haine de l'autre, le rabougrissement de l'idéal des Français. Pendant que nous sommes en train de parler de la course des petits chevaux, moi je dis qu'on serait tellement mieux à marcher aux avant-postes de l'humanité. Nous sommes le deuxième pays à avoir un territoire maritime pareil, dans l'espace nous brillons, dans le monde du virtuel, et au lieu de tout ça, on est là à discutailler de ce que la Commission européenne veut bien nous laisser faire. Moi, je dis non ! Mon ennemi, c'est la résignation et la France abaissée. Je ne suis pas d'accord. Les salariés qui triment, 500 personnes qui meurent par an à leur poste de travail, 30 000 enfants qui n'ont pas de toit sur la tête. Mon ennemi, c'est la misère et la France abaissée alors qu'elle est si riche. »

Applaudissements nourris dans la salle, devant la télé où chacun faisait déjà chauffer son smartphone pour aller signer sur la plateforme. La magie opérait. Les sourires étaient sur toutes les lèvres. Les regards déterminés. La machine se mettait en route. Enfin ! En sortant de là, avant de reprendre le métro pour rentrer chez moi, je téléphonais à Jean-Luc pour le féliciter pour cette nouvelle entrée dans le grand bain. Il me demanda quelles étaient les réactions des militants. Après mes retours sur l'ambiance créée par cette annonce, il me dit : « On a fait ce qu'il fallait. Maintenant, à vous de jouer. » Le message était bien reçu. Cette fois, j'allais vivre cette aventure depuis le tout début et Jean-Luc comptait sur moi pour que le Nord soit une vitrine majeure de la campagne. Il paraissait déjà loin le temps où j'assistais à mon premier meeting, quatre ans auparavant.

La campagne présidentielle de 2017 était lancée. En quatre jours, 35 000 personnes avaient appuyé cette candidature en dehors de tout cadre partisan. Cela dépassait déjà amplement notre petit Parti de gauche et ses 8 000 adhérents, même si le PG joua un rôle essentiel dans l'impulsion de la dynamique de création des fameux groupes d'appui, structures de base du mouvement La France insoumise. L'objectif était de multiplier les petits groupes de maximum 10 à 12 personnes afin de mailler tout le territoire.

Le lundi suivant, rendez-vous était fixé au théâtre Déjazet, proche de la place de la République à Paris pour une nouvelle conférence dans le cycle sur le livre *L'Ère du peuple*. Évidemment, cinq jours après l'annonce de candidature, la nature de la soirée allait être quelque peu modifiée. Je collais des affiches dans le hall d'entrée du théâtre quand Jean-Luc arriva sur place accompagné des camarades du service d'ordre. Il me fit une tape sur l'épaule avant de s'engouffrer dans les loges, concentré. À l'entrée de la salle, on disposait le journal *L'Heure du peuple*, nouveau titre de la traditionnelle feuille de chou, mis à jour pour élargir son lectorat, s'adapter aux nouveaux outils et à l'affinage de la doctrine. Fondé par Jean-Luc Mélenchon à l'époque où il animait le courant de la gauche du Parti socialiste sous le titre un peu barbare de *Données et arguments*, le journal s'était adapté aux saisons dans l'engagement des mélenchonistes. Avant l'heure du numérique, il était la base de contact avec les militants.

Le théâtre était plein à craquer, et la mise en scène tout ce qu'il y a de plus sobre quand, peu après 20 h 00, Jean-Luc Mélenchon arriva sur scène :

« Initialement, j'avais proposé une invitation pour une conférence sur mon livre *L'Ère du peuple* et entre-temps, alors que la rumeur bruissait que ce soir il se ferait une déclaration définitive et spectaculaire, celle-ci a eu lieu quelques jours auparavant. Ce qui a eu deux effets : premièrement, transformer un peu l'ambiance de cette soirée et, deuxièmement, de devoir anticiper des indignations prévues pour éclater un peu plus tard. »

Il introduisit la conférence par quelques mots sur le bouquin :

« Le livre *L'Ère du peuple*, si je le crois bien adapté à ce moment, c'est qu'il est ma carte d'identité politique à cet instant et pas seulement la mienne. Tel qu'est ce récit, tel je suis et avec moi ceux qui partagent cet ensemble d'idées. Nous avons besoin de ce type de documents dans le moment politique que nous vivons. »

Puis, il revient sur les premiers commentaires hostiles venus de la gauche et spécialement des partis au gouvernement, PS et EELV, quant à son annonce de candidature hors cadre de parti :

« Pour moi, ça n'a aucune originalité. C'est la même chose depuis plus de dix ans, c'est-à-dire depuis 2005 où je suis sorti du rang pour voter "non" avec la masse du peuple français contre toutes les belles personnes qui elles, votaient "oui". Si bien que ce sont les mêmes critiques, les mêmes personnalités, les mêmes éditorialistes et les mêmes journaux qui me présentent les mêmes objections. Je m'avancerais en solo ? Mais non. Je suis un déclencheur, à l'image du mouvement que je voudrais déclencher. J'ai dit que je n'ai demandé l'autorisation à personne mais j'ai quand même demandé l'avis de pas mal de monde, hein ! Mais l'autorisation, non, et en tout cas d'aucun parti. Est-ce que vous ne sauriez pas qu'il est devenu très difficile d'être à la fois socialiste et membre du PS ? Est-ce que vous ne sauriez pas que c'est très difficile d'être de l'écologie politique et membre d'Europe Écologie les Verts ? Et ici je pense à la souffrance de toutes ces personnes qui elles se sont reconnues dans ces organisations et dont je souhaite qu'elles ne se désespèrent pas, car nous avons besoin de leur contribution au combat. »

Pour la première fois, il dit haut et fort son ressenti à l'égard du Front de gauche en état de mort cérébrale :

« Balayons devant notre porte ! Notamment pour ceux de mes amis qui me dispenseraient par leurs attentions d'avoir des ennemis. Quoi ? On aurait des raisons de plastronner devant le bilan héroïque des actions du Front de gauche, perdu dans le margouillis des alliances à géométrie variable, illisible, incompréhensible, dirigé par des dirigeants qui consacrent plus de temps à se faire des croche-pieds et se donner des tacles qu'à essayer d'entraîner les autres ?! J'entends parler de "casting" mais enfin, "casting" c'est au cinéma ! Je ne fais pas de cinéma, moi ! Je ne joue pas la comédie ! Ce soir, nous en sommes déjà à 40 000 signatures pour appuyer ma proposition de candidature et 200 groupes d'appui ! Nous ouvrons grand les bras à tous ceux qui veulent nous rejoindre, qu'ils aient ou non une carte de parti ou un passé de militant. Il leur suffit qu'ils aient la pleine conscience que ce monde ne peut plus durer pour qu'ils aient acquis leur droit d'entrée dans nos rangs. »

La France insoumise venait de naître.

« On a choisi La France insoumise parce que c'est un mot d'ordre invariant d'échelle. Tu es La France insoumise, à cet instant douloureux où tu décides que tu n'acceptes plus d'être battue par ton homme. Tu es La France insoumise quand tout te pousserait à jeter tout par terre et que tu continues à te cramponner et obliger tes mômes à se lever et aller à l'école. Tu es La France insoumise quand tu vas proposer une énième fois le tract, la pétition. Tu es La France insoumise quand tu décides de voter pour quelqu'un dont on t'a dit "mais ça ne sert à rien" et que tu le fais quand même parce que tu te dis "si j'abandonne mes convictions à la porte du bureau de vote, je ne suis pas surpris si je ne les retrouve pas en sortant !" La France insoumise, c'est enfin la France qui montre au monde qu'on peut ne pas se soumettre, que ce ne sont pas les États-Unis d'Amérique qui décident pour nous. Que ce ne sont pas les socialistes et la droite allemande qui décident pour toute l'Europe. Que ce ne sont pas les obscurs bureaucrates de la Commission que personne n'a élus qui décident à la place du peuple français. Que c'est nous qui tendons la main à tous ceux qui, comme nous, ont la même langue en usage dans tout le bassin méditerranéen. Cette France insoumise, je vous invite à trouver les mille et une manières de l'exprimer. »

Il enchaîne ensuite avec la conférence sur le bouquin que je commençais à bien connaître pour y avoir assisté à de multiples reprises, notamment lorsqu'il était venu me rejoindre à Lille fin 2015 pour participer aux discussions sur les régionales. Après une bonne heure de conférence, il revient sur la manière dont il voit la campagne présidentielle qui s'engage et la constitution du mouvement insoumis qui va de pair. Puis, il conclut en citant Gide, avant de quitter la scène : « Le monde ne sera sauvé, s'il peut l'être, que par des insoumis ! »

Dix jours plus tard, j'avais proposé à Jean-Luc de venir à Lille pour rencontrer le noyau dur constitué pour démarrer cette campagne. Au passage, nous organiserions une nouvelle conférence sur le livre à la fac de Lille 2, pour apprécier l'effet de son annonce de candidature chez les étudiants. Jean-Luc a toujours fait le pari de la jeunesse et affectionne spécialement ces moments d'échange avec elle à l'approche d'échéances importantes. Il sait aussi qu'en repartant d'une conférence où il a marqué les esprits, ils en parleront à leurs parents et autour d'eux.

Toujours en ligne, la vidéo de la soirée lilloise du 25 janvier 2016 témoigne du succès de l'opération. Impossible pour Jean-Luc de commencer véritablement sa conférence avant de longues minutes pendant lesquelles, alors que toutes les places de l'amphi sont occupées et que le service de sécurité a fermé les portes, des dizaines et des dizaines d'étudiants poussent derrière elles pour entrer. Alors qu'il n'est objectivement pas possible de tenir la conférence pendant une heure avec ces bruits de portes que l'on pousse aux cris de « Mélenchon ! », Jean-Luc s'interrompt une énième fois pour dire : « Alors les amis, qu'est-ce qu'on fait ? Il y a un moment où l'ordre devient absurde ! » Dans un énième mouvement, les portes s'ouvrent sous les poussées et des paquets d'étudiants déboulent dans l'amphi et prennent place dans les allées, où il en reste.

Après la conférence, nous nous retrouvions pour finir la soirée à l'étage d'une brasserie que j'avais réservé non loin de la gare. Autour de Jean-Luc et moi, j'avais réuni les historiques du PG comme Laurent Matejko qui était pour lui un point de repère, mais aussi la jeune garde qui avait confirmé son engagement avec le lancement de la campagne et dont je savais qu'elle constituerait la première ligne. Celle qui ne compterait pas l'énergie dépensée. Les journées à l'action, comme les nuits passées à l'organiser.

Dix-sept mois d'une campagne intense s'annonçaient mais l'ambiance de la soirée donnait l'impression que celle-ci avait déjà démarré de longue date. En quinze jours de temps, le climat n'avait plus rien à voir avec la morosité de la séquence précédente qu'il était urgent de clore. Après le dîner et avant de retrouver les camarades, je raccompagnais Jean-Luc et son équipe jusqu'au dernier train au début de la nuit. En marchant sur le quai, il me confiait la manière dont il imaginait les différentes étapes de la campagne et sollicitait mon avis. Avec Jean-Luc Mélenchon, la construction d'un récit de campagne et de ses séquences est un art de composition. La campagne de 2017 a été un véritable coup de maître pour cela, de l'avis même des commentateurs.

Un mois après l'annonce de sa candidature, nous étions déjà à 74 000 appuis et 700 groupes constitués à travers le pays. À cette période, l'essentiel de la lutte était concentré sur l'acte antisocial final de François Hollande : la loi El Khomri, qui finira par passer par la voie du 49-3, véritable hors-d'œuvre de l'ère Macron. De son côté, Jean-Luc Mélenchon multipliait les déplacements pour imposer dans le paysage le thème de la mer qui lui est si cher. « L'économie de la mer », l'énergie et les métiers qui y sont associés, un sujet qu'il a fait sien, dans le cadre de la planification écologique. Régulièrement, tout au long de la campagne, en introduction des réunions publiques, il disait : « Nous faisons une campagne instructive. À la fin de la réunion, quand on se sera quittés, vous aurez mieux compris certaines choses et vous pourrez à votre tour les transmettre. »

Au mois de mai 2016, à un an de l'échéance, le bilan était extrêmement encourageant : 200 000 euros récoltés par des dons, essentiellement de toutes petites sommes, 100 000 signataires et 1 000 comités de soutien locaux. Le mouvement La France insoumise était bel et bien lancé.

J'ai toujours connu Jean-Luc Mélenchon extrêmement méthodique et soucieux d'organiser la contagion des idées en tâchant de faire les comptes en valeur absolue plutôt qu'en pourcentage. Convaincre quelqu'un de voter avec nous n'est jamais suffisant. Ce qu'il faut obtenir du convaincu, c'est qu'il passe à l'action à son tour pour convaincre autour de lui. Et cela commence bien avant la distribution de tract. Dès le partage d'une publication sur les réseaux sociaux ou même dès la machine à café du matin au travail où l'on ne renonce pas à la discussion politique qui s'est engagée avec ses collègues. Où, même fatigué, on s'y insère pour semer des doutes, faire réfléchir et convaincre.

C'est dans cet esprit et avec l'inspiration des campagnes d'Amérique du Sud auxquelles elle avait participé que Sophia Chikirou, responsable de la communication pour la campagne, eut l'idée du « petit carnet ». Sa version originale, c'est « *la libreta* ». Le principe est simple : chaque militant possède son petit carnet contenant l'essentiel des arguments. En dernière page, un tableau de 10 colonnes pour 10 personnes à convaincre dont on enregistre l'engagement moral à voter avec nous par une signature. « Si chacun d'entre nous en ramène dix avec lui, on a gagné », disait-il souvent.

Il fallait maintenant que cette force en train de se constituer se donne à voir et puisse se voir elle-même. Rendez-vous était fixé le 5 juin 2016, place Stalingrad à Paris pour le « Défilé des insoumis ». Tout le gros bataillon nordiste constitué depuis février y était venu. Cette première démonstration inquiétait Jean-Luc Mélenchon. Il n'avait pas idée de combien de personnes y viendraient et répondraient à l'appel qu'il avait lancé quelques mois plus tôt en déclarant sa candidature hors cadre de parti. C'était l'occasion de le vérifier. Depuis l'un des cars pleins à craquer que nous avions affrétés au départ du Nord, je l'avais appelé dans la matinée pour lui dire l'engouement et le rassurer. Ce serait une réussite. Je me souviens avoir pris le micro du chauffeur de bus pour amplifier le son de mon haut-parleur. Par ce moyen artisanal, à quelques heures du rassemblement, Jean-Luc adressa un message d'encouragement à tous les passagers du car dont j'avais la responsabilité.

Ce premier grand rassemblement de la campagne devait donner à voir cette France insoumise, dans la diversité de ses incarnations. À côté de la scène, oreillettes vissées et talkie à la ceinture, les piliers de la campagne guettaient la place se remplir. Chaque quart d'heure qui nous rapprochait de l'événement, je voyais les sourires satisfaits se confirmer sur les visages de mes camarades, Manuel Bompard, directeur de campagne, Bastien Lachaud, responsable des événements, Juliette Prados, attachée de presse et de tous les autres. Sur scène, devant la place noire de monde, défilaient tout l'après-midi des délégations de lanceurs d'alerte, de militants engagés dans les batailles écologistes, d'ouvriers et ouvrières en lutte, les Goodyear, les Conti… jusqu'au discours de Jean-Luc Mélenchon avec tout ce collectif rassemblé autour de lui.

« Quel bonheur ! », commença-t-il en posant sa voix forte à la façon du général De Gaulle avant de reprendre l'assistance qui scandait « Mélenchon ! Mélenchon ! » : « Ah non, on ne crie pas mon nom ! On crie "résistance", on crie "insoumis" ! » La réussite était totale. Même le soleil, rarement de la partie avec le président en exercice, était avec nous ce jour-là. « Il aura suffi une fois encore que soit allumé le fanal du combat pour qu'aussitôt vous y répondiez, venus de toute la France ! Il suffit de vouloir convaincre pour convaincre ! » Le véritable coup d'envoi d'une campagne-marathon. Ces événements balisaient le calendrier.

À l'été, le gouvernement Valls recourait par trois fois au 49-3 pour faire passer la loi El Khomri contre laquelle la mobilisation s'amplifiait. Cette disposition de la Constitution de la Ve République, c'est l'arme atomique contre le Parlement. En août, depuis notre rentrée d'été à Toulouse, Jean-Luc Mélenchon lança l'invitation pour un objectif de fin de campagne : une grande marche pour la 6e République, en mars 2017, à quelques semaines du premier tour. C'était la première fois qu'il tenait un discours en extérieur, dans un cadre champêtre, sur une scène centrale. Sa façon d'occuper l'espace donnait au meeting une allure inédite, bien loin des discours des autres orateurs des partis, plantés statiques derrière un pupitre pour lire un papier ou prompteur.

Pendant tout l'été 2016, les insoumis organisaient la circulation des « caravanes d'été » sous l'impulsion de Mathilde Panot et des groupes d'action dont elle avait en charge l'animation. Cette caravane avait pour but principal de sillonner les quartiers populaires pour vérifier avec les habitants s'ils connaissaient l'ensemble de leurs droits et y avaient recours. L'autre objectif était d'inciter à l'inscription sur les listes électorales. Le cœur de l'affaire : la lutte contre l'abstention. S'adresser sans détours ni fioritures aux dégoûtés de la politique. La campagne d'affichage assumait pleinement son caractère dégagiste. « Sarkozy, Hollande, 10 tonnes de pesticides par heure, c'est leur bilan. Je vote, ils dégagent ! » « Sarkozy, Hollande, une école fermée chaque jour, c'est leur bilan. Je vote, ils dégagent ! » « Sarkozy, Hollande, un chômeur en plus toutes les deux minutes, c'est leur bilan. Je vote, ils dégagent ! » « Sarkozy, Hollande, Liliane Bettencourt paie 0 euro d'impôt sur sa fortune de 32 milliards, c'est leur bilan. Je vote, ils dégagent ! » Ça crée une ambiance de travail !

Le mois d'octobre 2016 fut un tournant dans la campagne. Le week-end des 15 et 16 octobre, à six mois de l'échéance et après huit mois de campagne intense, les militants du mouvement naissant de La France insoumise se réunissaient pour la première fois en convention pour réaliser une tâche fondatrice : adopter leur programme. Lieu choisi pour mener l'opération : Lille. Comment ne pas y voir une confirmation du travail de terrain accompli dans le Nord ? Je m'étais engagé auprès de Jean-Luc Mélenchon à faire du Nord une vitrine de la campagne. Cet événement venait le confirmer. Après des semaines de recrutement des bénévoles et de réunions multiples en lien avec l'équipe de campagne, l'événement était prêt. Sa forme et les images qui en résultent constituaient un pilote de toutes les prochaines réunions du mouvement. Surtout, elles affirmeraient une identité visuelle en rupture avec les couleurs et codes traditionnels de la « gauche radicale ». Pas de fond de scène rouge, le moins de drapeaux partisans possible. Notre souci : permettre à celles et ceux qui n'avaient jamais franchi le cap du militantisme politique dans les partis traditionnels mais qui adhéraient pleinement au projet de La France insoumise, d'être à leur aise. L'ambiance devait être inclusive. Dans la salle principale, une scène centrale et plusieurs petites scènes annexes aux quatre coins de l'espace. Des écrans sur chaque mur et des tables rondes nappées de blanc à perte de vue pour les conventionnels. À côté, une salle de restauration avec de longues tables, aux couleurs bleu et rouge de La France insoumise, installées à la manière d'un banquet, et un vaste village de tonnelles blanches pour les divers stands.

La veille de l'événement, vers 18 h 00 et alors que nous nous affairions depuis le petit matin à tout préparer, Jean-Luc Mélenchon et son équipe arrivèrent sur les lieux. C'était une véritable fourmilière qui, à mesure que les heures passaient, faisait prendre forme à ce décorum que l'équipe de campagne avait imaginé. Tout était absolument nouveau. Jean-Luc avait un peu de temps devant lui. Avant de faire les essais sonores sur la scène centrale, il a parcouru avec moi les moindres recoins de la salle pour saluer chaque militant occupé à ses tâches pratiques. Il était impressionné par l'opiniâtreté de chacun. Parmi eux, il retrouvait les historiques qui étaient présents au chapitre précédent du Parti de gauche mais surtout, de nombreux nouveaux dont il faisait la connaissance et dont il était curieux de savoir quel était leur parcours. Pour beaucoup d'entre eux, cette campagne était une succession de premières fois. Le pari était en passe d'être gagné.

Après les essais voix sur scène et un ultime tour des lieux, il me présenta le logo qui, à partir de ce week-end fondateur, symboliserait La France insoumise. Le fameux « phi » était issu d'un brainstorming de l'équipe de campagne quelques semaines auparavant. Avec le « phi », il s'agissait d'abord de disposer d'un symbole aussi identifiable que le poing et la rose du Parti socialiste ou la flamme du Front national. L'utilisation de la lettre grecque « phi » pour « FI » était aussi une manière de rendre hommage à ceux qui nous ont appris la démocratie. C'est aussi le nombre d'or, un symbole d'harmonie qui peut également faire penser à un bonhomme le poing levé et, si on le retourne, au « 6 » de la 6e République. À l'issue du week-end, nous aurions fait une démonstration de force par la tenue de l'événement, adopté une nouvelle identité visuelle et un logo. Surtout, nous aurions adopté un programme prêt à être transmis au peuple français pendant les six mois de campagne à venir.

Le programme. L'essentiel. Avec nous, tout tourne toujours autour du programme. Là où certains en font une simple formalité, faisant circuler en fin de campagne un feuillet en papier glacé, pour nous, c'est le cœur de tout le dispositif. Toutes nos campagnes, mais, par-delà, toutes nos actions, poursuivent cet objectif : ancrer un programme, l'enraciner dans les profondeurs du pays. Cette fois, il s'appellera « L'Avenir en commun ». Un programme issu de la société elle-même suite à un long processus de maturation. L'équipe du programme et la quarantaine de bénévoles impliqués ne sont pas partis de rien. La base, c'était évidemment « l'Humain d'abord », le programme de 2012. Pour l'enrichir et le mettre à jour, plus de 3 100 contributions ont été collectées et des dizaines d'auditions réalisées et filmées afin que chacun puisse suivre le processus. Deux synthèses ont été publiées avant le week-end d'adoption du programme à Lille les 15 et 16 octobre. Le livre-programme fut aussi décliné dans une quarantaine de livrets traitant spécifiquement d'un sujet. Derrière chacun de ces livrets, une équipe dont l'idée est qu'elle fonctionne à la manière d'un conseil scientifique. Sous l'impulsion de Gabriel Amard, nous avons aussi lancé à travers le pays les ateliers législatifs. Il s'agissait, sur la base du programme, d'écrire la loi avec les citoyens de façon participative. Le peuple est souverain, les citoyens font la loi !

Avant le week-end d'adoption du programme, 60 mesures parmi les 357 avaient été présélectionnées. Lors du vote de la convention, les insoumis devaient en choisir 10 qui constitueraient les principales mesures emblématiques à mettre en avant pendant la campagne. Bilan du week-end de travaux : 77 000 insoumis ont approuvé le programme « L'Avenir en commun » consolidé et, à raison de 10 votes par minute entre le samedi à l'ouverture et le dimanche à la clôture, les 10 mesures emblématiques suivantes ont été sélectionnées :

• Référendum pour engager le processus constituant.
• Droit de révoquer un élu.
• Protection des biens communs : l'air, l'eau, l'alimentation, le vivant, la santé, l'énergie, la monnaie ne sont pas des marchandises.
• Abroger la loi El Khomri, rétablir la hiérarchie des normes sociales et le principe de faveur.
• Séparation des banques d'affaires et de détail et création d'un pôle public bancaire.
• SMIC net mensuel porté à plus de 1 300 € net par mois (hausse immédiate de 16 %) et revalorisation du salaire des fonctionnaires.
• Règle verte : ne pas prélever sur la nature davantage que ce qu'elle peut reconstituer, ni produire plus que ce qu'elle peut supporter.
• Plan de transition énergétique vers les énergies renouvelables par la sortie du nucléaire.
• Refuser les traités de libre-échange : le traité transatlantique TAFTA entre l'UE et les États-Unis, le CETA avec le Canada et le traité TISA de libéralisation des services.
• Plan A : proposer une refondation démocratique, sociale et écologique des traités européens par la négociation. Appliquer un « plan B » en cas d'échec des négociations.

En clôture de ce week-end de convention et devant l'ampleur des nouveautés, Jean-Luc Mélenchon démarra son discours de cette manière : « Mes amis, n'ayons pas de regrets du passé. J'en viens. Je vous garantis qu'il n'avait rien de si fantastique qu'on ait à regretter les anciennes méthodes. »

Il conclut son discours de ce jour par l'explication sur le « phi » en ces termes :

« Ce “phi”, c’est aussi la sagesse. La sagesse qui consiste à se rendre compte que ce monde va très mal mais que pour autant, le pire ce n’est pas qu’il aille mal, ni qu’il soit promis à aller plus mal. Le pire serait que nous soyons incapables de lui ouvrir un autre chemin. »

Avant de quitter les lieux, il me demanda de regrouper les bénévoles qui pouvaient se rendre disponibles. Après avoir fait le tour de la salle, j’emmenais quelques dizaines d’entre eux dans sa loge. Même si c’est évidemment une manière de les remercier pour le travail accompli, il commença son mot en leur disant : « Je ne vous dis pas merci, car ce n’est pas pour moi que vous faites tout cela. Vous savez ce que vous faites et pourquoi vous le faites. » Pendant près d’une demi-heure, il s’adressa à eux très directement. Je l’ai toujours vu prendre ce temps-là avec les bénévoles à l’issue de chaque événement. Il veut s’assurer que chacun ait conscience que toutes les tâches sont politiques et participent d’un tout sans quoi rien n’est possible.

Ce soir-là, je me souviens qu’après l’état des lieux de la salle l’un des gérants vint me voir pour me dire : « Monsieur Quatennens, nous avons passé un bon week-end avec vous, les insoumis. Vous savez, ici, des événements on en a accueilli beaucoup. Y compris des événements politiques. Mais je n’avais jamais vu autant de bénévoles en politique se mettre à l’action avec un tel professionnalisme. C’est impressionnant. » Oui, ce sont des bénévoles et oui, ils savent ce qu’ils font et pourquoi ils le font.

Quelques semaines plus tard, le programme « L’Avenir en commun » se classait en tête des ventes en librairie et le 12 décembre, ces mêmes bénévoles tenaient plus de 1 000 points de diffusion du programme à travers le pays pendant que la plupart de nos adversaires et concurrents n’en avaient pas encore publié une ligne. Après les fêtes de fin d’année, 2017 arrivée, la dernière ligne droite était entamée. L’heure de vérité.

7

La force du peuple

Le mois de janvier 2017 donnait le coup d'envoi de l'intensification de la campagne. Dernière ligne droite. Première étape avec le lancement de l'émission *Esprit de campagne*. Dans un studio aux couleurs de La France insoumise, l'équipe faisait le point d'étape en direct sur la chaîne YouTube. Le rendez-vous serait régulier et compléterait les revues de la semaine toujours plus suivies sur la chaîne du candidat. Depuis février 2016, 185 000 affiches avaient été collées et 5 millions de tracts distribués à travers le pays.

Deux jours plus tard, le 8 janvier, nouvelle trouvaille. Un rendez-vous d'un genre nouveau : le déboulé. Ni tout à fait un meeting, ni tout à fait une réunion publique, l'idée du « déboulé » était de pouvoir organiser en un temps record un événement de campagne à partir d'un fait d'actualité sur lequel nous souhaitions nous impliquer. Et, une nouvelle fois et seulement quatre mois après la convention programmatique, quel lieu fut choisi pour expérimenter la nouvelle formule ? Le Nord !

Depuis novembre, le cas de Fadila, caissière à l'Auchan de Tourcoing, victime d'une fausse couche sur son lieu de travail après un refus d'aménagement de son emploi du temps suscitait une vive émotion et notre écœurement. En quelques échanges écrits par téléphone en plein week-end du Nouvel An, je proposais Tourcoing à Jean-Luc pour un discours sur la souffrance au travail. Le cas de Fadila en était l'illustration implacable. Le Nord, terre ouvrière, bien indiqué pour traiter ce thème. Surtout, compte tenu du niveau de mobilisation, je savais que nous étions capables d'organiser un meeting en une poignée de jours seulement. La décision fut prise le 1er janvier. Le lendemain soir, j'animais une réunion à Tourcoing pour tout préparer avec les insoumis du coin. Ils étaient prêts à relever le défi. L'objet du rendez-vous et le challenge qui consistait à l'organiser en seulement cinq jours les motivaient.

En une semaine seulement, 2 300 personnes se sont inscrites à l'événement. Tant et si bien que, le théâtre municipal ne pouvant pas accueillir tous les participants, on dut une nouvelle fois innover. Ce fut le premier discours dedans/dehors de la campagne. Jean-Luc Mélenchon fit la moitié du discours à l'extérieur sur une petite estrade avec un micro sur pied, dans un épais brouillard et sur fond de briques rouges bien de chez nous, devant les centaines de personnes qui n'avaient pas pu entrer. À l'intérieur, dans le théâtre plein, les participants suivaient le discours sur écran avant de rejoindre la salle pour sa deuxième partie.

« On m'avait dit, il y a tellement de brume. Mais moi je vous connais. Il n'y a pas de brume assez épaisse pour que vous ne trouviez pas votre chemin pour faire ce que l'on est en train de faire à cet instant. Bien sûr, on est venu écouter quelqu'un qui a des idées à présenter à propos de la condition des salariés. Mais on est d'abord venu pour marquer un moment de protestation, d'indignation humaine contre le sort qui est réservé à tant de milliers d'ouvrières et d'ouvriers, de salariés de petits rangs qui ne peuvent se défendre, parce que toute leur vie dépend de ce pauvre travail, de ces heures qu'on leur accorde, de ces temps de travail qui ne sont jamais complets et où on vit dans l'attente d'heures complémentaires pour pouvoir améliorer la paye à la fin du mois que les puissants sont prêts, à tout moment, à leur disputer au centime près quand eux se gavent. »

Dans la soirée après le fameux déboulé, je raccompagnais Jean-Luc à la voiture qui devait le ramener à la gare. Nouveau pari gagné avec cette journée improvisée qui marquait le coup d'envoi de cette dernière ligne droite de la campagne. À côté du théâtre, dans l'obscurité de la nuit déjà tombée, il me serra fort dans ses bras avant de s'installer à la place du passager. Pas même besoin de se parler. Sans que ni lui ni moi ne nous en soyons rendu compte, l'instant fut saisi par l'ami photographe Stéphane Burlot. Il avait réalisé en 2012 l'album photo de la campagne au format livre d'art et intitulé « Résistance ! ». Cette photo magnifique m'a été offerte, encadrée.

Quatre jours plus tard, le 12 janvier, c'était la fin d'un autre parcours du combattant : la collecte des parrainages d'élus pour être candidat. Depuis bientôt un an, sous la direction de Gabriel Amard, les insoumis volontaires allaient, avec l'appui d'un courrier du candidat, discuter avec les maires des communes avoisinantes pour les convaincre de parrainer la candidature de Jean-Luc Mélenchon. Il faut saluer ces élus qui, bien que n'étant pas de notre bord, ont le souci de la démocratie et pour qui il est inconcevable que notre famille politique ne puisse pas concourir à l'élection présidentielle. Le Parti communiste français et son maillage d'élus locaux avaient réservé les signatures jusqu'au tout dernier moment, alors que nous atteignions l'objectif après un travail exigeant, sans leur appui. C'est seulement le 26 novembre 2016 que, par un vote à 53,6 % désavouant celui de la direction du Parti, les militants communistes avaient fait le choix d'une campagne autonome appelant à voter pour Jean-Luc Mélenchon.

Depuis le QG de campagne, annonçant ces 517 promesses de parrainages, Jean-Luc rappelait le grand rendez-vous formulé en août pour le 18 mars et faisait une autre annonce : le 5 février, il ferait « appel à l'esprit des sciences et du partage » par un meeting en hologramme, lui permettant d'être à deux endroits au même moment : physiquement à Lyon et, dans le même temps, à Paris !

Le 3 février, pour marquer un an de campagne, il retournait au JT de 20 h 00 sur TF1. L'affaire Fillon faisait l'actualité et renforçait la défiance des Français, si près de l'élection. « Je propose une solution, on remet tout à plat et ce sont les gens eux-mêmes qui décident. Je suis le seul à proposer cela. Il nous faut une assemblée constituante qui change la règle du jeu politique de fond en comble, composée de gens jamais élus auparavant, et que le peuple garde en permanence la possibilité de révoquer ses élus. »

À propos de la colère exprimée par les Français devant les « affaires », le candidat de La France insoumise alertait : « Si on n'entend pas la colère des gens, si on n'entend pas leur dégagisme, ça va mal tourner. Mon bulletin de vote est un coup de balai. » Puis, la journaliste le lance sur le meeting hologramme qui aura lieu deux jours plus tard : « N'est-ce pas un peu gadget ? », demanda-t-elle ? Réponse de l'intéressé : « Vous savez, j'ai les moyens en tant qu'orateur de convaincre sans passer par un hologramme. Je vais à Lyon parce que, le même jour, madame Le Pen y sera. Elle représente pour moi l'obscurantisme. Pendant qu'elle tournera en rond sur ses thèmes, je vais faire l'apologie du savoir, je vais traiter des grands enjeux du siècle qui arrive : les nouvelles frontières de l'humanité pour lesquelles il faut du génie, de la science, de la technique. Les mers, l'espace, le numérique. »

Le 4 février, Jean-Luc Mélenchon était à Champagney pour un grand discours sur l'abolition de l'esclavage. Le lendemain, avec l'hologramme, s'ouvrait la séquence des grands meetings. J'avais choisi d'être à Paris pour voir le rendu de cette prouesse technologique. Lui, tenait meeting à Lyon. Aux abords des deux salles, séparées de 400 kilomètres, les files d'attente étaient incroyables. L'approche de l'élection, l'intérêt pour les discours de Jean-Luc Mélenchon, combinés à la curiosité produite par l'annonce de l'hologramme, avaient fait affluer un monde fou. Les deux salles étaient pleines à craquer pour ce discours consacré aux « nouvelles frontières de l'humanité ». À Aubervilliers où devait apparaître l'hologramme, une deuxième salle a dû être ouverte pour assurer une diffusion vidéo sous l'affluence.

Quand Jean-Luc Mélenchon arriva sur scène à Lyon, il y eut cet instant de magie dont beaucoup se souviendront longtemps. C'est depuis devenu une blague récurrente entre les militants insoumis : « Alors, où suis-je ? À Lyon ? Et maintenant, à Paris[1] ! » Dans un claquement de doigts digne des téléportations célèbres de Joséphine, ange gardien, Jean-Luc Mélenchon fit apparaître son hologramme sur la scène d'Aubervilliers ! Par-delà la prouesse technique, à l'image de notre campagne innovante, réaliser plusieurs grands meetings simultanément dans différents endroits ouvrait le champ des possibles. Le candidat de La France insoumise profita de la forme de ce meeting hologramme pour aborder les thèmes de sa campagne faisant le plus appel à la grandeur du pays.

« La France n'est jamais si grande que quand elle se pense comme une composante de l'humanité universelle », dit-il alors. « Nous sommes le deuxième territoire maritime du monde. N'est-ce pas extraordinaire ? Nous devons passer au 100 % d'énergie renouvelable. La mer, immense, possède 75 fois toute l'énergie dont nous avons besoin sur Terre. » Dans ce meeting, il aborda aussi le thème, plus rare, de l'espace : « La France n'acceptera pas que l'espace soit privatisé. » Comme prévu, il fut aussi question de numérique : « Ce continent numérique doit être rendu au peuple parce que c'est lui qui l'a inventé, c'est lui qui l'entretient. » « Dans tous ces domaines, nous sommes puissants, nous sommes forts, nous avons la technique. »

1. « Double meeting à Lyon et Paris », le 5 février 2017, à retrouver sur la chaîne YouTube de Jean-Luc Mélenchon.

En ce début d'année 2017, la campagne fonctionnait fort. Le paysage alentour, lui, était totalement atomisé. La pente dégagiste que nous avions décrite à l'été 2016 avec notre campagne « Je vote, ils dégagent » se confirmait. Rien ne se passait comme prévu. Fin 2016, Emmanuel Macron, ancien secrétaire général adjoint du cabinet de François Hollande puis ministre de l'Économie, réputé pour sa ligne libérale, annonçait sa candidature à l'élection présidentielle. Quelques semaines plus tard, pour la première fois sous la Ve République, le président sortant renonçait à se présenter. Après neuf longues minutes d'allocution pour tenter de vanter son bilan, François Hollande jetait l'éponge. À droite, la victoire de François Fillon à la primaire empêchait l'idée d'un match retour avec Nicolas Sarkozy. Fin janvier, l'affaire Fillon portant sur des soupçons d'emplois fictifs, bientôt renforcée en mars par l'histoire des costumes, saturait littéralement l'espace médiatique. Toutes les spéculations étaient permises sur la situation, jugée intenable dans la durée pour le candidat de la droite. Dans ces circonstances, le débat de fond avec la droite était rendu impossible. Un véritable feuilleton. Fin janvier 2017, le dégagisme s'était aussi exprimé au Parti socialiste, où Benoît Hamon remportait la primaire face à Manuel Valls. Devenu candidat du Parti socialiste, Benoît Hamon s'adressait au candidat vert, Yannick Jadot, ainsi qu'à Jean-Luc Mélenchon pour leur « tendre la main ». Dans ses discours, il reprenait beaucoup de notre vocabulaire et de notre programme. Pour autant, il ne remettait pas en cause sa candidature, affirmant qu'il irait jusqu'au bout et qu'il y aurait « un bulletin de vote Benoît Hamon à l'élection présidentielle ».

C'est dans ces circonstances que, début février, Jean-Luc Mélenchon s'adressa directement à lui. Puisque Benoît Hamon proposait de former ensemble une majorité parlementaire, la clarification était nécessaire. Comment imaginer former une majorité parlementaire avec des gens qui souhaitent tourner la page du quinquennat

Hollande et ses trahisons, et d'autres qui sont responsables de ce qu'il y a sur la page à tourner ? Comment s'engager à abolir la loi El Khomri avec madame El Khomri elle-même comme députée ? Comment imaginer changer quoi que ce soit avec Manuel Valls s'il était élu député ?

Fin janvier, les groupes d'appui à la candidature Mélenchon s'étaient retrouvés pour organiser partout dans le pays des écoutes collectives de la diffusion sur France 3 du documentaire de Gérard Miller : *Jean-Luc Mélenchon, l'homme qui avançait à contre-courant*. Une bouffée d'air frais dans un paysage de campagne tourmenté.

C'est dans la même configuration que nous nous sommes retrouvés le 23 février pour la diffusion de l'*Émission politique* de France 2, présentée par Léa Salamé et David Pujadas, consacrée à Jean-Luc Mélenchon. Nous étions à 60 jours du premier tour. L'ambiance était bonne à l'*Étoile Coffee*, ce bar du centre-ville de Lille où nous avions pris l'habitude de nous retrouver en réservant l'étage pour nos réunions. Nous en avions fait une sorte de QG lillois de la campagne. En attendant l'émission, les militants continuaient d'arriver dans la salle quand, au JT de 20 h 00, l'écologiste Yannick Jadot apparut pour annoncer qu'il se retirait au profit de Benoît Hamon, juste avant l'émission de Jean-Luc Mélenchon. Le candidat vert terminait son interview en s'adressant directement au candidat insoumis : « Jean-Luc, parlons-nous, continuons à travailler et créons cette grande espérance autour d'un rassemblement. Je peux te le dire, pour moi, ce n'est pas facile mais, quand on parle d'urgence écologique, d'urgence sociale, ça peut pas attendre cinq ans. » Nul doute que Jean-Luc Mélenchon aurait à cœur de lui répondre quelques minutes plus tard. C'est ce qu'il fit dès la première question de Léa Salamé qui lui demandait de réagir à ses propos. Tranquillement mais fermement, Jean-Luc répondit :

« Oui, parlons-nous, j'en suis bien d'accord mais je ne prendrai pas le problème comme il le fait. C'est son droit et je le respecte. Lui, il a déjà retiré sa candidature avant même le vote de ses amis puisqu'il était question d'un vote. C'est son affaire. Moi je ne prends pas les choses comme cela. Je l'ai écouté, il dit que c'est un pari, que je me lance dans la grande aventure. Moi je ne fais pas de pari et je ne suis pas un aventurier. Je me représente les choses peut-être excessivement gravement mais je sens une onde de guerre généralisée qui passe sur le monde et particulièrement en Europe. Je sens une onde de violence sociale qui traverse tout le vieux continent et jette les gens les uns contre les autres. Ça tourne souvent au conflit ethnique. Enfin, je sais que le changement climatique est commencé et que la catastrophe écologique avance. Je pars de cette extrême gravité et j'essaye d'y répondre. C'est là qu'apparaissent deux manières d'agir. L'une va être de dire, à l'ancienne, on recommence les cartels. Yannick Jadot a le droit de signer le même texte que la dernière fois avec les socialistes, avec les promesses qui ensuite ne sont pas tenues. Ou bien, on essaye de construire un vote d'adhésion. Votre reportage l'a dit, un tiers des Français n'en ont plus rien à faire. La moitié ne sait pas pour qui voter et plus on avance vers l'élection, moins ils le savent. »

Léa Salamé le relance : « Mais deux candidats de gauche, n'y a-t-il pas une erreur ? »

Réponse :

« Sans doute, il y a une erreur, c'est cinq ans d'un quinquennat de trahisons et de mensonges. S'il y a un problème aujourd'hui à gauche, ce n'est pas moi qui le pose. Je suis actuellement au niveau auquel j'étais en 2012. Le candidat du PS, lui, est à la moitié de son niveau. Comme il y a une masse de rancœur, de désillusion, ça ne sert à rien de vouloir recommencer pour la millième fois l'accord d'appareil qui va bien où l'on va regrouper tous ceux qui ont peur. Moi je veux essayer de créer un vote d'adhésion.

Peut-être que je vais me planter mais c'est pour faire cela qu'on s'y est pris il y a un an, qu'il y a un programme, qu'il y a des livrets. »

La suite des événements confirmera que cette ligne stratégique était la bonne.

Ce soir-là, Jean-Luc Mélenchon était fort du chiffrage de notre programme présenté quelques jours plus tôt. À force de s'entendre dire sur tous les plateaux qu'il fallait des chiffres, des chiffres, des chiffres, l'équipe de campagne s'est dit : « Ils veulent des chiffres ? On va leur en donner ! » Pendant plus de cinq heures, une émission[1] en direct réalisée dans les studios où était tournée *Esprit de campagne*, avec des journalistes économiques qui avaient accepté de se prêter à l'exercice inédit de venir sur le plateau d'un candidat et son équipe pour critiquer son programme économique. Une démonstration implacable de sérieux était ainsi réalisée. On pouvait être en désaccord avec le candidat sur ses orientations et ses choix économiques. Mais plus possible de lui contester la solidité de son programme. Encore une innovation dans le paysage de la campagne. Qui d'autre peut présenter un programme chiffré avec autant de sérieux ?

Mars 2017 fut le moment du décollage de la fusée. Le 18, comme prévu, la place de la République à Paris était noire de monde et pleine des drapeaux tricolores entourant le candidat de La France insoumise. Ça aussi, nous l'avions réussi : remettre le drapeau tricolore au cœur de nos meetings, parce qu'il n'y a aucune raison que les couleurs de la nation soient accaparées par d'autres et en particulier par l'extrême droite. Jean-Luc Mélenchon est alors le candidat de la République jusqu'au bout, la République sociale et écologiste. Ce défilé pour la 6e République fit le plein. Les images impressionnaient.

1. « Émission spéciale chiffrage du programme », le 19 février 2017, à retrouver sur la chaîne YouTube de Jean-Luc Mélenchon.

Entre la désignation de Benoît Hamon à la primaire du PS fin janvier et la marche pour la 6e République du 18 mars, les courbes des deux candidats se rapprochaient dans les sondages. De la mi-février à la mi-mars, Hamon était sondé à 14 %, devant Mélenchon à 12 %. Quelques jours avant ce 18 mars, le croisement des courbes s'opérait définitivement. Les trajectoires semblaient claires : Hamon, à 12 %, commençait à dévaler la pente et Mélenchon, à 14 % décollait. À partir de ce moment-là, le dernier mois de campagne n'a plus été qu'une hausse constante et significative de Jean-Luc Mélenchon dans les sondages.

Le 20 mars, il domina clairement le débat des cinq principaux candidats choisis par TF1. Tout le long, il fut dans le costume de Président. Par le ton, comme par la manière de dire ce qu'il ferait une fois élu. Lors de sa première intervention, il se définit comme le futur président « d'une France insoumise, en France, en Europe et dans le monde ». « Je serai le président de la paix. L'histoire de France en tête, la force du peuple au cœur, je servirai avec honneur. Le sens de ma candidature c'est un programme, le voici. » Et pendant plus de trois heures, à chaque occasion, il utilisa le programme qui désormais fonctionnait comme une véritable carte d'identité politique : le passage à la 6e République pour en finir avec la monarchie présidentielle, le partage des richesses, la planification écologique, la sortie des traités européens, l'indépendance de la France sur la scène internationale…

À la fin et alors que les réseaux sociaux s'enflammaient et confirmaient qu'il avait plié le match, vint l'heure de sa conclusion. Magistrale :

« Le monde entre dans une saison des tempêtes, au sens propre avec le changement climatique, et au sens figuré avec la montée des guerres. Nous ne pouvons pas affronter cette situation pieds et poings liés par les chaînes de l'argent. La cupidité doit céder la place à la vertu. L'intérêt général humain commande, non seulement pour notre pays, mais dans nos responsabilités vis-à-vis de l'humanité universelle. À soixante-cinq ans, je n'organise pas ma carrière. J'assume une mission. Celle que résume mon programme, que moi-même je résume en quelques mots : rendre la France aux Français en la libérant de l'oligarchie. Rendre la république à la France en la libérant de la monarchie présidentielle. Enfin, j'assumerai la tâche compliquée d'avoir à tout changer en Europe, sans tout détruire, de faire valoir notre volonté d'indépendance sans agresser et sans fracasser. Pour finir, je vous dis ceci : pour la part qui me reviendrait, je suis prêt aux responsabilités. Elles entraînent une mobilisation populaire dont j'aurai besoin pour conduire à son terme un programme qui dérange beaucoup d'intérêts particuliers. Mais je sais que notre peuple y est prêt et qu'au fond, contre la force du peuple, rien n'est possible. Avec la force du peuple tout est possible. »

En ce mois d'avril 2017, la force du peuple se donnait à voir sur les murs du pays. C'était le slogan de cette dernière ligne droite de campagne, sur l'affiche officielle. Elle se donnait à voir aussi et surtout dans ces meetings gigantesques qui ont marqué les esprits de leurs participants comme des commentateurs. Les salles étaient littéralement bondées et les meetings en plein air produisaient des images toutes plus incroyables les unes que les autres. Il faut revoir les images du meeting du 9 avril, sur le Vieux-Port de Marseille[1], où Jean-Luc Mélenchon, rameau d'olivier à la boutonnière, proposa une minute de silence aux dizaines de milliers de personnes qui étaient là rassemblées, en hommage aux 30 000 morts de la Méditerranée, devenue un véritable cimetière.

« Ce silence recueilli que nous allons observer, passe sur les flots, suit les chemins tortueux par où ont survécu, aux brigandages

1. « Meeting pour la paix à Marseille », le 9 avril 2017, à retrouver sur la chaîne YouTube de Jean-Luc Mélenchon.

et aux viols, ceux qui voulaient seulement s'arracher à la misère. Ils vont jusqu'à ces pauvres parents qui, au fin fond des villages, les mains nouées et la gorge serrée, attendent des nouvelles des enfants partis, parfois l'enfant à la main. Deux enfants par jour se noient dans la mer de cette façon. Alors voici ce que nous disons à tous ces braves gens, nous autres, pendant cette minute recueillie à laquelle je vous appelle. Elle sera comme un chant d'amour pour sécher leurs larmes et les serrer contre nos cœurs. Silence ! »

Quel autre responsable politique est capable de cela ?

Entre deux meetings et les nombreuses actions de la fin de campagne, on pouvait se détendre avec « Fiscal Kombat », le jeu vidéo développé par la maison où le joueur incarne Jean-Luc Mélenchon secouant des oligarques et évadés fiscaux pour en récupérer l'argent ! Même les forums de jeux vidéo se passionnaient pour la campagne.

En un mois, dans les sondages, la progression était fulgurante. Nous étions passés de 12 à 20 %. L'hypothèse de la qualification de Jean-Luc Mélenchon au second tour de l'élection présidentielle était bien réelle.

Les médias, dont 90 % sont détenus par des milliardaires, entamaient alors une opération qui semblait bien coordonnée. Les unes de journaux et magazines annonçant la présence de Jean-Luc Mélenchon au second tour s'étaient succédées depuis plusieurs semaines. Quinze jours avant le premier tour, la logique devait donc changer. « Mélenchon – Le Pen, le second tour qui fait trembler les marchés financiers », pouvait-on lire sur les kiosques parisiens. Puis, ce fut l'opération « alliance bolivarienne », amorcée par les journalistes Patrick Cohen et Jean-Michel Aphatie pour tenter de décrédibiliser notre programme dans les tout derniers jours de campagne. Ils mettaient sur le même plan la sortie des traités européens et de l'OTAN contenue dans notre programme et une alliance dont l'objectif est de réduire la pauvreté, les inégalités, de faire avancer la solidarité, la justice et la coopération. Ils oubliaient au passage que, par ses territoires d'outre-mer, la France est aussi un pays d'Amérique du Sud ! Ni les pays membres de l'ALBA, ni le programme de Jean-Luc Mélenchon ne prévoyaient de faire de l'ALBA une alliance exclusive de tout autre cadre international commun. Bref, tout était bon pour essayer de nous savonner la planche alors que Jean-Luc Mélenchon montait chaque jour un peu plus dans les sondages malgré leurs efforts. De notre côté, à tous les étages de la campagne et pour la première fois, nous nous disions que, quinze jours plus tard, l'histoire pouvait venir à notre rencontre. Nous étions prêts du but.

C'est cet état d'esprit, mêlé de concentration, d'enthousiasme et d'angoisse, qui dominait lorsque je vis Jean-Luc Mélenchon pour la dernière fois avant le premier tour. C'était le 12 avril, à l'occasion de son grand meeting à Lille[1]. Ce jour-là, je les ai rejoints, lui et son équipe, à la gare de Lille Flandres en début d'après-midi. Tout était différent. À la sortie du train, nous montions dans un van aux vitres teintées, en présence des policiers chargés de sa sécurité rapprochée. Le protocole n'avait plus rien à voir avec sa visite à Tourcoing, trois mois auparavant. Dans la voiture, il était très concentré. Le ton était assez grave.

« Adrien, l'histoire vient à nous. C'est au bout de nos doigts. Tout le monde me dit que cela va se finir dans un mouchoir de poche entre les quatre candidats : Macron, Le Pen, Fillon et moi. On va y arriver cette fois. Si on franchit la barre du premier tour, je le sens, je vais gagner. Qui que ce soit face à moi lors du débat télévisé de second tour, ça va le faire. »

J'en étais convaincu moi aussi. Il fallait passer le premier tour. Désormais donné à 7 % dans les sondages alors que Jean-Luc

1. « Meeting à Lille », le 12 avril 2017, à retrouver sur la chaîne YouTube de Jean-Luc Mélenchon.

était à 20 %, le retrait de Benoît Hamon à la faveur d'un accord aurait pu faire la différence. Il se raconte que, pendant 48 heures, l'hypothèse a été sérieusement envisagée. Mais nous avions compris que cela n'aurait pas lieu.

Arrivé au Grand Palais, je le laissais s'installer dans sa loge pendant que je rejoignais les militants qui finissaient de préparer la salle. De grands gradins avaient été installés par leurs soins. Il y avait des chaises à perte de vue dans cette salle immense. Cinq ans plus tôt, j'étais venu ici parmi ceux qui poussaient la porte pour la première fois dans un meeting politique. Ce 12 avril 2017, c'est la porte de la loge du candidat, à 20 % dans les sondages, que je poussais pour aller m'entretenir avec lui à quelques minutes de son entrée en scène. Dans cette grande pièce plongée dans un calme à mille lieues de l'agitation déjà palpable dans la salle et aux alentours, Jean-Luc Mélenchon était là, seul, installé derrière un petit bureau. Sur la table, quelques papiers posés. Comme d'habitude, son plan fait main, griffonné de partout, où lui seul peut se repérer. Son discours était prêt. Je m'installe face à lui et je vois dans son regard que mille choses à la fois lui passent par la tête. De notre conversation de ce soir-là, je retiens qu'il se préparait sérieusement à l'exercice du pouvoir. Qu'il était même en train de composer un gouvernement. Il fallait le faire puisque tout portait à croire que le second tour était à portée de main.

J'étais installé devant la scène quand, après être allé saluer depuis le balcon la foule à l'extérieur, comme il l'avait fait cinq ans auparavant, il y arriva enfin. Il m'appela au bord de la scène pour me taper ostensiblement la main sous l'œil des caméras. Je repensais alors au premier regard que je lui avais lancé, dans cette même salle où j'étais venu parmi ceux dont c'était le premier meeting, cinq ans auparavant.

« Croyez-vous que tous ces gens se rassemblent, car ils seraient perdus d'admiration pour un personnage ? Non. Ils savent qu'un grand changement est à portée de main, une modification radicale de la façon de voir la vie. »

Après ce meeting lillois, il restait au programme le meeting de Toulouse et ses prises de vue magnifiques par drone au-dessus de la Garonne. Jusqu'à la dernière minute, la campagne était innovante. Le 17 avril, pendant que les clips de campagne tournaient à la télévision, Jean-Luc Mélenchon faisait le tour de la Seine sur une péniche, avec des points d'étape successifs qui étaient autant de petits meetings. Comme un apéritif avant le meeting multi-hologramme du 18 avril. En direct de Dijon, Jean-Luc Mélenchon tenait alors simultanément meeting à Clermont-Ferrand, Grenoble, Montpellier, Nancy, Nantes et Le Port, à la Réunion. Le bouquet final.

Un apéritif, c'est d'ailleurs ce que nous avions organisé le dernier soir de la campagne, comme pour la prolonger jusqu'à la toute dernière minute. Le vendredi 21 avril, avant minuit, heure à partir de laquelle il n'est plus autorisé de faire campagne, plus de 1 000 apéros insoumis étaient organisés dans tout le pays. En direct sur les réseaux sociaux, Jean-Luc Mélenchon était entouré pour cette soirée de l'équipe de campagne mais aussi de Pablo Iglesias, le leader espagnol de Podemos. Ensemble, ils déambulaient à plusieurs endroits pour terminer sur les toits de Paris, dans la nuit.

Peu avant minuit, les derniers mots revenaient à Manuel Bompard, le directeur de la campagne. Les traits tirés par la fatigue, la pression retombant, même s'il était déjà occupé à penser la campagne du second tour, il saluait la dynamique de cette campagne. Il en avait été l'une des principales chevilles ouvrières. Il revenait sur son caractère innovant et les victoires culturelles emportées en imposant des thèmes forts pendant ces longs mois écoulés. Il relevait aussi l'émergence de la nouvelle génération autour du candidat.

À Lille, nous étions rassemblés avec les militants aux abords d'un parc. Fatigués par quinze mois d'une campagne intense. Convaincus que nous avions déployé toute notre énergie dans la bataille. Je crois que c'est le plus important, quand arrive ce moment fatidique où les dés sont jetés et que tout ne repose plus sur votre action, de pouvoir se dire que, quoi qu'il arrive, on aura fait tout ce qui était en notre pouvoir. À minuit, nous nous en remettions aux Français. Quand l'heure sonna, je fis moi-même le bilan du temps et de l'énergie que j'avais consacrés à cette campagne et des équilibres fragiles entre mon emploi et ma vie de famille.

Ce soir-là encore, les sondeurs nous disaient exactement la même chose que quinze jours plus tôt : ça va se jouer dans un mouchoir de poche. Dimanche, peut-être, c'est bien possible, Jean-Luc Mélenchon serait qualifié pour le second tour de l'élection présidentielle et une autre campagne démarrerait. Sur les réseaux sociaux, on publia une dernière vidéo, florilège des meilleurs instants et des plus beaux discours de la campagne. Son titre : « Français, choisissez ! »

Dimanche 23 avril au soir, j'étais avec les militants insoumis du Nord au Gymnase de Lille, devant l'écran géant qui retransmettait la soirée électorale. La tension était palpable. Nous n'attendions pas un « score » comme c'était le cas en 2012. Cette fois, nous attendions de savoir si, oui ou non, Jean-Luc Mélenchon était qualifié pour le second tour. Au QG de campagne parisien, la consigne était donnée de ne pas réagir trop rapidement, car les sondeurs juraient que c'était « très serré ». À 20 h 00, j'étais concentré comme jamais devant l'écran avec mes camarades, les mains moites et empli d'un espoir débordant, quand la première estimation des résultats tomba : Emmanuel Macron 23,7 % Marine Le Pen 21,7 %, François Fillon et Jean-Luc Mélenchon donnés tous les deux *ex aequo* à 19,5 %, Benoît Hamon 6,2 %.

19,5 % ! C'est un score imposant. Un score que nous n'aurions pas imaginé aux premières heures de la campagne. C'est un score qui se fête. Mais notre cœur n'était pas à la fête du tout. Ce soir-là, « faire un score » n'était pas notre objectif et si ce scénario se confirmait, notre candidat n'était pas qualifié. C'est donc la déception qui dominait. Autour de moi, beaucoup craquaient, en larmes. La fatigue accumulée pendant la campagne, la pression qui retombait et l'absence de Jean-Luc Mélenchon au second tour provoquaient un cocktail détonnant. Je me mis à l'écart pour consulter les messages sur mon téléphone. Malgré ces premières estimations, il avait été décidé d'attendre. Les résultats des grandes villes n'étaient pas encore connus et l'on se rappelait qu'en 2012 Marine Le Pen était donnée à 20 % à 20 h 00 et que son résultat définitif fut de 17,9 %. Y avait-il encore de vraies raisons d'espérer voir ce 19,5 % remonter et le score de Marine Le Pen baisser ? Je ne le sais pas. C'est comme si nous avions voulu prolonger l'espoir débordant des quinze derniers jours pour ne pas le voir disparaître.

Sur Facebook, Jean-Luc venait de publier les mots suivants : « Nous ne validons pas le score annoncé sur la base de sondages. Les résultats des grandes villes ne sont pas encore connus. J'appelle à la retenue et les commentateurs à la prudence. JLM. » Sur les plateaux télé, je voyais mes camarades Corbière et Garrido temporiser. Après un long moment d'attente, tard dans la soirée, Jean-Luc Mélenchon prit enfin la parole depuis le QG. Sa colère et sa déception se lisaient sur son visage avant même qu'il ouvre la bouche. Elles étaient à l'image de ce que nous ressentions depuis 20 h 00.

« Le résultat annoncé depuis le début de la soirée n'est pas celui que nous espérions. En toute hypothèse, ce ne sera pas celui qui a été annoncé qui sera le bon. En effet, le ministère de l'Intérieur a réservé sa déclaration jusqu'à ce soir minuit », commença-t-il.

« Lorsque les résultats officiels seront connus, nous les respecterons. Je ne saurai dire ni faire davantage à cette heure. Chacun, chacune, d'entre vous sait en conscience quel est son devoir. Dès lors, je m'y range. Je n'ai reçu aucun mandat des 450 000 personnes qui ont décidé de présenter ma candidature pour m'exprimer à leur place sur la suite. Elles seront donc appelées à se prononcer sur la plateforme et le résultat de leur expression sera rendu public. »

À ce moment précis de son discours, les applaudissements étaient nourris. Les militants insoumis étaient reconnaissants. Beaucoup de commentateurs ont dit que Jean-Luc Mélenchon avait été mauvais perdant, qu'il aurait dû clairement appeler à voter Emmanuel Macron pour « faire barrage » à Marine Le Pen. En vérité, cette affaire de barrage était déjà une mascarade. Nous l'avions compris avant beaucoup d'autres. Jean-Luc Mélenchon avait été de ceux qui, avec *Charlie Hebdo*, avaient milité pour l'interdiction du Front national à l'époque de Jean-Marie Le Pen. Mais puisque le FN n'est pas interdit, alors il ne peut être question de perpétuellement l'utiliser comme un adversaire de confort. C'est une hypocrisie. Les responsables de la montée de l'extrême droite sont en premier lieu ceux qui votent pour l'extrême droite ! Et ceux qui y poussent en la banalisant ou par leurs renoncements, leurs trahisons et leurs mensonges, gouvernant contre le peuple, qu'ils appellent ensuite à se mobiliser pour « faire barrage » quand ils atteignent leur objectif : se retrouver face à l'extrême droite dans un second tour que n'importe lequel d'entre eux gagnerait.

Il faut affronter l'extrême droite sur le terrain des idées et nous, nous le faisons. L'injonction au barrage ne fonctionne plus. Les gens ne sont pas dupes. Moi-même je l'avais observé pendant les derniers porte-à-porte de la campagne. Plusieurs fois, des gens me prenaient à partie en me disant : « Je vous préviens, dites à Jean-Luc Mélenchon que, s'il n'est pas au second tour, il n'a pas intérêt à exiger quoi que ce soit de nous ! La dernière fois, on a voté Hollande pour battre Sarkozy et on a vu le résultat. » Mais dans la bonne société, le combat contre le Front national se résume à une affaire de barrage au second tour alors qu'ils participent à sa banalisation à longueur d'année.

Jean-Luc Mélenchon redira, les jours suivants, l'évidence : « pas une voix ne doit aller au Front national et il n'y a pas besoin d'être un aigle pour savoir ce que je vais faire ». La consultation des insoumis qu'il avait promise dans l'entre-deux-tours donnera un résultat saisissant : trois tiers, presque nets. Un tiers des insoumis avait l'intention de voter pour Emmanuel Macron. Un autre tiers de voter blanc. Un autre tiers, enfin, de ne pas aller voter. Le choix du Front national n'est pas une option. Nous sommes les adversaires résolus de l'extrême droite, dans le long fil de l'histoire, comme aujourd'hui.

Ce soir de premier tour, Jean-Luc poursuivit son allocution ainsi : « Rien n'est si beau pour eux qu'un second tour entre deux candidats qui approuvent et veulent prolonger, les deux, les institutions actuelles, qui n'expriment aucune prise de conscience écologique ni sur le péril qui pèse sur la civilisation humaine, et qui les deux, comptent s'en prendre une fois de plus aux acquis sociaux les plus élémentaires du pays. Mon beau pays, ma belle patrie, et vous tous les gens, nous pouvons être fiers de ce que nous avons entrepris et réalisé. Nous sommes une force consciente et enthousiaste. Je vous appelle à rester groupés, à rester en mouvement, et à être un mouvement, car les défis que nous avons nommés, sans en cacher aucun ni aucune des difficultés qu'il soulève pour les régler, ces défis restent à relever. Et ceux qui prétendent aujourd'hui à l'honneur de nous représenter tous ont déjà fait la démonstration qu'ils étaient incapables eux-mêmes de les penser. »

La nuit très avancée et la soirée électorale achevée au Gymnase de Lille, j'errais dans les rues de la ville avec un ami de longue date, éloigné de la politique depuis toujours mais qui avait rejoint la campagne dans sa dernière ligne droite. Beaucoup considéraient que ce soir-là, avec un score pareil, Jean-Luc Mélenchon avait les cartes en mains pour la suite et que nous aurions dû en être satisfaits. C'est ne pas comprendre notre manière de voir les choses.

La pente des événements ne nous laisse pas un temps infini pour tout changer. Difficile de toujours s'en remettre au coup d'après. Jusqu'à quand ? Jusqu'où dans les catastrophes qui s'avancent ? Nous avons donc fini de faire le tour de notre déception jusqu'au petit matin, assis sur les marches de l'Opéra de Lille. Thomas était à mes côtés aussi parce qu'il savait que, pour moi, une autre campagne démarrait immédiatement.

Et les derniers mots de Jean-Luc Mélenchon, prononcés dans la nuit devant le QG de campagne d'où les plus jeunes ne voulaient plus partir alors que les résultats avaient été définitivement confirmés, résonnaient en moi à cet instant, comme une obligation :

« Ce sont vos beaux sourires, vos yeux qui brillent, vos chansons, votre amour pour demain. Le voilà, le matin neuf qui se lève. À vous, jeunes gens, de reprendre la tâche et le flambeau à l'endroit où je vous l'aurais donné et tendu d'une main à l'autre. Allez, on est La France insoumise, maintenant et pour toujours ! »

8

Le matin neuf qui se lève

Un samedi ou dimanche de l'été 2016, j'étais en pleine sortie course à pied quand mon téléphone sonna. Au bout du fil, Manuel Bompard, le directeur de la campagne présidentielle de Jean-Luc Mélenchon. Nous échangions régulièrement ensemble. Je ne sais plus précisément quel était l'objet de son appel ce jour-là. À moins que cet objet fut en réalité le sujet qu'il aborda seulement à la toute fin de notre conversation. Car de cela, je me souviens bien. « Tu as pensé aux élections législatives ? » me demanda-t-il très directement. À vrai dire, non, je n'y avais pas pensé. L'attention entièrement focalisée sur le soutien à la campagne présidentielle, je ne m'étais pas encore penché sur le fait que, quelques semaines après ce rendez-vous, nous allions concourir à une autre élection. Celle qui envoie les 577 députés à l'Assemblée nationale. Une majorité à bâtir si nous l'emportions à la présidentielle. Une opposition résolue, capable de porter les propositions de notre programme si nous échouions. Alors que la plupart des candidats y songent de longs mois, voire des années auparavant, je n'avais pas anticipé cette question ni fait de calculs pour moi-même.

Je crois que j'avais fini moi aussi par intérioriser l'idée que celles et ceux qui se mettent sur la ligne de départ sont nécessairement très expérimentés. J'avais pris l'habitude de me mettre au service des candidats. Certes, j'étais l'un des cadres de cette campagne présidentielle, mais je n'avais pas imaginé être candidat moi-même aux élections suivantes. J'interrogeais Manuel Bompard sur ma légitimité.

Il me répondit clairement, presque étonné que je me pose la question : « Tu sais, si on doit investir 577 candidats dans tout le pays et que quelqu'un comme toi, avec tout le boulot que tu abats, tes qualités et ta légitimité de terrain, ne candidate pas, je ne sais pas où on va les trouver ! » En clair, ce qui ne m'avait pas encore effleuré l'esprit était pour lui une évidence. Je me souvenais alors que, déjà en 2012, mon camarade Ugo Bernalicis, lui, avait sauté le pas. Il avait été candidat aux élections législatives sur la deuxième circonscription du Nord. Cette conversation téléphonique terminée, je me mis à réfléchir sérieusement à cette idée. Elle avait fini par me plaire. Durant l'été, je consultais assez largement autour de moi. Mes camarades bien sûr, mais aussi mes proches, pour bien évaluer la situation et tout ce qu'elle impliquerait. Finalement, cela avait une logique, dans la continuité du travail militant que j'accomplissais.

À l'automne, ma conviction était faite : je proposerai ma candidature sur la première circonscription du Nord, c'est-à-dire là où je travaille, vis et milite depuis des années. Cette circonscription est un symbole fort pour la gauche. Elle a été celle de Pierre Mauroy. Et depuis 1997, c'était la circonscription du socialiste Bernard Roman, trois fois réélu. François Hollande venait de le nommer pour la présidence de l'Autorité de régulation des activités ferroviaires et routières à l'été 2016. En novembre 2016, les insoumis se réunissaient à l'échelle des circonscriptions législatives pour proposer leurs candidatures au comité électoral du mouvement. Pour la première circonscription du Nord, qui regroupe la majeure partie de Lille, la ville de Loos et celle de Faches-Thumesnil, nous nous sommes réunis dans notre fameux QG de fortune de la campagne présidentielle : l'*Étoile Coffee*.

Il y avait une dizaine de candidats potentiels, dont moi. Parmi eux, on vit débarquer des gens que nous n'avions pas vus une seule fois depuis que la campagne présidentielle avait démarré. C'est-à-dire que des gens ne sortent de leur cachette que lorsqu'il s'agit d'être candidat à une élection. Après une discussion politique stimulante, chacun put se présenter et dire ses intentions. À la suite des interventions des candidats, l'ensemble des participants était invité à prendre la parole pour donner son avis. Les militants aguerris savent repérer comme le nez au milieu de la figure les tentatives de prise en main d'une telle assemblée, où un candidat fait venir un maximum de ses amis dans la salle pour faire pencher la balance à son avantage. Ce ne fut pas le cas dans celle-ci. Et, compte tenu de ce qu'avaient donné mes consultations de l'été, j'y étais venu en confiance. Ma détermination n'était pas feinte et je savais que ma candidature serait défendue. Ce fut le cas. Les interventions se succédaient pour l'appuyer. Quand il n'y a pas de carte cachée sous la table, ces moments sont d'autant plus intenses que les langues se délient. Vous voyez alors des camarades, plus ou moins récents, prendre spontanément la parole en public pour dire la confiance qu'ils vous font, l'envie qu'ils ont de vous suivre et la représentation de la victoire possible qu'ils ont en tête. Le terme d'investiture prend alors tout son sens. Quelques semaines plus tard, le comité électoral de La France insoumise m'investissait officiellement candidat aux élections législatives des 11 et 18 juin 2017. Avec pour suppléante Agnès Pinson, une collègue employée d'EDF, divorcée, maman de deux enfants, qui avait rejoint la campagne présidentielle en cours de route comme tout premier engagement politique. Ensemble, nous ferions un beau duo.

Du point de vue de l'action militante, il n'y avait pas lieu de changer grand-chose. Jusqu'au bout de l'élection présidentielle, il ne fallait jouer que celle-ci. Sur la circonscription, ma seule consigne aux militants avant le premier tour de la présidentielle était de poursuivre et d'intensifier le travail engagé. Les électeurs n'ont absolument pas la tête aux élections législatives tant que la campagne présidentielle n'est pas achevée. L'inversion du calendrier électoral fait largement dépendre le résultat des législatives de celui de la présidentielle. J'étais connu dans le microcosme militant. Mais inconnu du grand public.

Ma tâche consistait donc à mouiller la chemise comme je le faisais déjà pour notre candidat à l'élection présidentielle et à être présent au maximum sur le terrain. Je multipliais les réunions publiques aux quatre coins de la circonscription dans des cafés et bars. J'y présentais le programme « L'Avenir en commun » que je maîtrisais parfaitement, avant un temps d'échange avec la salle. Cela fonctionnait bien. À mesure que la campagne présidentielle avançait, il y avait toujours plus de monde dans ces petites réunions que je multipliais à l'échelle de chaque quartier. Les débats étaient riches et beaucoup de curieux venaient y participer. D'anciens militants, jadis communistes ou socialistes, mais aussi beaucoup de personnes qui déclaraient s'intéresser véritablement à la politique pour la première fois, trouvaient la campagne de Jean-Luc Mélenchon enthousiasmante et le programme intéressant. Parmi eux, beaucoup de jeunes.

Mais la tâche essentielle, la plus indispensable reste le porte-à-porte. Nous y étions tous les jours. Il n'y a pas meilleur exercice. Au porte-à-porte, on atteint ceux qui ne se déplaceraient jamais aux réunions publiques. Il y a les portes closes sur lesquelles on laisse le tract, signe de notre passage. Mais il y a surtout les portes qui s'ouvrent et les discussions qu'elles permettent. Parmi elles, certains de mes plus forts souvenirs de militant. C'est le même contact humain que celui que l'on peut avoir sur un marché ou n'importe où ailleurs dans l'espace public, à ceci près que, sans même entrer dans les maisons et appartements, on y entre un peu dans la vie des gens. Ils vous parlent souvent de leur quotidien. Ils vous disent leurs aspirations, et généralement ce sont des choses simples. Ils disent aussi leur colère, leur défiance envers les politiques. Mais, quand ils sont disponibles, vous avez une occasion rêvée de démontrer votre sincérité et de convaincre sur le fond. Il ne faut jamais y renoncer. Même quand on a le sentiment de partir de très loin.

Parmi les portes ouvertes qui m'ont le plus marqué, il y eut cette fois où tout avait pourtant bien mal commencé. J'avais à peine eu le temps de me présenter que le monsieur qui venait d'ouvrir me ferma la porte au nez avec un sévère : « Oh non ! Pas vous ! Les politiques, vous êtes des parasites ! Tous pareils ! » Je ne sais pas pourquoi mais, à cet instant-là, fatigué par des semaines intenses d'investissement personnel dans la campagne, cumulées à mes heures de travail, le tout sur le dos de ma vie de famille, je refusais ce traitement injuste. Alors que d'habitude, dans pareille situation, je me laissais claquer la porte au nez pour mieux passer à la suivante, cette fois, je retins la porte avec la main. Je dis à ce monsieur : « Vous avez sûrement mille raisons d'être en colère et peut-être n'avez-vous pas de temps à me consacrer, mais moi je n'ai aucune raison de me faire insulter de la sorte. À l'heure qu'il est, j'ai fini ma journée de travail, je pourrais être chez moi en train de siroter un verre devant la télé ou de passer du temps avec mon épouse, et pourtant je choisis de venir discuter avec vous qui me claquez la porte au nez. Je suis un bénévole. On ne me paie pas pour faire ce que je suis en train de faire et je ne suis motivé par rien d'autre que l'espoir de vous convaincre. On appelle cela la démocratie. » Cet homme ne s'attendait pas à cette réaction. C'était quitte ou double. Et finalement, ce fut le début d'une longue conversation.

Il faut laisser parler les gens au porte-à-porte. Pas juste venir vendre sa soupe. Un militant politique ne devrait jamais parler plus longtemps que la personne qui lui ouvre la porte. On finit par parler du programme et de quelques mesures précises. Au porte-à-porte, davantage que de grands discours, les gens veulent savoir ce qui changerait, là, tout de suite, pour eux, dans leur situation, si Jean-Luc Mélenchon était élu. Parmi les 357 mesures du programme « l'Avenir en commun », je trouvais toujours des propositions capables de répondre très concrètement à leur situation particulière : l'augmentation des salaires, la gratuité des premiers mètres cubes d'eau, la garantie dignité pour que personne ne vive sous le seuil de pauvreté, la réforme fiscale qui fait que si vous gagnez moins de 4 000 euros par mois vous paierez moins d'impôts, les emplois créés par le partage du temps de travail et la planification écologique, etc. La question sociale est le plus souvent au cœur des préoccupations. Je remarquais aussi l'intérêt pour la question démocratique et notre volonté de passer à la 6e République. Les gens veulent savoir comment cela fonctionnerait. À l'issue d'une conversation, la conclusion se résumait souvent à : « Tout cela c'est bien joli, mais ça fait des années que les politiques font des promesses pour être élus et ensuite, ils ne les tiennent pas. » Il y avait alors la proposition qui retenait spécialement l'attention. « Dans notre programme, il y a le droit de révoquer les élus à mi-mandat. Le souverain, c'est le peuple. Si un élu ne respecte pas ses engagements et qu'un nombre significatif d'électeurs s'estime trahi, nous voulons qu'ils puissent le révoquer. Cela serait valable pour le président de la République jusqu'au conseiller municipal. Le but est d'abord de rappeler à l'élu qu'il a un mandat du peuple et non pas un blanc-seing. »

La campagne était tout aussi innovante dans les pratiques militantes qu'elle l'était dans ses événements. Plutôt que de se contenter de distribuer des tracts et coller des affiches, ce que nous faisions par ailleurs, nous cherchions à multiplier les occasions de faire parler les gens. On mit de nombreuses fois en place les fameux « porteurs de voix ». Le principe est simple : vous tendez une corde à linge sur la place publique. Au milieu, vous y attachez une affiche sur laquelle vous posez une question politique. Par exemple : « Combien faut-il pour vivre correctement ? » À côté, vous tenez un stand où sont à disposition des citoyens des feuilles et des marqueurs avec lesquels ils répondent à la question posée et vont accrocher leur contribution. Une excellente manière de prendre le pouls et de susciter la discussion. Nous faisions aussi l'essentiel que l'État ne fait plus ou fait si mal : l'inscription sur les listes électorales, la lutte contre le non-recours aux droits.

La fin de la campagne présidentielle approchant, je me préparais à assumer pleinement et pour la première fois le rôle de candidat à mon tour. Puisque je l'étais, pas question de faire les choses à moitié. J'allais tout donner et tout faire pour gagner. Dans mon entourage, on observait cette préparation avec une forme de curiosité. Entre eux, mes amis se disaient : « Il va y arriver celui-là, vous allez voir ! » Pour ceux qui avaient été témoins du chemin parcouru depuis le CPE, ma candidature, quel qu'en fût le résultat, était comme un aboutissement logique.

Pendant l'année de campagne présidentielle, j'arrivais à organiser mon activité politique sans que cela impacte mon activité professionnelle. Sur mon plateau téléphonique à EDF, où j'étais chargé de traiter les réclamations des grandes entreprises clientes, mon engagement politique était connu de tous. On savait que j'y consacrais l'essentiel de mon temps libre, jusqu'à la moindre pause que je prenais. Mais je veillais à ce qu'on ne puisse pas me reprocher le mélange des genres. Les choses se faisaient en bonne intelligence. Un peu avant la fin de la campagne présidentielle, je prévenais ma hiérarchie que je serai candidat aux élections législatives. Et cette fois, je voulais être pleinement disponible pour m'y consacrer intégralement. Je pris donc un congé sans solde pendant les cinq semaines avant l'élection. Même si cela était coûteux, pas question d'être candidat pour témoigner. Le travail de terrain accompli avait contribué au score important de Jean-Luc Mélenchon sur la circonscription. En particulier à Lille où il était arrivé en tête avec 30 %. Si rien n'était gagné sur le papier, je savais qu'il était possible d'y arriver.

Sur la ligne de départ, 25 candidats. L'une des circonscriptions de France où l'on en compta le plus. Parmi eux, Christophe Itier, ancien socialiste passé à En Marche, proche d'Emmanuel Macron et référent du Nord pour le mouvement macroniste. Il avait bien l'intention de profiter de la déferlante Macron et pouvait raisonnablement ambitionner d'entrer au gouvernement en cas de victoire. Nicolas Lebas, maire UDI de Faches-Thumesnil depuis quinze ans, était le candidat de la droite. Éric Dillies, figure locale du Front national était également candidat. Faute d'accord obtenu avec le Parti communiste pour les législatives, mon camarade lillois Hugo Vandamme fut candidat contre moi. Il y avait aussi une candidate EELV, Anne Mikolajczak. Pour le Parti socialiste, Bernard Roman n'étant pas candidat à sa réélection, le candidat était François Lamy. L'ancien ministre de la Ville avait cessé de l'être en mars 2014 après la démission du gouvernement Ayrault. Il avait alors retrouvé son siège de député de l'Essonne qu'il occupait depuis 1997. Fin 2014, il avait annoncé son arrivée à Lille. Très proche de Martine Aubry, tout le monde y voyait le plan de succession de la maire de Lille. En 2017, François Lamy serait candidat sur la première circonscription du Nord, réputée « imperdable » pour les socialistes. Élu député sur la circonscription de la mairie, il prendrait la suite de Martine Aubry aux prochaines municipales de 2020. C'est en tout cas ce qui se racontait partout. Mais la greffe auprès des sections socialistes de la métropole n'avait pas été une promenade de santé. La première circonscription du Nord était donc regardée de très près.

À mesure que la campagne se déroulait à un rythme effréné dans la continuité de la présidentielle, je sentais que le courant était porteur. Avant de quitter mon poste de travail à EDF, une vaste réorganisation du service dans lequel je travaillais avait nécessité le déploiement d'un programme de formation ambitieux. Tous nos outils de travail allaient changer. Je ne sais pas expliquer pourquoi mais, malgré mon assiduité, pendant toute la durée de la formation, je sentais que je n'aurais pas à appliquer ce que j'étais en train d'apprendre. Je ne m'imaginais pas encore à l'Assemblée nationale, mais quelque chose me disait que mon avenir proche ne se jouerait pas dans ces bureaux. De même, lorsque, lors d'un déplacement de campagne, je passais en voiture devant l'immeuble où se trouvait mon bureau. J'avais vraiment la sensation que je n'y retournerai pas de sitôt. Je repensais souvent à cette fois où, deux ans plus tôt, je m'étais retrouvé en pleine nuit nez à nez avec l'Assemblée nationale et où je m'étais dit « un jour, qui sait… ». Ce jour était peut-être beaucoup plus proche que je ne l'avais alors imaginé.

À deux reprises, il m'a été donné de débattre à la télévision avec mes principaux concurrents et adversaires. La première fois à la fin du mois de mai 2017 pendant une heure sur une chaîne locale. La deuxième fois sur France 3 région, quelques jours avant le premier tour. J'avais fait ma toute première télé sur cette même chaîne pendant la campagne présidentielle. France 3 avait alors invité les principaux représentants locaux jeunes des candidats à la présidentielle à venir défendre le programme de leur champion. Mais ce n'est évidemment pas pareil lorsque vous êtes vous-même candidat.

Lorsque je suis arrivé dans les studios de Wéo pour le premier débat des législatives, je devinais dans les regards de mes adversaires ce qu'ils pensaient de moi. Certes, la courtoisie républicaine était au rendez-vous mais je crois qu'ils ne donnaient pas cher de la peau de ce jeune mélenchoniste d'à peine vingt-sept ans. Nicolas Lebas, le maire de Faches-Thumesnil avait l'air spécialement sûr de lui, convaincu de l'avantage que sa position de maire lui conférait. Sans doute du fait de son expérience et de sa tête politique, François Lamy me paraissait beaucoup plus lucide. Le score de

Benoît Hamon à la présidentielle avait de quoi l'inquiéter. De mon côté, j'avais préparé l'exercice avec soin, même si la forme était encore balbutiante, car il n'y a rien d'évident à se retrouver pour la première fois face aux caméras comme candidat à une élection. J'étais sorti du débat avec l'impression d'avoir marqué un point. Lorsque nous nous sommes serré la main après l'émission, j'ai bien senti qu'ils ne me regardaient déjà plus de la même manière. Le vent avait tourné d'un coup. Ils me découvraient alors comme un gros caillou dans leur chaussure, ce qui se confirma lors du second débat à quelques jours du premier tour sur France 3.

L'accent était mis sur la casse du Code du travail que s'apprêtait à déclencher Emmanuel Macron dès le début de son quinquennat. Je me faisais le rempart contre ce coup d'État social. Non, il n'y avait pas de majorité politique dans le pays pour un si mauvais coup contre les travailleurs alors qu'Emmanuel Macron avait été élu à la faveur d'un second tour face à Marine Le Pen. Et incontestablement, l'équipe Hollande avait ouvert la voie avec sa loi El Khomri, ce qui rendait la tâche de François Lamy d'autant plus difficile.

Le 23 mai 2017, le jour de mes vingt-sept ans, Jean-Luc Mélenchon faisait le déplacement dans le Nord. Non pas pour mon anniversaire mais pour soutenir nos candidats du département aux législatives. Le programme était dense et commençait par une conférence de presse que j'avais l'honneur d'introduire avec les candidats qui avaient pu se libérer de leurs contraintes professionnelles pour l'après-midi. Ainsi, nous rappelions que 94 % de nos candidats étaient des femmes et des hommes actuellement impliqués dans leurs métiers respectifs, à l'image de la société.

Quand il prit la parole après mon intervention, Jean-Luc Mélenchon résuma les choses en ces termes :

« Nos candidats sont significatifs de quelque chose que nous n'avons pas besoin de repeindre sous le vocable étrange de "société civile". Ce sont des Français, des Françaises qui ont un métier, une activité et qui ont décidé, des fois pendant cette campagne, de s'impliquer dans l'action politique, comprenant que c'est la civilisation humaine elle-même qui est mise en cause par le système dans lequel nous vivons. »

Il salua aussi l'engagement d'une nouvelle génération :

« Sans faire de jeunisme, je ne serai pas le mieux placé bien qu'ayant été moi aussi le plus jeune ceci ou le plus jeune cela, il est significatif de voir cette entrée de la jeunesse dans le combat politique aux côtés des autres générations qui elles ont eu souvent une longue histoire d'engagements. Notre panel de candidats rend compte de cet adossement d'une génération sur l'autre. »

Après cette conférence de presse, trois mini-meetings étaient prévus, dont un dans ma circonscription. Sous un soleil de plomb, pour une petite heure, la terrasse de l'*Étoile Coffee* était transformée en une tribune politique pour un discours de Jean-Luc Mélenchon et moi-même. Un grand moment. La première fois que je partageais l'affiche avec lui. Je n'étais pas peu fier. Parmi les visages présents ce jour-là, bien sûr des militants, mais surtout de nombreux curieux et, parmi eux, des membres de ma famille et des amis qui n'avaient jamais mis les pieds à un événement politique. De quoi reprendre de l'élan pour les tous derniers jours de campagne.

Une nouvelle fois, jusqu'à la dernière minute, nous avons tout fait pour y arriver. Entre les réunions de campagne, la préparation des médias, les collages, les porte-à-porte et les réunions publiques, nous jouions les prolongations de l'élection présidentielle. Si les 7 millions d'électeurs qui s'étaient regroupés autour du programme « l'Avenir en commun » et son candidat lors de l'élection présidentielle renouvelaient leur vote, nous étions en mesure d'imposer à Emmanuel Macron une cohabitation. C'est ainsi que nous présentions les choses. On ne participe jamais à une élection pour autre chose que pour la gagner.

Arrive le dimanche 11 juin. Avec ma suppléante et quelques membres de mon équipe, nous faisions la tournée des bureaux de vote patiemment. L'abstention était forte mais, çà et là, nous pouvions constater des regains de participation dans les secteurs où nous avions le plus travaillé. Dans un bureau de Faches-Thumesnil, je croisais de nouveau le maire, Nicolas Lebas, toujours aussi sûr de lui. Aujourd'hui, il n'est plus le maire de Faches-Thumesnil, les citoyens ayant décidé d'élire un maire insoumis aux municipales de 2020 en la personne de mon camarade Patrick Proisy, lui aussi issu de la jeune génération Mélenchon. Dans l'après-midi, je reçus un texto de François Lamy : « Voici mon numéro. Si besoin, parlons-nous. » À partir de 17 h 00, je ne tenais plus en place. Je m'enfermais avec mon équipe à l'étage du café que nous avions aménagé en salle de réunion. Le hall accueillait les militants et toutes celles et ceux qui voulaient se joindre à nous pour la soirée électorale.

Après une attente interminable, la centralisation des résultats était sans appel : nous l'avions fait ! J'étais qualifié pour le second tour ! Au QG, de plus en plus de monde arrivait. En bas, la fête commençait. Les militants avaient besoin de célébrer cette qualification. Un événement à peine deux mois après la déception d'être passé à 600 000 voix de ce second tour à l'échelle nationale lors des présidentielles. Sur mon téléphone portable, les messages de félicitations affluaient, à commencer par mon employeur : « Si je comprends bien, je prolonge ton congé sans solde d'une semaine et si tout va bien pour toi, pour quelques années de plus ? » Avec un score de 19,38 %, je me qualifiais face à Christophe Itier, le candidat d'En Marche, soutenu par le président de la République qui, lui, avait une large avance sur moi avec son score de 32,61 %. En troisième position, derrière moi, le candidat de droite, Nicolas Lebas, réalisait un score de 13,80 %. Le Front national passait la barre des 10 % et François Lamy finissait juste en dessous des

10 %, suivi par les Verts à 5 % et mon camarade communiste à 2,34 %. Pour moi, la marche était haute. Le combat serait difficile. Nous le savions.

Sous l'œil des caméras qui avaient rejoint le QG de campagne, je descendis à la fête, féliciter les militants et remercier les électeurs dans un discours que je voulais conquérant. La fête allait visiblement se prolonger mais j'avais vraiment du mal à m'y laisser aller. Avec cette qualification au second tour, tout recommençait. Après avoir salué tout le monde, je remontais rapidement à l'étage, concentré. Puisque j'étais arrivé jusque-là, il fallait maintenant que j'aille au bout. Pendant ce temps à la télévision, les images du QG du candidat En Marche passaient. Ils fêtaient déjà leur victoire. Leur avance sur moi leur laissait penser que c'était déjà gagné. Le lendemain matin, à la une de la *Voix du Nord*, on voyait Christophe Itier debout sur une table depuis son QG avec le V de la victoire au bout des doigts. Malgré son avance sur moi, c'était de toute évidence une sous-estimation de nos capacités. Je crois qu'il a payé cher ce surcroît d'assurance.

Une semaine me séparait de la possibilité d'être élu député. Je n'allais donc pas en lâcher une miette. Le premier tour confirmait la vague macroniste attendue dans tout le pays. Or, nous savions ce qui se préparait pour le début du mandat et notamment la casse du Code du travail dans une version XXL de la loi El Khomri. Le message principal serait donc clair : « À quoi bon un député En Marche de plus pour casser le Code du travail alors qu'il y en aura déjà plein à l'Assemblée ? » La stratégie toute trouvée : aller à la rencontre, sans relâche, toute la semaine, de ceux qui avaient voté Mélenchon au premier tour de la présidentielle et spécialement de celles et ceux qui s'étaient le plus abstenus.

Vers minuit et alors que la fête continuait à l'étage inférieur, j'envoyais un message à toute l'équipe de campagne : « À 1 h 00 du matin, réunion à l'étage. » L'heure arrivée, fermeture des lieux au public, noir dans la salle en bas, et à l'étage, on s'enferma pour une réunion dont tout le monde se souvient encore. Entre la rédaction des documents de campagne pour le second tour et la planification de la semaine dans ses moindres détails, nous avons travaillé jusqu'au petit matin. Nous sommes sortis de là à 7 h 00. Le jour s'était levé, nous ne nous étions pas couchés et nous allions, une nouvelle fois, déployer toutes nos forces dans la bataille. Moi le premier. Le lundi, je répondais aux interviews qui allaient occuper la presse locale pour la semaine et ensuite, je courais d'un endroit à l'autre dans des journées qui, chacune, me paraissaient être des semaines.

J'avais anticipé que les voix de droite se reporteraient automatiquement sur le candidat macroniste, ce qui lui faisait une réserve importante. Dès le premier marché, je fus rappelé à la bonne vieille règle : en politique, les choses ne sont pas toujours aussi évidentes qu'elles n'y paraissent. Des électeurs de droite venaient me voir et me disaient : « Vous savez, monsieur Quatennens, entre l'ultralibéralisme que représente Macron et ce que vous incarnez vous avec Jean-Luc Mélenchon, l'idée que vous vous faites de la France et de sa place dans le monde, même si nous divergeons sur les sujets économiques, nous vous choisirons vous ! » Tout était donc possible. Je m'attendais encore moins à l'appel du candidat FN à voter pour moi sur le thème que j'avais moi-même choisi de l'inutilité d'un député macroniste de plus. Il avait déclaré à la presse que je serai « plus utile aux Français que monsieur Itier qui suivra ses 400 ou 450 collègues ». Comment contester une évidence ? Pour ce qui concerne La France insoumise, le rapport au FN est sans ambiguïté. Dans sa conférence de presse du soir du premier tour des législatives, Jean-Luc Mélenchon, après avoir annoncé que des candidats de La France insoumise étaient qualifiés pour le second tour dans des dizaines de circonscriptions, avait clairement appelé à « ne pas permettre l'élection de députés du

Front national ». Des mots tout aussi clairs que son « pas une voix ne doit aller au Front national » prononcé dans l'entre-deux-tours de la présidentielle, mais qui, étrangement, ont peu été relayés par la presse.

Quant à moi, j'ai traîné, sans doute trop, avant de saisir mon téléphone pour appeler François Lamy. Je le voyais défait au milieu de la débâcle socialiste et j'avais le plus grand mal à connaître ses intentions. Il me paraissait cependant évident que, compte tenu de son ancrage à gauche et de sa sévérité sur le bilan de François Hollande et Manuel Valls, il ne pouvait ni voter ni appeler à voter pour le candidat macroniste. Le soir du premier tour, il avait fait ce tweet remarqué : « Dans cette soirée de Bérézina pour la gauche, un grand merci à François Hollande et Manuel Valls… #mercipourcesmoments. » Le mercredi de l'entre-deux-tours, il était invité par Caroline Roux sur France 2.

Il dressait un constat lucide de la défaite des socialistes, davantage qu'il ne faisait d'Emmanuel Macron le responsable :

« Comment on en est arrivés là ? Il y a cinq ans, on avait tout. On avait la majorité à l'Assemblée nationale, on avait la majorité au Sénat, on avait les régions, les départements, les villes, ainsi de suite, et on en a fait quoi ? On a fait une politique sur laquelle nous n'avions pas été élus. J'ai croisé samedi une personne, 1 200 euros par mois, elle me dit "Moi, j'y ai cru à votre slogan : le changement c'est maintenant, mais ça n'a pas changé". »

Il dénonçait aussi les socialistes qui avaient choisi de rejoindre Emmanuel Macron : « Ces nouveaux sont en fait des anciens recyclés pour une partie d'entre eux. Des anciens socialistes qui n'ont pas réussi à progresser dans l'appareil socialiste. » Il ajoute :

« Il y a une nouvelle génération à faire monter. » Sur la gauche et le quinquennat Hollande, il concluait : « 1936, vous avez les congés payés. 1981, l'abolition de la peine de mort, la retraite à soixante ans. Avec Jospin, la CMU, les 35 heures. Mon problème, c'est que sur les cinq dernières années, on retient quoi ? La loi travail ! Certains disent "Ça va un peu mieux qu'avant". Moi je dis que quand la gauche arrive au pouvoir, ça ne peut pas juste aller un tout petit peu mieux qu'avant. »

Dans cette matinée de milieu de semaine, je me décidais à l'appeler. Il avait interprété mon silence comme le fait que je ne voulais pas de son soutien. Nous nous sommes finalement entendus. Lui, le vieux routier de la politique et moi, le jeune premier fraîchement débarqué. Le lendemain, il publiait sur les réseaux sociaux un post indiquant son opposition à l'orientation annoncée par Emmanuel Macron et son Premier ministre de droite, Édouard Philippe. Après un long développement inutile et fielleux listant ses désaccords multiples avec Jean-Luc Mélenchon, comme pour se justifier, il indiquait qu'il voterait pour moi, tout en précisant que son « choix personnel » n'engageait que lui. « La majorité présidentielle va avoir une majorité écrasante à l'Assemblée nationale. L'enjeu du 18 juin est donc d'avoir des députés qui s'opposeront à la politique qui va être mise en œuvre, qui mèneront la bataille parlementaire face à une majorité qui s'annonce d'ores et déjà muselée. Et Adrien Quatennens, je le sais, sera de ceux-là. Je mettrai dans l'urne le bulletin de vote d'Adrien Quatennens. »

Depuis lors, lui et moi avons gardé contact. François Lamy avait été un vieux compagnon de route de Jean-Luc Mélenchon au PS de l'Essonne, même s'ils ne représentaient pas du tout la même tendance. C'est ce que m'expliquait au milieu de la semaine depuis le marché de Faches-Thumesnil son attachée parlementaire qui m'avait abordé avec un mémorable : « C'est donc à cause de vous si je perds mon travail ! » Jean-Luc Mélenchon et François Lamy avaient partagé le même immeuble pour leurs permanences parlementaires respectives pendant quelques années. François Lamy m'avait raconté que, pendant la campagne du référendum de 2005 sur le traité européen, vu de l'extérieur, l'immeuble donnait une image assez folklorique. À l'étage Mélenchon, on faisait campagne pour le « non ». À l'étage Lamy, on faisait campagne pour le « oui ». Pour la petite histoire et pour me montrer qu'il avait gardé un bon contact avec Jean-Luc Mélenchon malgré leurs désaccords, François Lamy m'avait montré cet échange épique de textos entre eux. Il avait envoyé, sans commentaire, à Jean-Luc, une vieille photo sur laquelle on les voyait tous les deux discutant avec François Hollande. Mort de rire, il me montra la réponse de Jean-Luc : « Si on s'était retrouvés pour l'étrangler tous les deux, nous n'en serions pas là aujourd'hui ! JLM. »

Toute l'équipe militante et moi-même avons fini la campagne législative sur les rotules. Mais nous avons frappé aux portes jusqu'à la toute dernière minute. Quelques jours avant le second tour, j'avais reçu un mail de La France insoumise destiné aux candidats qualifiés pour le 18 juin. Il y avait là toute la procédure à suivre en cas d'élection et même le rendez-vous des futurs parlementaires insoumis prévu dès le mardi suivant, à l'Assemblée nationale. La lecture de ce mail m'a bouleversé. Pour la première fois, concentré sur la campagne, je me projetais dans le rôle de parlementaire et ce que cela signifiait. Non seulement le changement de vie que cela représenterait mais d'abord, et surtout, l'immense honneur que d'être un représentant du peuple français et de défendre notre programme dans ce lieu chargé d'histoire qu'est l'Assemblée nationale. Le tout, à seulement vingt-sept ans, en ayant un BTS pour diplôme et depuis mon poste de conseiller clientèle. Je mesurais ce que cela représentait politiquement, tout comme ce que représenterait la constitution d'un groupe parlementaire de La France insoumise à l'Assemblée.

Mais je gardais en tête que, malgré la campagne, la marche restait haute. Je vivais cette attente en équipe, certains de mes plus proches ayant vocation à rejoindre mon cabinet en cas d'élection. Les choses étaient beaucoup plus assurées pour mon camarade Ugo

Bernalicis dans la deuxième circonscription du Nord où il était candidat pour la deuxième fois. Talonné par la députée socialiste sortante, lui aussi venait de se qualifier pour le second tour face à une candidate d'En Marche. Elle s'était retrouvée depuis plusieurs semaines au cœur d'une polémique à propos d'une condamnation datée de 2011 pour faux et usage de faux diplôme. Son suppléant l'avait même lâchée avant le premier tour. L'heure de vérité approchait pour Ugo et moi. Étions-nous parvenus à faire en sorte que les électeurs de Jean-Luc Mélenchon à la présidentielle se déplacent à nouveau pour voter pour nous aux élections législatives ?

Le dimanche 18 juin 2017. L'une des dates parmi les plus importantes de toute ma vie. C'était une journée ensoleillée. Après la tournée des bureaux de vote, l'attente me paraissait extrêmement longue. L'abstention restait forte même si le travail accompli dans certains quartiers parmi les plus abstentionnistes semblait payer. Je tentais de capter le moindre signal qui me remontait des bureaux de vote et qui laissait penser que ça le faisait ou que ça le faisait moins.

Dès la fin de l'après-midi, il y avait déjà du monde à l'*Étoile Coffee* et, dans une tension beaucoup plus forte qu'une semaine plus tôt, mon équipe et moi installions le poste de commandement à l'étage pour la remontée des résultats. Un marathon interminable. Les premiers résultats étaient bons. Puis, à mesure que d'autres bureaux nous remontaient, l'écart se resserrait dangereusement jusqu'à placer le candidat macroniste devant moi. Puis de nouveaux résultats arrivaient qui inversaient la tendance. Et ainsi de suite pendant de longues, trop longues, minutes. Contrairement à ce que laissait présager son V de la victoire entrepris au soir du premier tour depuis son QG, ce serait serré entre le candidat d'Emmanuel Macron et moi. Comme ces résultats partiels n'en finissaient pas de changer l'épilogue et alors que de plus en plus de monde se regroupait aux abords du QG, j'ai fini par m'isoler dans une petite chambre à l'étage du café. C'est à ce moment-là qu'Ugo Bernalicis m'a appelé pour m'annoncer son élection. J'étais dans un état indescriptible. À la fois si heureux de son élection et terriblement impatient de connaître mon sort qui allait se jouer à un cheveu. Je me souviens avoir prononcé cette phrase à Ugo avant de raccrocher : « Tu es dans le train, ami. Moi je suis sur le quai et on attend de savoir si je monte avec toi ou pas. »

Toutes sortes de choses vous passent alors par la tête. Mon équipe n'avait pas encore tout finalisé lorsque mon téléphone sonna. Un numéro masqué. Au bout du fil, Martine Aubry en personne, avec qui je n'avais encore jamais été en contact : « Adrien, bravo ! On ne se connaît pas encore mais ce soir, vous avez fait gagner la gauche. » La préfecture venait de le confirmer. Je venais de gagner. Nous avions remonté l'écart du premier tour. D'une courte tête, à une cinquantaine de voix, mais j'avais gagné !

Dehors, la joie explosait. Mais avant d'aller rejoindre celles et ceux qui s'y trouvaient et de prononcer mon discours, je voulais m'assurer que mon adversaire reconnaissait sa défaite. Je composais son numéro de téléphone mais ce n'est pas lui qui décrocha. C'était un membre de son équipe. Il me dit : « On est en train de voir, car l'écart est tellement faible que l'on n'est pas sûrs. » Je lui répondis : « Il y a du monde en bas et les médias qui attendent ma réaction, je vous donne une demi-heure. » Il s'était engagé à me rappeler. Finalement, c'est à la télévision que je vis apparaître Christophe Itier devant les caméras pour reconnaître sa défaite et annoncer, *fair play*, qu'il ne ferait pas de recours. L'épilogue tant attendu était enfin arrivé.

Une fois les marches descendues et le micro saisi, je prononcerai mon premier discours comme député du peuple, devant cette foule de militants, d'amis. Depuis l'étage, j'aperçus aussi mon épouse et mes parents, qui n'avaient jamais participé à un événement politique et dont je n'étais pas certain qu'ils viendraient. Ils étaient en larmes. À l'étage, toute l'équipe était en larmes elle aussi. Les regards échangés furent d'une grande intensité. Je me laissais traverser par la réalité nouvelle avant de descendre. J'étais élu député. Dans la poche de ma veste, j'avais deux discours, écrits la nuit précédente. L'un en cas de victoire. L'autre en cas de défaite. Je déchirai le second et saisis le premier, puis je descendis au contact de ceux qui étaient venus fêter la victoire et qui continuaient d'arriver. C'était une immense joie pour toutes celles et ceux qui avaient participé à l'aventure. Ce soir-là, la situation politique du pays n'était pas reluisante, la vague macroniste était confirmée, l'abstention beaucoup trop importante n'avait pas permis de retourner la trajectoire, mais il y avait cette raison d'être confiant pour l'avenir : La France insoumise disposerait d'un groupe à l'Assemblée nationale. Une opposition stable, sûre et résolue au macronisme triomphant. Et mon camarade Ugo et moi-même en serions tous les deux membres.

Après mon discours devant le QG et la fête qui démarrait, je fendais la foule pour retrouver une voiture qui devait m'emmener sur le plateau de France 3. Sur le chemin jusqu'à la voiture, j'étais au milieu des militants, la famille, les amis, tous très émus. Tout est allé très vite. Tout était intense. Et la campagne de plus d'un an dans les chaussures se faisait sentir. Ce moment exceptionnel restera gravé à jamais dans ma mémoire. Arrivé sur le plateau de France 3, je revécus un moment d'incertitude, comme s'il fallait une nouvelle fois passer à la caisse avant d'avoir droit au soulagement. J'étais à peine entré en plateau qu'un duplex avec la préfecture annonçait un « recomptage » dans la première circonscription du Nord. Moment de stress qui ne dura finalement que quelques minutes avant que la journaliste ne confirme définitivement : « Adrien Quatennens est élu député de la première circonscription du Nord. » Ouf de soulagement !

Sur le retour de France 3 au QG, tard dans la soirée et alors que les messages s'accumulaient en quantité astronomique sur mon téléphone portable, je regardais la conférence de presse de Jean-Luc Mélenchon, lui-même élu ce soir-là à Marseille. J'imaginais sa joie de savoir que nous formerions un groupe à l'Assemblée. Quelques jours après le silence et le repos qu'il s'était accordé après le premier tour de l'élection présidentielle, nous nous étions retrouvés pour discuter du futur groupe parlementaire et savoir s'il serait candidat lui-même ou pas. Pour moi, il était évident qu'il devait l'être et que la constitution de ce groupe insoumis à l'Assemblée serait un nouveau chapitre de notre histoire collective. Quand il annonça les résultats, il dit :

« Chers amis, sans m'éloigner trop de la conscience aiguisée que j'ai de la gravité du moment, je peux dire mes remerciements pour toutes celles et ceux qui ont permis l'élection de tant de nouveaux députés de La France insoumise. Notre mouvement a à peine un an, je le sais bien. Et nous marchons sur des sentiers inconnus de nous. Nous allons donc tâcher d'avancer en ayant toujours à l'esprit d'abord que c'est notre utilité pour les autres qui justifie notre existence. Je me réjouis de voir tant de jeunes hommes et de jeunes femmes, pour certains et non les moins nombreux à peine trentenaires, devenir vos porte-parole. La jeune génération est là ! Le combat est assuré en toute hypothèse de sa pérennité. »

De retour au QG de campagne, la fête était à son comble. Je proposais aux camarades d'aller rejoindre le QG d'Ugo Bernalicis dans la circonscription voisine pour que la fête soit plus grande encore. Car ce soir-là, j'avais en effet la tête à la faire moi aussi ! Sur la route, je fis un crochet par chez moi pour retrouver mon épouse un bref instant. Pas une seule fois elle n'avait douté de moi. Depuis la première discussion à l'été 2016 sur la possibilité d'être candidat, elle m'avait assuré que j'y arriverai. Elle avait été là, à chaque étape à mes côtés. Fin de la soirée au QG d'Ugo Bernalicis où j'étais attendu. Quand j'y suis arrivé, toute mon équipe y était déjà. Au loin, parmi ceux qui applaudissaient, j'aperçus Franck, mon Marcel et son orchestre, un sourire large jusqu'aux yeux en me voyant arriver ! Jusque tard dans la nuit, toute cette équipe qui avait mené campagne sans interruption depuis l'annonce de candidature de Jean-Luc Mélenchon en février 2016 relâchait la pression et fêtait nos deux victoires. Ugo et moi nous sautions dans les bras en repensant à ces quelques années de militantisme en commun qui se concrétisaient ce soir-là par notre élection. Même parmi les plus anciens militants, cette phrase revenait toute la soirée : « Que ça fait du bien de gagner ! » Et me voilà député. Macronistes, tenez-vous prêts ! L'Assemblée nationale, on arrive !

9

La revanche du député call-center

Le lendemain de la victoire, après une nuit qui fut des plus courtes, j'allais, accompagné de Thomas, l'ami d'enfance embarqué dans l'aventure depuis la présidentielle et qui deviendrait l'un de mes collaborateurs, faire quelques emplettes. J'avais fait toute la campagne avec une veste de costume noire retrouvée au fond d'un placard. À vrai dire, je n'en portais jamais à l'exception des grandes occasions. La dernière fois, ce devait être le jour de mon mariage. Avant d'aller, le mardi, faire mon entrée avec mes collègues à l'Assemblée nationale, il convenait donc de passer par la case cabine d'essayage. D'habitude un calvaire, mais pas cette fois-là. Dans la rue, j'étais souvent interpellé par des citoyens qui tenaient à me féliciter pour la victoire de la veille. Une fois rhabillé, j'avais rendez-vous au bureau avec le délégué régional d'EDF. J'entrais dans le bâtiment où je montais chaque jour à l'étage du plateau téléphonique. Mais cette fois, à l'étage supérieur, où se trouve la direction. Et, pour la première fois, on m'y accueillait d'un « Bonjour, monsieur le député ». Je n'en croyais pas mes oreilles. Après mon entretien de courtoisie avec lui, je descendis à l'étage inférieur, retrouver mes collègues avant de m'en aller pour quelques années à l'Assemblée nationale. Je les avais tellement barbés avec « ma politique » ! Le moment prit des allures de pot de départ improvisé.

Moins de 48 heures après mon élection, j'étais déjà dans le train pour Paris, direction l'Assemblée. Crevant de chaud dans mon costume après le trajet en métro, j'arrivais sur la fameuse place du Palais-Bourbon. Celle-là même où, à peine deux ans auparavant, j'avais laissé mon imagination inventer ce moment. Il était là. J'y retrouvais mes camarades, eux aussi fraîchement élus, sous l'œil attentif des caméras venues capter l'arrivée des insoumis à l'Assemblée. Une ambiance à mi-chemin entre une rentrée des classes et un jour de manif !

Sur les visages, beaucoup d'émotion et de détermination. Parmi les 17 députés de La France insoumise qui s'étaient donné rendez-vous, je retrouvais bien sûr mon camarade Ugo Bernalicis, débarqué comme moi de Lille. Des personnalités déjà connues du grand public comme Alexis Corbière, Éric Coquerel, Clémentine Autain et François Ruffin. Des pièces maîtresses de la campagne présidentielle qui passaient de l'ombre à la lumière comme Mathilde Panot, Bastien Lachaud et Danièle Obono que j'avais croisée à de nombreuses reprises pendant les derniers mois de campagne. Première rencontre avec tous les autres qui avaient mené les mêmes batailles victorieuses : Caroline Fiat, Bénédicte Taurine, Sabine Rubin, Muriel Ressiguier, Loïc Prudhomme, Michel Larive. Le camarade Jean-Hugues Ratenon, élu de la Réunion, n'avait pas pu faire le déplacement ce matin-là. Nous étions sous le haut patronage de Martine Billard, la seule chez nous qui avait été députée auparavant et qui nous a accompagnés dans nos premiers pas. Ce groupe était à l'image de la société. Ainsi, sur les bancs de l'Assemblée nationale siégeraient une aide-soignante, une conservatrice des bibliothèques, un ancien allocataire du RSA, un conseiller clientèle…

En attendant le futur président du groupe parlementaire, je remarquai que j'étais le seul parmi les députés hommes à porter ce costume cravate dans lequel j'étouffais littéralement. Je n'étais pas du tout à mon aise. Je n'avais pas l'habitude de porter cette tenue. J'avais l'impression d'être comme déguisé. La veille au soir, j'avais pourtant interrogé mon amie Élisa Mammar, la cheffe de cabinet de Jean-Luc Mélenchon, sur ce détail important : « Pour l'arrivée à l'Assemblée, cravate de rigueur ou pas ? » Elle avait répondu à mon texto : « je pense que JLM en mettra une ». Perdu ! Quand il arriva sous la chaleur du soleil qui tapait fort ce matin-là, Jean-Luc Mélenchon était en bras de chemise, comme les autres.

Il s'approcha de moi et me prit dans les bras. Il me dit deux choses. La première : « Fils, tu n'as pas idée. Plus que d'y être moi, ma fierté, c'est que vous soyez là, c'est de vous y voir, vous ! » Pour lui, c'était une grande victoire que de faire entrer un groupe parlementaire à l'Assemblée nationale. Plusieurs d'entre nous n'étaient même pas trentenaires. La deuxième chose qu'il me dit, juste après, concernait justement mon costume : « Mais, tu es habillé comme un marchand de saucisses ! » J'avais dû prendre un peu trop au sérieux cette histoire de cravate ! Laquelle fut d'ailleurs vite réglée lors de la première réunion du groupe où nous décidions que porter une veste de costume, même sans cravate, n'était pas une mauvaise tenue. Chacun s'habillerait comme il entendait représenter les Français qui, jusqu'à preuve du contraire et n'en déplaise à Emmanuel Macron, ne sont pas tous en costume-cravate ! Depuis, je crois d'ailleurs que Jean-Luc Mélenchon est le seul à porter régulièrement la cravate au sein du groupe dans l'hémicycle. Sa fameuse cravate rouge, dont il me fit le nœud autour du cou, juste avant la photo officielle des parlementaires que vous gardez ensuite sur votre badge pour toute la durée de votre mandat.

Une fois la conférence de presse et les photos terminées devant l'Assemblée, nous faisions notre entrée à l'intérieur, sous la bonne escorte des huissiers. D'un coup d'un seul, dès que le portique est franchi, tout devient beaucoup plus concret. Ça y est, vous y êtes ! Sous un soleil de plomb dont les reflets sur le pavé brûlaient les yeux, nous remontions l'allée devant l'hôtel de Lassay, résidence du président de l'Assemblée nationale, avant d'emprunter le chemin au milieu des jardins qui mènent à la fameuse salle des quatre colonnes où se font les rencontres avec les journalistes, à deux pas de l'hémicycle. Bientôt, ces lieux nous seraient familiers. Dans les jardins, sur les marches, avant d'entrer, nous posions pour une énième photo devant une nuée de caméras, le poing levé. Le ton était donné : un groupe de députés de combat venait de faire son entrée au Parlement. Nous étions là pour en découdre. Nous avions été élus pour cela. Avec nous, les gens en auraient pour leurs voix. Effet dépoussiérage garanti.

Au lendemain des élections législatives, l'Assemblée nationale ressemble à une immense fourmilière. Partout, c'est l'agitation générale. Les groupes ou les parlementaires seuls font leur entrée dans les lieux avant le début de la session, et tout le personnel court aux quatre coins pour que tout se passe pour le mieux. Être dans ces murs chargés d'histoire, avec le groupe insoumis, était déjà une grande émotion. Mais le moment le plus incroyable fut notre toute première visite de l'hémicycle. Ensemble, nous montions ces quelques marches rouges, franchissions le seuil, et nous voici entrés à l'intérieur. Émerveillement total pour un militant politique mais tellement plus encore quand on y entre soi-même comme parlementaire pour la première fois. Je n'y avais jamais mis les pieds de ma vie. Pas même pour une visite scolaire.

C'est dans cette grande arène que se passeraient donc l'essentiel des combats politiques à mener ces prochaines années, pour lesquels nous avions été élus. Être l'opposition, c'est une grande responsabilité en démocratie. Nous prenions place, les yeux curieux et levés vers chaque recoin de l'hémicycle depuis les bancs qui nous étaient réservés. Tant de choses à la fois vous traversent l'esprit dans un moment comme celui-ci. La grande histoire vous rattrape. Vous réalisez tous ces moments marquants qui ont eu lieu dans cette maison du peuple. Vous mettez vos pas dans ceux des très grands qui vous y ont précédés. Jaurès, Victor Hugo et combien d'autres. Aussi, je réalisais le changement complet de vie que cela supposait. Installé à mon banc, émerveillé, je me suis fait une promesse ce matin-là dans l'hémicycle : celle de ne jamais me laisser blaser ou griser par le fait d'occuper ce mandat et d'être ici, à l'Assemblée nationale. Comment cela pourrait-il devenir banal de franchir ces portes, d'occuper ces lieux et d'avoir l'immense honneur d'être un membre de la représentation nationale ? Depuis, à chaque fois que le début d'une forme de routine pointe le bout de son nez, je convoque le souvenir du soir de mon élection et de cette première entrée dans l'hémicycle pour reprendre de l'élan.

Après la visite express et la photo officielle, plusieurs jours sont consacrés à toutes les démarches liées à l'entrée dans la fonction. Un véritable processus d'usinage du nouveau député ! Multiples formalités administratives, équipement matériel, de l'écharpe tricolore à la prise de possession des bureaux, logistique du groupe parlementaire… Il ne manque plus que le tapis roulant ! Tout se fait à grande cadence et avec la redoutable efficacité dont sont capables les personnels de l'Assemblée. Et à la fin du parcours, vous êtes pleinement député. Un combattant en armure ! Chez les militants, mais aussi dans la famille et avec les amis, tout le monde veut vous voir et l'écharpe tricolore est inaugurée dans des séances photos multiples. C'est un événement que de devenir un élu du peuple. Et si ça ne l'est pas ou que ça ne l'est plus, c'est qu'il est temps de laisser sa place.

De l'Assemblée nationale, la grande masse des Français connaît surtout l'hémicycle. En fait, il s'agit d'un véritable village dans la ville. Les locaux de l'Assemblée et les différents services s'étendent sur plusieurs rues aux alentours. Combien de fois m'étais-je moi-même laissé aller à l'énervement devant ces images à la télé d'un hémicycle jamais rempli, voire des fois presque vide, en ignorant que l'essentiel du travail parlementaire ne se fait pas forcément dans cette partie la plus connue et la plus médiatisée du Parlement ? Derrière les débats en séance sur les textes de lois, il y a aussi les travaux des commissions dont chaque député est membre, les réunions multiples, les auditions, les rencontres, les rendez-vous, le travail en circonscription et toutes les tâches politiques quotidiennes qui viennent s'y greffer… L'antiparlementarisme primaire n'est pas juste. Je le pense. Pour une petite poignée de planqués qu'on ne voit presque jamais, c'est vrai, mais l'essentiel des parlementaires travaille beaucoup. Je crois que c'est important de le rappeler.

Cette législature fut aussi celle d'un grand renouvellement et d'un certain rajeunissement des députés. Après les législatives de 2017, 75 % de l'Assemblée était renouvelée. Un record. Sur les 577 députés de la nouvelle législature, 431 n'étaient pas élus en 2012. Un nouveau bloc néolibéral s'imposait, un an seulement après la création du mouvement d'Emmanuel Macron et alors que le clivage gauche/droite avait jusqu'alors structuré la vie politique du pays. 350 des 577 sièges sont issus du parti du président de la République et de ses alliés. Laminé, le Parti socialiste n'obtenait que 29 élus contre 284 dans la précédente Assemblée. Au total, une cinquantaine de sortants socialistes étaient réélus, dont la moitié environ passés sous l'étiquette de la République en Marche. Avec 113 sièges, la droite républicaine conservait des positions cependant bien éloignées des espoirs qu'elle avait nourris. À La France insoumise, nous débarquions avec un groupe de 17 nouveaux députés. Le Parti communiste français, avec ses 10 élus – dont plusieurs l'ont été parce que nous avions fait le choix de ne pas présenter de candidat contre eux – dut s'allier à d'autres élus divers gauche pour atteindre le seuil de 15 parlementaires permettant de former un groupe. Avec 8 députés, le Front national n'obtenait pas de quoi constituer un groupe. Sans dire tout le mal que l'on pense du Front national, cette réalité atteste du caractère non représentatif du scrutin uninominal à deux tours des législatives. Sans proportionnelle et avec le niveau de l'abstention que l'on connaît, la composition de l'Assemblée nationale n'est pas à l'image des opinions du peuple français. Des millions d'entre eux ne sont pas représentés.

L'Assemblée prenait aussi un coup de jeune et le groupe insoumis y contribuait largement. La moyenne d'âge, de 54 ans dans l'hémicycle en 2012, passait à 48 ans. Les retraités qui étaient 106 élus dans la précédente législature n'étaient plus que 41. Elle se féminisait aussi, passant de 155 députées en 2012 à 233 en 2017. 100 % des députés de La France insoumise étaient des nouveaux élus, 91 % pour ceux de la République en Marche, 40 % pour la droite et 6 % pour le Parti socialiste.

Lorsque vous devenez député, vous devenez aussi immédiatement employeur. Beaucoup en ont déjà fait l'expérience dans leur vie professionnelle, spécialement au sein du groupe macroniste ou à droite. Évidemment, ça n'était pas mon cas. J'ai donc constitué mon cabinet. Chacun le fait à sa manière. Sans recul ni expérience de la tâche, pour constituer ma première équipe, j'allais aux critères qui m'apparaissaient les plus évidents : avant même les qualifications, c'est la confiance totale dans la relation de travail, la fiabilité et l'efficacité éprouvée dans le militantisme politique que je retenais. Avec mon cabinet, j'ai investi comme tous les députés une permanence parlementaire en circonscription. C'est à la fois un lieu de travail mais aussi un lieu ouvert, d'accueil des citoyens qui veulent rencontrer leur député, quelle qu'en soit la raison.

Très vite, la mécanique se met en place, les semaines et leur organisation se calibrent et on ne compte pas les allers et retours entre Paris, où se fait l'essentiel du travail, et la circonscription d'élection où se construit le lien avec les citoyens, les institutionnels et où s'assurent les tâches de représentation. Mais il ne faut pas mentir aux citoyens : le travail d'un député est d'abord à l'Assemblée. La fin salutaire du cumul des mandats et de la réserve parlementaire, qui permettait aux députés de verser à discrétion de l'argent à des associations et faisait l'objet de beaucoup de clientélisme, réduit le rôle effectif du député en circonscription. Un député, bien sûr, doit être accessible et à l'écoute des citoyens de sa circonscription, les accompagner dans leurs démarches, mais il n'est pas un élu local. Avec Jean-Luc Mélenchon, on s'exaspère souvent d'entendre les députés parler de « territoires » à toutes les sauces. Mais on ne représente pas un territoire quand on est élu député de la nation. D'ailleurs on ne représente jamais un territoire en tant que tel mais bien la population, les gens qui le composent.

Le groupe parlementaire est lui aussi une structure à part entière qui recrute ses propres collaborateurs. Toutes les nouvelles équipes constituées deviennent des maillons indispensables de l'action politique. Pour le parti sans mur de la révolution citoyenne qu'est La France insoumise, il est nécessaire d'éviter absolument les effets de bureaucratisation accélérée observés dans bien des partis politiques. Il faut, à chaque étape et régulièrement, réinjecter de la politique partout. Règle mélenchoniste de base : aucune réunion ne doit commencer sans un point politique. La politique d'abord. La technique doit suivre. Jamais l'inverse.

Quelques mois après notre arrivée à l'Assemblée nationale, avec Jean-Luc Mélenchon, nous faisions les comptes du nombre de personnes qui composaient désormais nos équipes. Entre les collaborateurs de députés dans chaque cabinet, les collaborateurs du groupe, les permanents du mouvement, tout cela fait vite beaucoup de monde. Chacun doit être à sa tâche avec une bonne visibilité sur le plan de marche global. Jean-Luc Mélenchon est extrêmement soucieux de cela. Je crois qu'il se méfie comme de la peste de l'inertie bureaucratique qu'il a pu connaître au Parti socialiste. Un risque contre lequel il faut se prémunir lorsque l'on vit de la politique, que l'on occupe un mandat, que l'on soit collaborateur d'élu ou permanent d'un parti ou mouvement. Régulièrement et dès le début de mandat, Jean-Luc Mélenchon réunissait tout le monde pour des points politiques en plus de la réunion hebdomadaire du groupe parlementaire, lieu d'échange qui sert de base à l'action des 17 députés.

De ce que j'ai pu percevoir depuis le début de mon mandat, il y a à peu près autant de façons d'être député qu'il y a de députés. Tous ne font d'ailleurs pas véritablement de la politique au sens où nous l'entendons, nous, c'est-à-dire un combat d'idées. Certains donnent vraiment l'impression de grenouiller dans l'enceinte de l'Assemblée, tout simplement heureux d'être là, dans une ambiance presque festive qui peut parfois paraître assez déconnectée de l'état du pays. Ils ont l'agenda de leurs commissions en guise de petit emploi du temps, les cérémonies officielles comme uniques grands moments de leur présence sur le terrain, les inaugurations, les coupages de cordons et les visites ministérielles. C'est spécialement le cas dans le groupe majoritaire.

J'ai souvent observé le groupe macroniste en cherchant à le décrypter. Qui sont-ils ? Ce groupe est en fait très composite. Ceux qui tiennent véritablement la maison sont essentiellement les recyclés des vieux partis. En particulier du Parti socialiste, à l'image de leurs principaux chefs issus des rangs strauss-kahniens, mais aussi de la droite. Ils sont en fait l'émanation de la tactique d'Emmanuel Macron : aspiration par la droite du Parti socialiste jusqu'à son élection puis coup de barre à droite avec la nomination d'Édouard Philippe comme Premier ministre et l'arrivée de figures de la droite comme Bruno Le Maire et Gérald Darmanin aux postes clés du gouvernement. Le « rassemblement de la droite de la gauche et de la gauche de la droite » comme le décrit lui-même Édouard Philippe. L'équipe de France des meilleurs, indépendamment de leurs étiquettes politiques, comme la fantasment certains qui voudraient tout dépolitiser, déconflictualiser et qui aimeraient voir la France gérée comme une entreprise par des gens prétendument talentueux ou compétents sans se soucier de savoir dans quelle direction ils emmènent le pays. La *start-up nation* quoi !

« Au centre du néant, il y a le milieu de nulle part », écrivait une fois Charb au-dessus d'une caricature de François Bayrou. Et en effet, derrière le packaging « ni de droite ni de gauche » traduit par le fameux « en même temps » qui, d'un point de vue stratégique, fut un temps efficace, il reste le contenu, clairement néolibéral, eurobéat et, à mesure que le mandat avançait, de plus en plus autoritaire et liberticide. Mais, au milieu des personnalités structurantes du mouvement macroniste, il y a ce que Jean-Luc Mélenchon appelait pendant la campagne des législatives « la Mer des Sargasses », en référence à cette zone de l'océan Atlantique Nord où flottent et s'accumulent en surface les algues dites *Sargassum*. Beaucoup de suiveurs. Si Emmanuel Macron dit que le pass sanitaire ne sera pas étendu à tous les domaines du quotidien, ils se font les pourvoyeurs de ceux qui pensent le contraire avant d'en être eux-mêmes les promoteurs, quelques semaines plus tard, quand le chef l'aura décrété !

L'inversion du calendrier électoral, plaçant l'élection législative juste après l'élection présidentielle, fait beaucoup dépendre les résultats de la première de ceux de la seconde. On peut raisonnablement considérer qu'un député est aujourd'hui moins élu sur son nom propre que sur celui du candidat à la présidentielle qu'il a soutenu. C'est d'autant plus vrai pour les nouveaux députés. Beaucoup de ces nouveaux députés du groupe « En Marche » sont en effet arrivés là en surfant sur la vague macroniste au moment où celle-ci déferlait sur le pays. Beaucoup ne s'étaient jamais engagés en politique mais ont reconnu dans Emmanuel Macron, sa manière d'être et son vocabulaire, le verbiage managérial, les pratiques et codes professionnels d'une sociologie correspondant à ces gens pour qui matériellement tout va fort bien. On le vérifie souvent à leurs déclarations d'intérêts et de patrimoine. Il ne s'agit pas de généraliser. Il y a, y compris dans ce groupe, des exceptions. Mais tout de même, je crois que l'on vise assez juste en disant que certains occupent les espaces de l'Assemblée nationale à la manière dont ils occupaient leurs bureaux et leurs passionnantes réunions de « co-dir » ! Certains ont même quitté leur mandat en cours de route pour retourner à leur vie professionnelle où souvent ils gagnaient plus. La *start-up nation* s'offusquerait même quand on fait de la politique ! Si l'Assemblée nationale pouvait plutôt ressembler à un conseil d'administration, ça leur irait parfaitement.

Combien de fois nous ont-ils reproché en commission ou dans l'hémicycle de « faire de la politique » ou de « trop parler » ? Dans un parlement, c'est un comble ! Des fois, je dois bien l'avouer, ils sont marrants. Mais le plus souvent, ils sont exaspérants, voire franchement énervants. Il n'empêche, ils sont si nombreux à l'heure de presser les boutons clignotants de vote dans l'hémicycle, que, dans le cadre de la Ve République, leur affaire fonctionne aussi longtemps qu'ils restent groupés.

C'est donc dans cette Assemblée recomposée et dans un paysage politique complètement atomisé après les présidentielles de 2017 que nous prenions nos marques.

En circonscription, je faisais le tour des popotes avec Ugo Bernalicis pour nous présenter aux institutionnels. Insoumis oui, mais républicains et attachés à cette courtoisie. Je me souviens comme si c'était hier de la première fois que nous sommes tous les deux entrés dans le bureau de Martine Aubry, sous le beffroi de Lille. Quoi que nous ayons des sujets locaux de discorde avec elle, cette femme qui, petit à petit, a cessé de s'impliquer sur la scène nationale, continue de représenter quelque chose dans l'imaginaire collectif de la gauche. Pour les Français, elle restera la femme des 35 heures et de la CMU. François Hollande ne peut pas en dire autant. Dans ses yeux, la première fois que je l'ai rencontrée comme député, j'ai eu l'impression d'être un activiste d'extrême gauche qui ne représentait absolument rien pour elle. Nos échanges ont évolué à mesure qu'elle a pu être, comme beaucoup d'autres, témoin de mon activité parlementaire et médiatique. Dès la première bataille, nous avons gagné en respectabilité pour tous ceux pour qui notre élection n'avait rien de bien sérieux.

Cette première bataille que nous avons menée à l'Assemblée fut à l'image de toutes les suivantes. Qu'il s'agisse des séquences budgétaires, de la loi sur le Code du travail, sur les retraites, la loi climat, le pass sanitaire et toutes les autres, notre méthode est restée la même : un pied dans l'institution et un pied dehors, avec celles et ceux qui se mobilisent. Une force d'opposition dont le sérieux travail de fond permet aussi d'entreprendre le rôle d'opposant comme un rôle de proposant. Une campagne permanente en quelque sorte et la préparation à l'exercice du pouvoir qui demeure l'objectif auquel nous ne renonçons pas.

Dès l'été 2017, nous décidions d'organiser des rassemblements sur les places publiques pour expliquer ce qui se préparait avec la loi travail XXL annoncée par Emmanuel Macron dans le sillage de la loi El Khomri passée sous Hollande. Par ordonnances, c'est-à-dire sans que le Parlement ne puisse discuter des détails, Emmanuel Macron s'apprêtait en plein mois de juillet, comme premier acte de son quinquennat, à mettre à sac le Code du travail. Un texte issu d'un siècle de luttes sociales. Tout un symbole. L'Assemblée nationale n'aurait à débattre et à voter que d'un projet de loi se contentant de délimiter le périmètre sur lequel le gouvernement serait habilité à légiférer ensuite par le biais des ordonnances.

Alors que notre groupe s'installait à peine à l'Assemblée, il se donnait à voir sur les places publiques, comme ce fut le cas le 3 juillet, place de la République à Paris. Il y avait beaucoup de monde pour soutenir l'arrivée du groupe insoumis à l'Assemblée et l'encourager dans la bataille qui s'engageait sur le Code du travail. Pour la première fois à cette occasion, je pris la parole en public comme parlementaire, ceint de mon écharpe tricolore. Nous prenions l'engagement solennel de mener cette bataille jusqu'au bout.

Lors de l'une de nos toutes premières réunions du groupe parlementaire, nous avions à décider de qui prendrait la parole à la tribune de l'Assemblée pour défendre la motion de rejet du groupe sur le projet de loi cassant le Code du travail par ordonnances. Il s'agissait d'un discours d'une demi-heure. Rien de moins. Jean-Luc Mélenchon dit au groupe : « C'est le saut dans le grand bain. Après ça on sait nager. » Je pensais qu'il y aurait foule de volontaires. Ce ne fut pas le cas. Comme je maîtrisais bien le texte pour l'avoir examiné en commission, je saisis l'occasion : « Moi, je vais le faire. » Adjugé.

Ce premier long discours à la tribune de l'Assemblée et contre ce projet de loi sur lequel nous avions largement axé notre campagne législative serait donc assuré par le benjamin du groupe. Plusieurs jours durant, entre les réunions avec les premiers collaborateurs, la toute jeune équipe qui composait mon cabinet et mes lectures personnelles, je décryptais le texte. Le projet de loi délimitait le périmètre du Code du travail sur lequel l'Assemblée nationale habiliterait le gouvernement à légiférer par ordonnances. Les premiers éléments avaient été portés à notre connaissance par voie de presse. Une marque de fabrique en macronie que l'on retrouvera tout au long du quinquennat et jusqu'au cœur de la gestion de la crise sanitaire.

Le gouvernement présentait ce projet de loi comme un atout permettant de « libérer les énergies ». Comprendre : le Code du travail serait un frein à l'embauche. Absurde. Il n'y a aucune corrélation entre le niveau des droits des salariés et l'embauche. L'embauche dépendant pour l'essentiel du remplissage des carnets de commandes. Si les entreprises ont des débouchés, elles ont besoin de main-d'œuvre et alors elles embauchent. Derrière ce prétexte, le gouvernement s'apprêtait à porter d'entrée de jeu un rude coup aux salariés de ce pays et à leurs syndicats. Ces derniers étant organisés par branche, l'instauration de règles « entreprise par entreprise » allait mettre un frein à leur activité. Le projet de loi permettait aussi d'étendre un contrat précaire, le fameux « CDI de chantier », à d'autres secteurs que le BTP. Un CDI qui n'a de CDI que le nom. Mais la mesure la plus scandaleuse et cynique qui retenait l'attention était la barêmisation des dommages et intérêts aux prud'hommes en cas de licenciement abusif. C'est-à-dire que le gouvernement fixait le montant d'un préjudice *a priori*. Dorénavant, un employeur pourrait savoir par avance combien lui coûterait le licenciement abusif d'un salarié. Une drôle de conception de la justice.

Une fois tout le matériel nécessaire collecté en équipe, je consacrais un week-end studieux à rédiger seul chez moi ce premier discours. J'en mesurais chaque mot. J'en savais l'importance. Lorsque mon paquet de feuilles fut prêt, je déboulais dans le salon où se trouvait mon épouse : « J'ai besoin de faire un essai. De voir ce que ça donne, debout, dans les mêmes conditions physiques que ce que cela donnera à la tribune de l'Assemblée. » Je saisis le premier objet qui dans la pièce pouvait faire office de pupitre. Ce fut la table à repasser ! Et pendant une demi-heure, chronomètre en main, je pourfendais cette loi devant mon épouse, au milieu de l'appartement, entre le salon et la salle à manger ! Épique. La demi-heure passée, nous étions tous les deux convaincus : je tenais ce premier discours.

Le jour J, l'hémicycle était bien rempli pour le début de l'examen de ce premier gros morceau de la législature. Le groupe insoumis était sur son 31. La première grosse bataille parlementaire s'engageait et, compte tenu du sujet, elle était essentielle pour nous.

Nous le savions : à l'extérieur, nos soutiens suivraient en détail et les Français ne manqueraient pas d'être attentifs à ces débats. Quelques minutes avant de monter à la tribune, j'avais confiance dans ce que j'avais préparé mais j'étais impressionné par ce qui m'attendait et ce que cela représentait.

Dernier passage aux toilettes avant d'y aller. J'étais en train de faire ce qu'il est d'usage de faire devant un urinoir lorsque quelqu'un entra derrière moi dans les toilettes. Installé trois urinoirs plus loin, le nouveau Premier ministre en personne, Édouard Philippe. Dans ces circonstances toutes particulières, il engagea la conversation avec moi : « Alors, ça fait quoi d'être député si jeune ? » « Ça fait bizarre », répondis-je sans grande inspiration et quelque peu désarçonné par la situation. « Et vous, Premier ministre, ça fait quoi ? » « Ça fait bizarre aussi », me répondit-il. Fin de cette première conversation dans un lieu assez peu adapté. Il y en eut quelques autres.

Avec Édouard Philippe, je ne suis d'accord sur à peu près rien. C'est un homme de droite, implacable. Mais il a pour lui l'élégance dans le débat et un certain respect pour ses adversaires politiques qui est généralement l'apanage des grands. Dans la revue *Charles*, Édouard Philippe avait écrit un portrait de Jean-Luc Mélenchon qui vaut le détour. Je l'avais repéré le soir des attentats du Bataclan, en 2015, lorsqu'il débattait avec Jean-Luc Mélenchon sur le plateau exceptionnel de Laurent Ruquier. Avec Bruno Le Maire, ils sont à la fois les deux plus droitiers au gouvernement mais aussi ceux avec qui le débat a le plus d'intérêt. J'en garde quelques bons souvenirs personnels. Ce fut beaucoup plus stimulant de s'affronter à ces deux-là plutôt qu'à certains de leurs collègues qui n'ont que mépris et arrogance à apporter en réponse à leurs opposants pour masquer leur faiblesse. L'heure de mon discours approchait.

Comme dans les *starting-blocks*, mes papiers à la main, je me tenais déjà debout, prêt à descendre l'escalier qui mène des bancs insoumis jusqu'en bas de la tribune avant que le président de l'Assemblée ne m'appelle. Concentré. L'instant fut saisi par les photographes. J'ignorais qu'il serait le lendemain en pleine page d'un quotidien national. Puis, vint le moment attendu, par la voix de François de Rugy : « La parole est à Adrien Quatennens, pour une durée de trente minutes. » Je n'en revenais pas. Mon nom, retentissait pour la première fois, appelé à la tribune de cette assemblée. Nous y étions. Je monte les escaliers qui mènent à la tribune. Toutes sortes de pensées vous envahissent mais il faut vite les évacuer pour rester concentré. J'ajuste le pupitre et les micros, un peu perdu, car évidemment rien de tout cela ne ressemble vraiment à une table à repasser ! Mais surtout, il y avait devant moi beaucoup plus de gens importants que dans mon salon !

J'attaque[1] : « Je m'adresse à vous pour la première fois dans cet hémicycle et je le fais avec gravité. » Les parlementaires sont attentifs. C'est la première grosse intervention sur ce premier gros projet de loi du quinquennat. Ils sont aussi curieux, et je le vois. Que peuvent bien avoir dans le ventre les jeunes amis de Mélenchon ? Pendant trente minutes, l'essentiel du projet de loi est taillé en pièces sous le regard de la ministre Muriel Pénicaud, chargée de le défendre. Entre mes arguments, je sors les quelques formules préparées. Je connaissais suffisamment le discours pour essayer de m'en détacher le plus possible et vivre physiquement l'instant.

« Vous n'aurez pas notre blanc-seing pour pouvoir jouer les apprentis sorciers avec le Code du travail ! »

« Nous ne vous faisons pas confiance ! »

« Madame Pénicaud, vous êtes à la tête d'un ministère qui a été pensé et créé pour protéger les salariés et vous déclarez que le Code

1. « Depuis quand jugeons-nous l'efficience d'un document à son épaisseur ? », le 10 juillet 2017, à retrouver sur la chaîne YouTube d'Adrien Quatennens.

du travail est fait pour embêter 95 % des entreprises ! Le code de la route aussi est fait pour embêter 100 % des chauffards ! »

« Vous dites que le Code du travail est trop épais en oubliant de dire que, s'il s'est épaissi, c'est à cause des multiples dérogations que ceux qui le combattent ont imposées. Est-ce que vous trouvez aussi l'annuaire trop épais ? Dites-nous quelles pages vous voudriez retirer ? »

Aux députés de la majorité, pris à témoin de la méthode du gouvernement qui consiste à légiférer par ordonnances : « N'hésitez pas à vous insoumettre ! » « Un Code du travail par entreprise, c'est aussi absurde et dangereux qu'un code de la route par rue ! » Après un court développement sur le caractère protecteur de la loi que celle-ci voulait défaire, je citais la fameuse phrase de Lacordaire :

« Entre le fort et le faible, entre le riche et le pauvre, entre le maître et le serviteur, c'est la liberté qui opprime et la loi qui affranchit. »

Lorsque j'eus fini de qualifier ce « meurtre avec préméditation du Code du travail » et de dérouler les propositions de La France insoumise pour la citoyenneté dans l'entreprise, j'allais vers ma conclusion :

« Puisque vous êtes En Marche, désirez-vous vraiment que l'histoire retienne que votre marche fut d'abord et avant tout le piétinement d'un siècle de luttes sociales ? Croyez-vous vraiment que notre peuple va courir plus vite si vous lui sciez les deux jambes ? »

Alors naïf et persuadé qu'un discours à la tribune de l'Assemblée nationale sert véritablement à convaincre ses adversaires, je concluais en appelant tous les députés à voter cette motion de rejet, ne fusse que pour la méthode des ordonnances utilisée par le gouvernement, au mépris du Parlement, « sans faire le tri entre vous, et je vous remercie de votre attention ». François de Rugy, alors au perchoir, eut à peine le temps de dire « Merci, monsieur

Quatennens » que tous les parlementaires du groupe insoumis étaient déjà debout, applaudissant à tout rompre.

Moins de trois semaines après mon élection, ces 28 minutes-là allaient encore accélérer les choses pour moi sans que je ne m'en sois vraiment rendu compte. En remontant à mon banc, je croisais les regards chaleureux, fiers et bienveillants des membres du groupe. Au premier rang, Mathilde Panot, Alexis Corbière, Caroline Fiat et bien sûr, Jean-Luc Mélenchon. Nous annoncions la couleur. De retour à ma place, mon téléphone grouillait déjà de messages comme ce fut le cas pendant les 24 heures qui suivirent. On me proposait des interviews, des rendez-vous en média, des portraits. Que du neuf, encore une fois. Déjà d'autres étapes s'annonçaient sans que je les eusse véritablement anticipées. Cette génération Mélenchon qui s'était fait peu à peu repérer dans la campagne prenait désormais la lumière aux côtés de celui qui avait rendu tout cela possible.

En guise de riposte à mon discours et à l'intérêt qu'il avait suscité, les soutiens de la macronie sur les réseaux sociaux avaient choisi leur attaque contre moi. Ils faisaient circuler un visuel avec un photomontage sur lequel je portais un casque-micro en référence au métier que j'exerçais avant d'être élu député. L'équipement correspondait d'ailleurs parfaitement à celui que j'avais sur les oreilles au travail. Ils accompagnaient ce photomontage de commentaires tous plus méprisants les uns que les autres, du genre « pourquoi il la ramène, le député BTS ?! ». Très vite, j'étais rebaptisé sur la toile : « le député call-center ». Il faut dire que les leurs sont plutôt députés DRH, assureurs, banquiers ou fonds de pension ! Député call-center, pour eux c'était une insulte. Pour moi, c'était un honneur ! Oui, je représente la classe ouvrière et les employés de ce pays et j'en suis fier.

En une poignée de mois, les 17 du groupe parlementaire insoumis prenaient leurs marques à l'Assemblée. Chacun dans sa commission de référence, certains se spécialisant dans les sujets qu'ils maîtrisaient le mieux ou souhaitaient le plus travailler, chacun à son poste de combat, nous avions trouvé le bon rythme. Avec ce groupe parlementaire et la force militante du mouvement, appui essentiel sur le terrain partout dans le pays, La France insoumise s'était affirmée en quelques mois comme la première force d'opposition à Emmanuel Macron, ce que les enquêtes d'opinion confirmaient.

Le 23 septembre, forts de ce travail parlementaire, nous avions appelé à manifester contre le « coup d'État social », en référence au projet de loi contre le Code du travail qui avançait comme un véritable rouleau compresseur, sans tenir aucun compte du contexte particulier de l'élection d'Emmanuel Macron. Compte tenu du travail programmatique que nous poursuivions, nous avions pris l'habitude de dire de nous que nous étions « premiers opposants et premiers proposants ». Car, contrairement à l'étiquette d'opposants de principe, toujours « contre » et qui n'ont rien à proposer à part faire des coups et du buzz, nous sommes en effet les seuls à formuler autant de propositions dans la moindre de nos interventions. Notre méthode de travail, un pied dans les institutions et un pied dehors dans les luttes, faisait chaque jour un peu plus la preuve de son efficacité. Le tout renforcé par notre avance technique et numérique et notre présence sur les réseaux sociaux.

En quelques semaines, nous avions atteint notre objectif : décloisonner les débats de l'Assemblée nationale, les faire sortir de l'hémicycle pour intéresser la société. C'était d'ailleurs l'un des commentaires qui revenait le plus souvent en ce début de mandat. Les gens nous disaient : « Enfin, on ne s'ennuie plus en regardant les débats de l'Assemblée ! » « Avant je regardais l'hémicycle à la télé pour m'endormir mais depuis que vous autres, les insoumis, y êtes arrivés, je ne m'endors plus ! » On nous a parfois reproché de vouloir faire le « buzz » avec des happenings comme le panier de courses à cinq euros ramenés dans l'hémicycle pour dénoncer la baisse du même montant des APL décidée par Emmanuel Macron. Nous ne cherchons pas le buzz pour le buzz. Ce que nous voulons, c'est faire en sorte que la politique puisse de nouveau susciter l'intérêt du grand nombre. Qu'elle soit accessible. Et cette façon de procéder ne retire rien à la qualité et au sérieux de ce que nous avons à dire. À 17, nous imprimons davantage dans le débat que la plupart des autres groupes plus nombreux que nous.

Notre force réside surtout dans le fait que, malgré la diversité de nos parcours, nous sommes unis par un même programme que nous souhaitons voir appliquer. Chacun contribue à sa manière, avec son style, sa personnalité et tout cela se complète merveilleusement. Avancer groupés, c'est essentiel, et c'est aussi l'une de nos marques de fabrique. Chacun fait ce qu'il sait faire le mieux et renforce ainsi le groupe dans son ensemble. Certes, malgré nos efforts et l'énergie déployée dans chacune des batailles, quasi aucune de nos propositions, aucun de nos amendements, ne trouve grâce aux yeux de la macronie. Mais le moindre discours, le moindre texte, la moindre vidéo, la moindre de nos présences sur le terrain auprès de celles et ceux qui luttent, participent d'une campagne permanente qui permet autant de mener la tâche d'opposition pour laquelle nous avons été élus que de démontrer notre capacité à gouverner le pays le moment venu. On peut être d'accord ou en désaccord avec les insoumis. On ne peut en revanche pas nous retirer la force de frappe, le travail sérieux et la solidité programmatique. Tout ce travail réalisé dans l'opposition constitue un bagage solide pour le jour où nous aurons à gouverner. Des propositions de loi, des plans complets sont prêts qui n'attendent que d'être appliqués.

Dès les jours suivant mon premier discours à l'Assemblée, je devenais, en plus d'être député et sans l'avoir programmé, un porte-parole médiatique. Un nouvel exercice dans lequel il fallait faire ses preuves. Combien parmi les 577 députés sont connus médiatiquement ? Finalement très peu. J'aurais pu rester anonyme mais, après ce premier discours, les médias en décidèrent autrement. Je n'ignorais pas les ressorts de cet intérêt soudain pour ma personne. Ils avaient besoin de nouveauté et ce jeune rouquin mélenchoniste qui avait fait mouche avec son premier discours leur en apportait. Avec moi, ils avaient la bonne pioche. En quelques semaines, je fis le tour de toutes les matinales politiques, à la radio et à la télé. J'en avais été le spectateur et l'auditeur depuis des années sans jamais avoir pensé qu'un jour je m'assiérais moi-même derrière ces micros et devant ces caméras. Lorsque, quelques années auparavant, l'un de mes amis d'enfance fut embauché comme pigiste à Europe 1, il m'avait fait visiter les studios et avait voulu prendre une photo de moi derrière un micro. Il m'avait dit : « Je suis sûr que, d'ici dix ans, tu seras là. » Cela avait pris moins de temps qu'il ne l'avait dit. Les titres de presse et les portraits tous plus élogieux les uns que les autres s'accumulaient. Des journalistes avaient même débuté une enquête, persuadés qu'il y avait un secret. Ils étaient certains que j'avais été formé chez les lambertistes car, disaient-ils, j'en avais tous les signes extérieurs ! Ils interrogeaient mes proches à ce sujet mais finissaient par vérifier que ce n'était pas le cas. Ma seule école fut celle du militantisme au Parti de gauche puis à La France insoumise. Bien sûr, on éprouve une certaine satisfaction à voir que ce que l'on fait fonctionne. Mais d'aucune façon cela n'était en mesure de me faire dévier de ma trajectoire. On me demandait à l'antenne si ça ne me grisait pas, si je ne prenais pas le melon avec toute cette lumière prise soudainement ? Je restais concentré.

Même s'il faut en assumer la part de spectacle pour la forme, sur un plateau de télé ou à la radio, je fais d'abord de la politique. La seule chose qui me préoccupe est de savoir si ceux qui sont derrière l'écran sont convaincus ou si, après m'avoir entendu, ils interrogeront leurs propres certitudes. Tout cela n'aurait pu être qu'un feu de paille de quelques semaines, je le savais. Trois petits tours et puis s'en va. Ce fut d'ailleurs le sort réservé à certains députés macronistes. Je crois que chez Macron, quand ils m'ont vu enchaîner les matinales aux premières heures de la nouvelle législature, ils se sont dit : « Nous aussi on va envoyer la jeune garde dans les matinales ! Pas de raison que cela soit réservé à Mélenchon. » On a vu alors certains députés macronistes sur les plateaux que l'on n'a plus jamais revus ensuite. Quelques-uns donnaient vraiment l'impression d'y aller les mains dans les poches et se liquéfiaient en interview, faute d'avoir assez travaillé ou simplement d'être beaucoup trop sûrs d'eux.

Porter une parole politique dans les médias, devant des centaines de milliers de Français, est un exercice exigeant qui demande de la préparation. Surtout quand on prétend y faire autre chose que de jouer les cacous juste fiers de passer à la télé. Je me souviens de ce parlementaire En Marche interrogé par Jean-Jacques Bourdin quelques jours après ma première interview avec lui. Le journaliste l'interrogeait sur la prime de Noël pour les Français. Il répondit : « Moi comme député, je n'ai pas de prime à Noël ! » On ne l'a plus jamais revu dans cette matinale. De mon côté, le premier tour fut réussi et ensuite, on vous rappelle parce que l'on vous sait bon client.

Un jour, parmi les nombreux messages vocaux que je consultais avec un peu de retard, je trouvais celui-ci : « Bonjour Adrien, c'est Thierry Ardisson. » J'avais l'impression d'entendre un de ces répondeurs automatiques préenregistrés que j'avais acheté gamin depuis la publicité derrière le programme télé et qui imite la voix d'une personnalité ! Thierry Ardisson voulait m'inviter pour une première émission. Je n'y serai pas l'invité principal mais il promettait : « Vous avez crevé l'écran. Si ça se passe bien, et, vu ce que j'ai vu, je sais d'avance que ça va bien se passer, je vous inviterai comme politique principal ensuite, dans une prochaine émission. »

Comment Ardisson qui a interviewé à peu près toute la Terre pouvait s'intéresser à moi ? L'homme en noir avait repéré ma passion pour la musique. Nous avions eu l'occasion de parler ensemble du groupe avec lequel je jouais de temps en temps. À l'Assemblée en effet, avec Élisa Mammar, la « cheffe cab » de Jean-Luc Mélenchon, Juliette Prados, la responsable presse du groupe parlementaire et quelques amis, nous avions formé « Les InsouSols ». Un croisement entre « Les Insus » et « les insoumis », doublé d'un clin d'œil au sous-sol montreuillois où était installé le studio dans lequel, une fois par semaine d'abord puis de moins en moins à mesure que l'activité politique s'intensifiait ensuite, nous répétions. Chacun proposait des titres à reprendre et, entre Gainsbourg, Nirvana, Lou Reed et autres Téléphone, nous avions un répertoire suffisant pour faire danser les copains lors de quelques concerts privés organisés dans le studio. Nous avons même joué dans des bars, des clubs et un festival en plein air ! Pour quelques heures suspendues hors du temps et du tumulte de l'action politique, je frappais comme un dingue sur les toms de la batterie et passais derrière le micro, guitare en bandoulière pour deux ou trois titres, le temps de rendre hommage à mon poète préféré, Hubert-Félix Thiéfaine.

J'avais raconté tout cela chez Ardisson lors de mon premier passage. Alors pour le deuxième, il me fit une proposition à laquelle je ne m'attendais pas. Il me proposa de venir jouer sur le plateau des Terriens avec le groupe entre deux séquences d'interview politique. Au départ, je n'étais pas convaincu du tout. Pour moi, la politique c'est du sérieux. Les gens souffrent, la situation est lourde et nous devons incarner un débouché politique sérieux, de rupture avec le système mais démontrant notre capacité à gouverner. Je n'avais pas envie que les gens puissent penser que l'on s'amuse avec leurs voix. Je veux au contraire qu'ils puissent se dire : « Si on leur donne les clés du camion, ceux-là ne nous emmèneront pas dans le mur. » La musique, c'est l'exutoire, réservé aux coulisses, ma zone de décompression. Je n'étais pas enthousiaste à l'idée de mélanger les genres et de chanter ou jouer de la batterie au milieu d'une interview politique. Mais autour de moi, tout le monde était très convaincu : « Les gens doivent voir l'homme qu'il y a derrière le combattant politique. » « Tu auras l'air moins robotique. » « En plus de voir comment tu tiens la tranchée en politique, ils verront que tu es aussi musicien, que tu as d'autres passions. » « Tu vas offrir un moment de détente. » Parce qu'ils étaient absolument unanimes, je me suis laissé convaincre par la proposition de Thierry Ardisson avec l'idée que ce serait une exception.

Et voilà que j'embarquais toute la fine équipe des InsouSols dans les loges de *Salut Les Terriens* et que Raquel Garrido nous rejoint sur scène pour interpréter un morceau avec nous. Pas de mise en scène. C'était finalement naturel et ce que nous rendions perceptible à cet instant, c'est la bonne humeur avec laquelle nous accomplissons nos tâches politiques. Après tout, oui, les insoumis, c'est aussi une belle famille. Elle s'étend de celui qui marche devant nous, jusqu'au premier militant du groupe d'action.

Mais plus encore que cette fois où il m'a été donné par Thierry Ardisson de faire à la fois de la politique et de la musique en plateau, c'est une autre émission qui m'a le plus impressionné, je dois le dire. Parce que j'en avais été le fidèle téléspectateur depuis des années, au chaud sous la couette, ces samedis soir qui n'étaient pas occupés par les soirées entre amis. C'est lorsque je suis passé chez Laurent Ruquier dans *On n'est pas couché*. Entendre depuis la loge ce générique entendu des dizaines de fois, descendre ces marches à l'appel de son nom et se retrouver là, de l'autre côté de la caméra, dans le bouillon, cuisiné à mon tour par les chroniqueurs, comme si j'étais sorti de mon lit pour rentrer dans ma télé, c'était incroyable ! À côté de moi, en prime, il y avait ce soir-là Muriel Robin dont ma mère est absolument fan.

Peut-être que les gens qui passent à la télévision et à la radio régulièrement trouvent tout cela banal. Pas moi. Cela n'a rien de banal. Je suis toujours rattrapé par qui je suis et d'où je viens. La situation est donc toujours exceptionnelle à mes yeux. Et, parce qu'elle l'est et que je n'oublie jamais que je ne suis là que parce que des gens ont choisi de voter pour moi, elle m'oblige. Je ne suis pas là pour faire le malin ni pour me faire plaisir. Bien sûr, cela n'empêche pas d'en éprouver, on ne va pas se mentir. Surtout quand vous viennent des éclairs de lucidité. Pendant le tournage de Ruquier, par exemple, entre deux questions, mon esprit était envahi de *flash-back* : je me revoyais passer mon BTS quelques années plus tôt ou sur mon plateau de conseiller clientèle quelques mois seulement auparavant. Rendez-vous compte.

Souvent, quand j'interviens dans les écoles dans le cadre d'opérations comme le Parlement des enfants, pour échanger avec les élèves sur le rôle de député, la situation est assez cocasse. Avant que je ne sois médiatisé, quand les enseignants avertissaient leurs élèves en leur disant « Aujourd'hui, nous allons recevoir le député », les gamins s'attendaient à peu près à tout sauf à voir débarquer un jeune homme de vingt-sept ans à la tignasse rousse. Dans leur esprit, un député, c'est nécessairement quelqu'un d'un certain âge, avec des cheveux gris et pourquoi pas un gros ventre. Alors quand ils me voyaient débarquer, les questions fusaient. Dont celle-ci qui revenait systématiquement : « Quelle école avez-vous faite pour devenir député ? » Alors, je leur expliquais mon parcours comme je vous l'ai raconté. Mes années d'engagement bénévole dans l'associatif, mes choix politiques et mon militantisme. Il fallait voir leurs têtes quand je leur dis qu'avant d'être élu député j'étais conseiller clientèle sur un plateau téléphonique et que mon diplôme était un BTS. « Mais alors, tout le monde peut faire de la politique ? » On y vient.

C'est, en plus des apprentissages d'usage sur le rôle du député, le message essentiel que je veux leur délivrer : tout le monde peut faire de la politique. D'ailleurs tout est politique. Et si, moi, je suis aujourd'hui député, c'est qu'il y a dans cette salle de classe possiblement de futurs élus qui s'ignorent. Non, la politique n'est pas le domaine réservé de quelques spécialistes qui choisissent une école qui les y prépare dans le but d'en faire une carrière. D'ailleurs, député, ça n'est pas un métier. C'est un mandat que l'on m'a confié en votant pour moi. Je ne me représente pas moi-même. Je suis un représentant du peuple français. J'espère ainsi faire naître quelques vocations. Pourvu qu'ils s'engagent pour leur pays.

À l'Assemblée, chaque projet de loi, chaque séquence budgétaire, chaque niche parlementaire est l'occasion pour le groupe insoumis de se faire entendre et de faire rejaillir les débats à l'extérieur. Dans les mobilisations, nous sommes toujours présents. Chacun de nous trouvait son rythme de fonctionnement et déployait ses outils. Mon agenda en début de mandat se réglait ainsi : j'assurais les permanences parlementaires en circonscription le lundi, j'allais à l'Assemblée du mardi au jeudi avant de retourner en circonscription pour le week-end.

À l'été 2018, après un an d'activité à l'Assemblée, Jean-Luc Mélenchon m'invita à passer un moment plus familial dans la maison qu'il louait pour la pause à Marseille, à quelques jours de nos universités d'été. Pour la première fois, nous prenions un vrai recul, au calme, sur les deux dernières années écoulées depuis le lancement de La France insoumise. L'émergence du groupe parlementaire, de ce collectif nouveau autour de lui, le soulagement que constituait le fait que tout ne reposait plus exclusivement sur lui médiatiquement… tout cela nous avait fait faire un grand bond en avant depuis la présidentielle. Chaque discours de Jean-Luc Mélenchon à la tribune de l'Assemblée est un événement. Sur tous les bancs, il est écouté attentivement. Ils savent tous, même quand ils adorent le détester, qu'il est un grand dirigeant politique, comme on en fait peu. Je me souviens que ce soir où nous faisions le point ensemble depuis Marseille, nous nous disions que, si nous nous y prenions bien, tout laissait penser que la troisième pourrait être la bonne à l'issue du mandat. Mais surtout, Jean-Luc Mélenchon voulait que nous soyons toujours prêts à l'imprévu : qui peut assurer qu'Emmanuel Macron, élu dans une présidentielle qui a pulvérisé tous les points de repères stables, à la faveur d'un face-à-face avec l'extrême droite, serait en mesure d'aller jusqu'au bout de son mandat ?

Avant l'été, le journal *Libération* m'avait consacré un dossier. Ça s'appelait « Quatennens à quatre voix ». Pour le réaliser, les journalistes avaient interrogé des personnalités de la République en Marche, des membres des autres partis de gauche puis des responsables politiques lillois à mon sujet. Ils avaient sollicité Jean-Luc Mélenchon pour une interview. Il accepte rarement les interviews pour parler des personnalités de son entourage. Cette fois, il avait accepté. J'en étais extrêmement honoré. « Adrien, c'est un bon celui-là, hein, c'est mon Saint-Just ! » avait-il commencé. Il y revenait sur notre relation : « Notre relation est délicate, très forte. C'est l'un des rares avec qui je peux passer quelques jours en congés. Avec moi, il a toujours été naturel donc ça m'a mis à l'aise. Il représente beaucoup pour moi. » Sur mon rôle à ses côtés : « Politiquement il m'aide. Il est froid dans l'analyse, il regarde tous les paramètres avant de prendre une décision : je sais qu'il n'emmènera personne dans le mur par lubie. Il m'inspire une confiance totale. » « Adrien est un bourreau de travail, tout l'intéresse, il en demande toujours plus. Mais il n'a pas le choix s'il veut arriver au niveau qui lui est destiné. » Il revenait aussi sur ce fameux premier discours à l'Assemblée : « Avant son discours, on a un peu bavardé mais il ne m'a pas demandé de relire son texte. J'avais un peu la trouille, mais à la tribune il a scotché tout le monde, il a tué le match. Il assène : bam-bam et encore bam. Magnifique ! Ce jour-là, ceux qui espéraient être débarrassés après Mélenchon ont dû admettre que non, la vie ne reprendra pas comme avant. Les suivants sont là. Pour mes ennemis, mauvaise nouvelle : ils viennent d'en prendre pour cinquante ans ! »

En cette fin d'année 2018, tous les voyants étaient au vert. Sur le plan personnel, je nageais dans le bonheur car j'allais bientôt être papa. Sur le plan politique, nous étions la première force d'opposition à Emmanuel Macron et son monde. Nous étions aussi devenus un pôle d'attraction. L'un des signaux qui permettait de le vérifier à ce moment-là était que des socialistes dont Emmanuel Maurel et Marie-Noëlle Lienemann, tous deux vieux compagnons de route de Jean-Luc Mélenchon, avaient l'intention de quitter le PS et de former un parti pour participer au mouvement de La France insoumise.

Jean-Luc Mélenchon dit souvent qu'en politique, quand tout va apparemment trop bien, il faut se méfier et rester sur ses gardes. Une force d'opposition comme la nôtre ne peut pas naviguer indéfiniment en eau calme. Il m'avait averti. Nous attendions le mauvais coup, la peau de banane sur notre chemin. Elle ne tarda pas à arriver.

10

L'enquête creuse

Mardi 16 octobre 2018. Jour de remaniement ministériel. Ce devait être l'actualité. Christophe Castaner, délégué général de la République en Marche venait d'être nommé ministre de l'Intérieur. Le chef d'un parti politique récupérait notamment la charge de l'organisation des élections et de l'éventuel redécoupage des circonscriptions législatives. Pas banal. Je venais de me réveiller, chez moi à Lille quand, à travers la condensation sur la vitre de la douche, je vis s'afficher sur mon téléphone portable la notification d'un texto. Plutôt très matinal. Surpris, je sors à la hâte. D'une main j'attrape la serviette, de l'autre le portable. C'est Jean-Luc Mélenchon.

Le texto est bref : « Perquisition chez moi. Mon téléphone pourrait m'être retiré. Prévenez tout le monde. » Je n'ai absolument aucune idée de ce qu'il se passe alors mais ça a l'air grave. Je saute dans mes habits et file à toute allure en direction de la gare de Lille pour attraper le premier train. En chemin, je consulte régulièrement mon téléphone. Les quelques personnes réveillées et visiblement destinataires du message de Jean-Luc partagent leur circonspection. Sur le trajet qui me mène à Paris, j'apprends que le domicile de Jean-Luc Mélenchon n'est pas le seul lieu visé. Le siège de La France insoumise l'est aussi. Le siège du Parti de gauche également. Possiblement les domiciles de plusieurs collaborateurs présents ou passés le seraient aussi. J'échange des messages avec Younous Omarjee, notre eurodéputé, qui me dit être arrivé chez Jean-Luc Mélenchon et que la situation est incroyable.

Arrivé à Paris, je décide de me rendre chez lui moi aussi. Sur le chemin, je découvre le direct qu'il a choisi de faire sur sa page Facebook, depuis son appartement envahi de policiers. Une manière pour lui de ne pas baisser les yeux et de garder le contrôle en décloisonnant la situation. Je réalise alors l'ampleur de celle-ci. Il explique :

« Vous me trouvez une drôle de tête, c'est parce que je fais l'objet d'une perquisition. Mes amis arrivent à tous les sièges. Nous sommes perquisitionnés chez tout le monde. C'est-à-dire la secrétaire générale du groupe à l'Assemblée, mes anciens assistants, chez eux, qui ont vu débouler aussi les flics à 7 h 00 du matin. On leur prend leur téléphone. On leur prend leur ordinateur. Au siège du Parti de gauche dont je suis membre. Au siège du mouvement La France insoumise. Ainsi que chez tous mes assistants d'autrefois et d'aujourd'hui. Voilà le début du nouveau ministre de l'Intérieur et de la ministre de la Justice ! Voilà ce qu'ils sont en train de faire, dans tout le pays pour intimider et faire peur. Je vous demande de ne pas avoir peur et de protester car ça n'est pas de la justice, ça n'est pas de la police. Nous ne méritons pas un déploiement pareil. On croirait l'arrestation d'un gang ou d'une bande. Voilà à quoi sont occupés ces gens. Imaginez-vous mes pauvres assistants d'il y a quelques années qui tout d'un coup voient ces équipages débarquer chez eux, leur prendre leur téléphone, fouiller leur ordinateur. Tous les disques durs de ma famille politique, des gens qui m'ont approché depuis cinq ou six ans confisqués et aspirés. Ce n'est pas normal. »

Ce qu'il y a d'insupportable à ce moment-là, c'est qu'évidemment d'autres politiques ayant eu à subir des perquisitions, voire des condamnations, tout cela passe comme une lettre à la poste, dans un bruit de fond habituel. « Tous les mêmes », « il n'y a pas de fumée sans feu » et il n'est pas possible de faire reconnaître une injustice. Quelles que soient les précautions d'usage, si vous êtes perquisitionnés, pour le commun des mortels, c'est que vous avez forcément quelque chose à vous reprocher. Le mal est fait.

Pourtant, l'argument qui consiste à dire : « c'est arrivé à d'autres et ils n'ont pas protesté comme vous » n'est pas recevable. En effet, ce n'est jamais arrivé à aucun autre politique. Jamais une opération d'une telle ampleur, mobilisant près de 100 policiers et une dizaine de substituts de procureurs sur 18 lieux de perquisitions à travers tout le pays, n'a été organisée contre un parti politique. Quel est le but d'une perquisition ? C'est de s'assurer, par l'effet de surprise, qu'on trouvera des preuves qui auraient pu être dissimulées. Mais que s'agissait-il de recueillir ce matin-là, par cette démonstration spectaculaire, que Jean-Luc Mélenchon et nos équipes n'auraient pas pu fournir à la police dans des conditions normales de convocation ?

Le caractère spectaculaire de l'opération poursuit un but : faire les gros titres. Surtout, il occulte le fait générateur des perquisitions lui-même. Or, ce fait générateur, qui permit l'opération du 16 octobre, n'a rien de comparable aux affaires dont on a pu entendre parler s'agissant d'autres partis politiques.

Sur quelle base au juste une centaine de policiers ont-ils pu débarquer ainsi à 7 h 00 du matin dans 18 lieux autour de Jean-Luc Mélenchon ? Sur la base de deux « affaires ». La première est issue d'une dénonciation calomnieuse de la part d'une eurodéputée du Front national, madame Sophie Montel, qui, après que le parti d'extrême droite a été mis en cause au Parlement européen pour l'usage qu'il faisait de ses assistants parlementaires payés par l'institution, a décidé de livrer en pâture une liste d'eurodéputés à qui l'on pourrait, selon elle, reprocher la même chose. Son but : diluer les accusations contre le Front national. Après l'avoir fait, elle avait fini par admettre elle-même qu'il s'agissait d'une plaisanterie. Elle avait osé parler d'un « pied de nez ». C'est donc notamment sur la base d'un « pied de nez » que la police a pu perquisitionner Jean-Luc Mélenchon et ses assistants parlementaires ! Sans leur souhaiter le même sort que celui qui nous a été réservé ce matin-là, on peut se demander pourquoi la justice n'a pas jugé opportun de procéder aux mêmes opérations chez la dizaine d'autres eurodéputés dénoncés dans la même liste fournie par Sophie Montel pour son « pied de nez ».

Car il n'y a pas que Jean-Luc Mélenchon dans cette liste. On y trouve des élus de tous bords politiques. Pourtant, seul Jean-Luc Mélenchon a été inquiété sur cette base. Pourquoi ? Parce que le spectacle chez les autres n'aurait pas eu le même intérêt politique et médiatique que chez le premier opposant au pouvoir en place ? On peut le penser. En effet, pas sûr que ceux qui ont imaginé cette opération aient jugé utile d'envoyer le même dispositif, par exemple, chez Yannick Jadot. Pourtant madame Montel a aussi cru bon de le dénoncer. Quand je vois l'investissement que représente le travail quotidien des assistants parlementaires de Jean-Luc Mélenchon, l'accusation d'emplois fictifs est pour le moins audacieuse !

Est-ce parce que cette accusation ne tenait pas la route que la justice décida de faire une sorte de paquet avec une deuxième affaire pour justifier ces perquisitions, sans que l'une et l'autre ne soient liées ? Car la deuxième affaire qui servit de justification aux perquisitions de ce 16 octobre 2018, c'est celle concernant les comptes de la campagne de 2017. Et là encore, c'est une sacrée pantalonnade !

Pour bien la comprendre, il faut revenir d'un mot sur le fonctionnement d'un compte de campagne électorale. Le candidat est tenu de déclarer à la Commission nationale des comptes de campagne et des financements politiques (CNCCFP) l'ensemble des dépenses qu'il réalise pour la campagne. La commission examine alors ces dépenses dans le détail et rembourse *a posteriori* le candidat jusqu'à un certain montant plafonné. Au-delà de ce plafond, elle ne rembourse plus et les dépenses sont à la charge du candidat qui peut monter jusqu'à un second plafond qui, lui, ne fait pas l'objet de remboursement. Le plus important, c'est que le candidat ne soit pas pris en défaut de ne pas avoir tout déclaré. Il faut absolument tout déclarer. C'est la règle. Il vaut mieux en déclarer trop et que la commission décide de réformer le compte en considérant que certaines dépenses ne relèvent pas des dépenses de campagne et ne peuvent donc pas faire l'objet d'un remboursement, plutôt que d'oublier de déclarer des dépenses qui sont effectivement des dépenses de campagne.

Prenons un exemple pour que chacun comprenne : si, pendant une campagne électorale, le candidat tient un stand avec une tonnelle pour une prise de parole publique, il doit valoriser dans le compte de campagne la tonnelle et même, s'il y en a, le papier crépon qui a servi à sa décoration ! La conception d'un compte de campagne, ce sont donc des allers et retours incessants entre la CNCCFP et le mandataire financier du candidat pour demander conseil, pour savoir si on déclare telle ou telle autre chose, si on doit procéder de telle ou telle autre manière, etc. Avec Jean-Luc Mélenchon, depuis toujours ou presque, c'est Marie-Pierre Oprandi qui s'occupe du trésor de guerre et des comptes. Tous les cadres autour de Jean-Luc Mélenchon connaissent cette femme formidable qu'est Marie-Pierre. Une gestionnaire hors pair, dont la Commission a régulièrement pu saluer le travail facilitant.

Que s'est-il donc passé pour que les comptes de campagne de Jean-Luc Mélenchon puissent être mis en cause par la justice, débouchant ainsi sur ces perquisitions spectaculaires ? Tout part d'un certain Jean-Guy de Chalvron. Ce monsieur était rapporteur pour la Commission des comptes, chargé de l'examen du compte de campagne du candidat Mélenchon. Il a prétendu y avoir repéré ce qu'il considérait être des irrégularités. Pourtant, les comptes de campagne de Jean-Luc Mélenchon avaient bien été validés par cette commission, sans aucune irrégularité. En désaccord avec cette décision, Jean-Guy de Chalvron en avait alors démissionné. Jean-Luc Mélenchon n'ayant rien à cacher, voyant que le désaccord au sein de la Commission persistait et refusant le traitement médiatique laissant penser qu'il y aurait le moindre problème avec ses comptes de campagne, demanda alors publiquement à la Commission de réexaminer intégralement ses comptes et de rendre l'ensemble des pièces de l'examen disponible au grand public. Cela n'a pas été fait. De Chalvron continuant à soutenir, malgré la validation de la Commission, qu'il y avait des irrégularités dans le compte de campagne de Jean-Luc Mélenchon, la Commission, par la voix de son président, monsieur François Logerot, a finalement décidé de faire un signalement, passant en quelque sorte la patate chaude à la justice.

Points de détails utiles : le premier, c'est que monsieur de Chalvron n'est pas un inconnu pour Jean-Luc Mélenchon et réciproquement. De Chalvron avait été le directeur de cabinet du ministre Louis Mexandeau avec lequel Jean-Luc Mélenchon avait eu un contentieux politique. Le second, c'est que l'année des perquisitions contre La France insoumise, en 2018, monsieur François Logerot, président de la CNCCFP, a obtenu du gouvernement d'Édouard Philippe une belle augmentation de salaire de... 52 %. Un détail, vous dis-je !

Il suffit pourtant de consacrer un peu de temps aux détails qui ne conviennent pas aux formats médiatiques pour comprendre la grossièreté des mises en cause contre les comptes de campagne de Jean-Luc Mélenchon et les soupçons de surfacturation. La campagne de Jean-Luc Mélenchon a-t-elle coûté cher ? Il est l'un des candidats dont la campagne a été la plus longue, seize mois, et la moins onéreuse. Elle aura coûté 10,6 millions d'euros.

Comparons aux principaux autres candidats et rapportons ce coût aux voix obtenues. Ainsi, la campagne d'Emmanuel Macron a coûté 16,7 millions d'euros soit 1,93 euro par voix. La campagne de Benoît Hamon, 15 millions d'euros soit 6,58 euros par voix. La campagne de François Fillon, 13,7 millions d'euros soit 1,91 euro par voix. La campagne de Marine Le Pen, 12,4 millions d'euros soit 1,62 euro par voix. La campagne de Jean-Luc Mélenchon, la plus longue, est la moins chère de ces candidats avec 10,6 millions d'euros soit 1,51 euro par voix. Malgré les difficultés à financer l'action politique, La France insoumise est d'ailleurs si bonne gestionnaire, qu'elle est aujourd'hui l'un des rares mouvements politiques à ne pas être endetté.

Il a beaucoup été dit que l'agence de communication de Jean-Luc Mélenchon, Mediascop, dirigée par Sophia Chikirou, aurait surfacturé ses prestations à la campagne. Non seulement il n'y a aucun soupçon d'enrichissement personnel, c'est important de le préciser, mais encore une fois, comparons : pour la campagne de Jean-Luc Mélenchon, Mediascop a produit 2 sites internet, 42 livrets thématiques, 14 modèles d'affiches, 38 modèles de tracts, 1 247 visuels ou images, 89 vidéos, 20 clips de campagne, 7 émissions, 34 réunions publiques et 2 meetings hologrammes. En conseil pour Emmanuel Macron, l'agence de communication Jésus & Gabriel a facturé 103 500 euros pour huit mois de campagne. En conseil pour Jean-Luc Mélenchon, Mediascop a facturé 80 000 euros pour seize mois de campagne. Pour un clip réalisé pour Emmanuel Macron, Jésus & Gabriel facture 152 297 euros. Pour 20 clips pour Jean-Luc Mélenchon, Mediascop facture 108 400 euros. S'il y a eu surfacturation des prestations de campagne pour Jean-Luc Mélenchon, comment doit-on qualifier la facturation chez Emmanuel Macron ?

Mais d'ailleurs, c'est vrai, ça : vous souvenez-vous que les comptes de campagne d'Emmanuel Macron ont, eux, fait l'objet d'un signalement pour irrégularités ? En effet, c'est le cas. Vous rappelez-vous des ristournes obtenues par le candidat Macron ? Quand ont eu lieu les perquisitions spectaculaires chez lui et ses proches ? On ne s'en souvient pas ! D'ailleurs, chez son ami Alexandre Benalla, avant de perquisitionner, on prévient. De même qu'au siège de la République en Marche, on a retrouvé une arme à feu. Cela n'a l'air d'émouvoir personne. L'affaire des comptes de campagne d'Emmanuel Macron a naturellement été classée sans suite. Alors qu'au siège de La France insoumise, c'est beaucoup plus tranquille, je vous assure. Il n'y a que des arguments, des affiches et des tracts !

On pourrait continuer longuement à aligner les arguments qui permettent d'affirmer sans sourciller que ces deux affaires bidon ont constitué un prétexte rêvé pour procéder aux opérations spectaculaires du 16 octobre 2018 afin de percuter de plein fouet l'ascension du premier opposant au pouvoir, sa formation politique et son entourage.

Alors, bien sûr, on peut toujours bêler en cadence jusqu'à tenter de s'en convaincre que « la justice est in-dé-pen-dan-te », il n'en reste pas moins que la justice n'est pas un bloc monolithique. Contrairement aux juges du siège, le parquet est, lui, directement lié à l'exécutif. Qui peut raisonnablement croire qu'une opération d'une telle ampleur contre le premier opposant politique du président de la République puisse être exécutée sans que le plus haut niveau de l'État n'en soit informé ? Un peu de sérieux ! On peut faire semblant de croire à un système vertueux, indépendant, pour entretenir ses croyances. On peut aussi voir les choses avec un peu de lucidité, constater assez simplement les connexions, les effets de système, les parcours des uns et des autres, les réseaux d'anciens socialistes autour de l'ancienne garde des Sceaux, madame Belloubet, et de madame Champrenault, la procureure générale, sans faire insulte à la justice. De la même manière, on peut apprécier les multiples manquements à la procédure, les violations multiples du secret de l'instruction quand les pièces du dossier, jusqu'aux PV d'auditions, fuitent dans la presse avant même que les mis en cause n'aient accès au dossier ! Assez d'hypocrisie. Il ne faut pas nous prendre que pour des imbéciles. Alors soyons précis et direct : nous affirmons qu'il y a un usage politique des moyens de justice. Cela porte un nom. Ça s'appelle le *lawfare*.

Le *lawfare*, c'est l'instrumentalisation de la justice pour éliminer les concurrents politiques. Le cas le plus emblématique étant celui de Lula da Silva, ex-président du Brésil, qui a fait de la prison avant d'être réhabilité. Il ne s'agit pas de mettre une équivalence entre les peines subies, mais de dénoncer la tactique mise en œuvre pour éliminer des concurrents. D'une certaine manière, le traitement judiciaire répressif des militants, comme des Gilets jaunes, participe de cette guerre judiciaire contre des opposants. Et la condamnation médiatique pèse lourd. Un an après les perquisitions contre La France insoumise, dans une tribune publiée dans *Libération*, Yazid Ben Hounet, chargé de recherche au CNRS au laboratoire d'anthropologie sociale de Paris résumait les choses en ces termes[1] :

« En condamnant médiatiquement La France insoumise et Jean-Luc Mélenchon, alors que sur le fond il n'y a même pas de mise en examen, une bonne partie des médias contribue depuis près d'un an à rendre le contexte défavorable à une justice sereine. Et, compte tenu de ces circonstances, on ne peut reprocher à Jean-Luc Mélenchon et La France insoumise de faire valoir leurs droits mais aussi de tenter de rétablir leurs réputations en dénonçant une instrumentalisation de la justice à des fins politiques. »

1. « "Lawfare" : pourquoi il faut prendre Jean-Luc Mélenchon au sérieux ? », *Libération*, 24 septembre 2019.

Le but du *lawfare* est de vous abattre politiquement ou de vous faire céder sous la pression des procédures judiciaires et des multiples frais qu'elles engagent. En Amérique latine, des responsables politiques se voient ainsi couverts d'amendes qu'une vie entière ne suffirait pas à régler.

Même si le rouleau compresseur médiatique, judiciaire, ainsi que tous les frais de procédure et d'avocats qu'il engendre, peut faire renoncer beaucoup de monde, ce n'est pas le genre de la maison Mélenchon que de baisser les yeux. En insoumis, ce matin du 16 octobre 2018, Jean-Luc Mélenchon ne les baissera pas. Il se défendra contre cette offensive politique :

« Ces gens-là sont donc au service d'une plaisanterie du Front national. Quant aux comptes de campagne, ras-le-bol des comptes de campagne ! Nous avons été parfaitement clairs et donc maintenant je demande que l'on refasse tous les comptes de campagne et je demande si on va faire des perquisitions dans le bureau du président de la République, monsieur Macron, parce que lui aussi il a un signalement. Nous allons vous le faire payer politiquement. Je demande aux gens qui m'écoutent de raconter partout ce qu'il se passe, de montrer ces images. On va me dire que je dois me soumettre à la loi comme les autres, bien sûr que je me soumets à la loi mais j'ai le droit aussi de protester et c'est ce que je suis en train de faire. Ne laissez pas une seule seconde croire qu'on puisse nous intimider. »

Chacun peut juger sur pièce mais ces mots sont bel et bien ceux d'un dirigeant politique qui ne cède pas, qui assume et qui rend des comptes autant qu'il rend les coups qu'on lui porte injustement.

C'est juste après cette séquence du *live* Facebook que j'arrive chez lui ce matin-là. J'y entre tout naturellement et la police ne s'oppose absolument pas à ma présence dans le domicile perquisitionné. Au contraire, on m'y accueille convenablement. Cela a son importance pour la suite. Aux quatre coins de son appartement, les policiers fouillent tout, jusque dans les placards à vêtements, comme quand on cherche de la drogue ou des armes chez des trafiquants. Avec des clés USB, ils aspirent tout le contenu des supports informatiques, jusqu'aux photos privées de vacances. Je mesure à cet instant jusqu'à quel point l'engagement politique peut être sacrificiel dans pareilles conditions.

Après quelques minutes de discussion avec Jean-Luc Mélenchon et Younous Omarjee, je décide de me rendre au siège de La France insoumise, à quelques centaines de mètres de là. En chemin, je retrouve plusieurs collègues parlementaires. Nous savons qu'à l'intérieur du siège perquisitionné se trouvent deux de nos collègues, Alexis Corbière et Ugo Bernalicis, qui ont pu y entrer sans aucune difficulté alors que la perquisition était déjà commencée.

Étonnamment, lorsque nous arrivons devant le hall de l'immeuble au 43, rue de Dunkerque, des policiers sont postés devant la porte et s'opposent à notre entrée dans les lieux. Pourquoi ce traitement différent de mon accueil cordial au domicile de Jean-Luc Mélenchon en pleine perquisition ? Mais surtout pourquoi ne pourrions-nous pas entrer dans un lieu dans lequel nous travaillons alors que deux de nos homologues ont pu y entrer plus tôt, alors que la perquisition était déjà commencée, sans la moindre difficulté ? Sont-ce les *live* Facebook de Jean-Luc Mélenchon et l'affirmation d'une combativité politique qui auraient fait changer d'avis la police ? Croyaient-ils tous que nous allions gentiment laisser ces opérations spectaculaires se dérouler sans protester et sans faire valoir nos droits ?

Car pour nous, il ne s'agissait que de cela. Aucunement de nous opposer à la perquisition. Ce n'était ni dans nos moyens, ni dans nos intentions. Il s'agissait de faire valoir notre droit de parlementaire à circuler librement et à ce que la perquisition se déroule normalement, en notre présence. Cela nous a été refusé sans raison. Après quelques minutes de discussion, les policiers nous laissèrent finalement pénétrer dans le hall de l'immeuble mais ils s'opposaient à notre ascension au premier étage qui mène au siège. Devant notre insistance sur la même base argumentaire, ils cédèrent et nous laissèrent monter. Ultime étape, ils nous bloquaient devant la porte du siège. Moment de tâtonnement et de frustration.

Depuis quelques minutes et sans que nous y ayons spécialement porté attention, une caméra du magazine *Quotidien* était présente. Elle filmait toute la scène depuis notre entrée dans le hall. À la télévision vous n'en avez vu que quelques secondes en boucle pendant des mois. L'ensemble du plan séquence de 40 minutes ne produit pourtant pas le même effet que les quelques secondes de « la République, c'est moi ! », devenues cultes. Ce moment court est celui que toute la France a vu, revu, et re-revu et, qu'à n'en pas douter, elle reverra et re-reverra avec le plus grand bonheur des éditorialistes pendant la campagne présidentielle de 2022.

Passablement énervé par le sort réservé à l'ensemble de ces assistants et anciens assistants perquisitionnés au milieu de leurs familles aux quatre coins du pays et certain de l'injustice en cours, Jean-Luc Mélenchon nous rejoint finalement au premier étage, devant la porte :

« Allez, entrez ! C'est pas de la justice, c'est pas de la police tout ça ! C'est un coup politique. C'est pas l'État républicain. Vous appliquez des ordres qui sont immoraux. Enfoncez-moi cette porte ! On va voir si on va m'empêcher d'entrer dans mon local. On n'est pas des voyous. On n'est pas des bandits. Allez faire votre métier de policier ! Pas faire ça ! Vous êtes au service de gens qui dénoncent n'importe qui et n'importe quoi ! Vous êtes des policiers républicains. Vous n'êtes pas Benalla ! Au nom de quoi vous m'empêchez d'entrer dans mon local ? Qui vous a donné cet ordre ? Je suis un parlementaire. La République, c'est moi ! »

Évidemment, sorties de leur contexte et sans les explications, on voit sur ces images des parlementaires s'insurger contre des policiers. Contexte pris en compte et nuance acceptée, peut-être est-il possible d'y voir simplement des gens dévoués à une cause, un combat politique, résister à ce qu'ils considèrent être une profonde injustice.

Encore une fois, je veux rappeler qu'il ne s'agissait nullement d'empêcher la perquisition. Mais rien ne justifiait que nous ne puissions pas être présents dans les locaux pendant que celle-ci se déroulait. Indigné par le sort qui nous était alors réservé, Jean-Luc Mélenchon avait en tête la multiplicité des perquisitions en cours qui touchaient ses actuels et anciens collaborateurs jusqu'au cœur de leurs familles. Mais surtout, il se savait garant du mouvement et d'un fichier de centaines de milliers de personnes qui se trouve à l'intérieur du siège.

La phrase « La République, c'est moi » exprime autrement ce qu'il venait de dire plus tôt : « Je suis parlementaire, vous appliquez des ordres immoraux et injustes. » D'autant que le policier, pour seule réponse, venait de lui signifier qu'il était armé. Malgré le feu de l'action, on entend aussi Jean-Luc Mélenchon nous dire « ne les poussez pas » ou encore, au policier qui lui dit « il y a mon arme », il répond « votre arme, je ne vais pas vous la prendre ! ». Lorsque, de l'autre côté du palier, la deuxième porte finit par s'ouvrir et que nous nous engouffrons à l'intérieur, on voit Jean-Luc Mélenchon sur les images, rester auprès des deux policiers auxquels il vient de faire face avec un mot sympathique et rassurant. Évidemment, cette séquence ne sera pas montrée en boucle à la télévision. Pas plus d'ailleurs que de nombreuses autres, filmées aussi après la scène tumultueuse de notre entrée dans les lieux.

Pourtant, certaines séquences mériteraient davantage d'attention que « La République, c'est moi » pour qui s'intéresse au fond du dossier et ne se fiche pas de savoir si toute cette opération était justifiée ou pas. Ainsi, par exemple, quand Jean-Luc Mélenchon donne consigne aux militants du siège : « Il faut tout leur donner, on n'a rien à cacher. » De même, après que les policiers ont décidé d'interrompre la perquisition et de repartir avec des sacs pleins sans dresser le moindre procès-verbal, il leur dit : « Faites votre métier, on respecte la police, on respecte la justice, vous perquisitionnez si vous voulez mais nous on est là et on regarde. » En connaisseur des pratiques du *lawfare*, il craignait aussi que des pièces soient rapportées. Il sait qu'on ne déploie pas une telle opération pour ne pas aboutir.

Après le départ des policiers et des journalistes qui avaient été témoins de la scène, avant que Jean-Luc Mélenchon n'aille parler à la presse sur le trottoir devant le siège, nous faisions le point dans une petite salle de réunion. Le calme revenu plus tard dans la matinée, je me souviens d'un moment d'échange avec lui, dans son bureau. Je lui dis que je recevais des invitations médiatiques et que j'avais la ferme intention de monter en première ligne pour contribuer à diffuser nos explications.

Je me souviendrai toujours de ce moment où il m'a regardé droit dans les yeux en me disant : « Adrien, n'hésite pas. Vas-y franchement ! Si nous avions quoi que ce soit à nous reprocher, je ne te laisserai pas aller de l'avant comme tu proposes de le faire. Je ne vous mettrai pas en danger. C'est de la politique. Ils veulent s'attaquer à nous judiciairement. Nous allons leur faire payer politiquement. »

L'autre chose qu'il me confia immédiatement, est qu'il avait commis une « erreur d'évaluation ». « Tu sais que je ne laisse jamais rien au hasard. Mon indignation tout à l'heure, ma colère n'étaient pas feintes. Mais j'ai commis une erreur d'évaluation. J'étais persuadé, absolument persuadé, que tous viendraient nous soutenir. » Les militants de La France insoumise ayant répondu présents en soutien devant le siège, je voyais mal de qui il voulait parler. Je le lui fis remarquer. « Mais tous ! Toute la gauche, du PS au NPA sans exception, et pourquoi pas la droite. Tu imagines ? Une centaine de policiers ! Pour ça ! Contre un groupe parlementaire d'opposition ! »

Il me montra alors des images que je n'avais jamais vues, autrement plus violentes, de l'intervention policière contre le Parti socialiste et Radio riposte en 1979. On y voit des élus, dont il n'a jamais été dit que cette scène les empêcherait de gouverner, en confrontation physique avec la police. Il me rappela aussi que François Mitterrand lui-même, accompagné d'Edmond Maire, était allé défendre Alain Krivine et la Ligue communiste révolutionnaire qui faisait l'objet d'une dissolution après l'attaque au cocktail Molotov lors d'un meeting d'extrême droite. Effectivement, nous étions dans un tout autre temps. À gauche, ce matin-là, plutôt que de venir nous soutenir, d'aucuns devaient surtout se réjouir de voir un concurrent bien accroché, touché et potentiellement affaibli. Comme si Jean-Luc Mélenchon était interchangeable avec tous les autres. L'après-midi, il utilisa l'une des questions au gouvernement du groupe à l'Assemblée nationale pour s'indigner de l'opération du matin. Le soir même, j'étais sur le plateau de France 5 pour défendre nos arguments et dire notre indignation.

Les jours suivants, la presse titrait des choses toutes plus folles les unes que les autres. J'avais l'impression de m'être engagé dans une mafia ! C'était insupportable. Comme cette une du journal *Libération* sur « le système Mélenchon », telle une mauvaise enquête de Julie Lescaut, ou ces investigations de ladite cellule de Radio France. Je n'hésitais donc pas. On ne court pas se cacher pendant la tempête. Il fallait aller au-devant. Pendant plusieurs semaines, j'enchaînais les plateaux de télé et les conférences de presse à ses côtés. Je faisais de mon mieux et sans ménagement, parce qu'il le fallait. C'était ma contribution pendant ces longues semaines durant lesquelles mes camarades et amis, assistants parlementaires de Jean-Luc Mélenchon, avaient à subir des auditions toutes plus longues et extravagantes les unes que les autres.

Pour ne citer qu'un exemple illustrant le caractère absurde des questions posées, Antoine Léaument, le *community manager* de Jean-Luc Mélenchon, me raconta qu'un policier lui avait demandé comment il savait, quand il faisait un tweet, si ce tweet concernait Jean-Luc Mélenchon député européen ou Jean-Luc Mélenchon chef de parti ! La même question en substance fut posée à sa cheffe de cabinet, Élisa Mammar à propos du courrier reçu. Comme si la personne d'un responsable politique élu était sécable ! Comme si des assistants parlementaires étaient des fonctionnaires qui ne font pas de politique ! Comment les policiers du service chargé d'affaires financières sérieuses ont-ils pu être à leur aise en recevant ces profils de militants et d'assistants élèves-modèles ? Quel gâchis ! Notre riposte était engagée. Sophia Chikirou, elle-même, factures à la main, fut époustouflante face à Ruth Elkrief sur BFMTV.

Mais il faut bien voir que, quand la machine est enclenchée, vous pouvez vous user à la tâche, vous vous battez à la petite cuillère contre des bulldozers. Dans le marathon médiatique que j'entrepris pour défendre Jean-Luc Mélenchon et mes camarades mis en cause, une occasion inespérée se présenta. Un mercredi matin, alors que je devais reprendre le train pour Lille à la mi-journée, on me proposa un face-à-face sur LCI avec Jean-Guy de Chalvron, celui-là même dont les accusations concernant les comptes de campagne de Jean-Luc Mélenchon avaient été à l'origine des perquisitions. J'étais fin prêt et ravi d'avoir cette occasion. J'acceptais avec plaisir et reportais mon retour à Lille pour me rendre sur le plateau de LCI. Nous allions avoir l'occasion d'une confrontation argumentée et les Français pourraient en être témoins.

Arrivé dans les studios de LCI, on m'apprit que Jean-Guy de Chalvron refusait finalement le débat avec moi. Prétexte :

comme parlementaire aguerri à l'exercice médiatique, j'allais vouloir « l'écrabouiller » et cela ne serait pas constructif, avait-il dit. J'avais pourtant simplement l'intention de ne pas le laisser se balader tranquillement à accuser Jean-Luc Mélenchon comme il le faisait à longueur d'antennes sans contradiction. Je lui fis passer le message que le débat serait respectueux, même s'il m'en coûtait, mais il refusa même de venir me saluer. Il a donc eu sa petite séquence habituelle, puis je vins sur le plateau pour répondre à chacune de ses accusations. Déçu qu'il se soit défilé. Pour moi, c'était un aveu.

Nous avons déployé beaucoup d'énergie dans cette bataille visant à réhabiliter notre honneur pendant que *Quotidien* diffusait chaque soir une séquence de dix secondes. Des écrits, des tribunes internationales contre le *lawfare*, un documentaire et une tournée de diffusions suivies de débats. Jean-Luc Mélenchon en a même écrit un livre, *Et ainsi de suite (un procès politique en France)*. Avons-nous eu tort de le faire alors que beaucoup d'autres formations politiques mises en cause, de façon justifiée ou non, font le dos rond en attendant que ça passe ? Nous sommes insoumis. On ne fait pas le dos rond face à l'injustice. Cette bataille contre le *lawfare* est éminemment politique. Il ne s'agit pas seulement de nous mais de tous ceux qui auraient à subir le même traitement sans les moyens de riposte dont nous disposons. Prenons les paris : le feuilleton reprendra pendant la campagne présidentielle de 2022. Prêts à revoir les images si nous grimpons fort dans les sondages ?

Le clou du spectacle fut le procès de Bobigny en septembre 2019. Ce procès ne concernait en rien le fond de l'affaire. Pourtant, de nombreux médias jouaient de la confusion en laissant entendre qu'il y aurait un lien entre les affaires à l'origine des perquisitions et le procès de Bobigny. En fait, non. Le procès de Bobigny concernait la confrontation avec les policiers au siège de La France insoumise. « Actes d'intimidation contre l'autorité judiciaire, rébellion et provocation ». 2 000 euros d'amende pour l'attachée de presse du mouvement, Muriel Rozenfeld ; 8 000 euros pour les députés Bastien Lachaud et Manuel Bompard ainsi que pour le conseiller d'État Bernard Pignerol. Jean-Luc Mélenchon écopa d'une réquisition de peine de prison : trois mois avec sursis et 8 000 euros d'amende. Estampillé « rebelle officiel ».

À la défense des policiers « choqués », à qui la scène avait paraît-il fait faire des « cauchemars » qui justifiaient tout ce cirque, un ténor du barreau. Un certain Éric Dupond-Moretti. L'État avait donc voulu mettre le paquet. Les militants de La France insoumise étaient venus en nombre pendant ces deux jours dont on se souviendra longtemps. Ils avaient toutes sortes de pancartes contre le *lawfare*. Même au tribunal, nous faisions campagne contre cette mascarade. S'il est un procès dont il m'aurait bien plu qu'il soit filmé comme le souhaite l'actuel ministre de la Justice, c'est bien celui-là. L'arrogance et la suffisance de Dupond-Moretti ne faisaient tellement pas le poids à côté des arguments et l'intervention d'une force et d'une dignité incroyable que réalisa Jean-Luc Mélenchon à la barre.

Venu soutenir Mélenchon dans la salle, Pierre Joxe, l'ancien ministre de l'Intérieur de Mitterrand. Quand Jean-Luc s'est rendu compte de la présence de Joxe dans la salle, il était très ému. Il n'avait pas été prévenu. C'était un acte de soutien spontané. Le spectacle terminé et mes camarades condamnés, à l'extérieur, Dupond-Moretti adoptait un ton plus sympathique lorsque nous échangions quelques mots avec lui, Raquel Garrido, elle-même avocate, et Alexis Corbière. Celui qui jurait n'avoir « aucun lien avec le pouvoir » serait bientôt ministre de la Justice puis mis en examen lui-même, pour « prise illégale d'intérêts ».

Trois ans après ces perquisitions, le pot aux roses se révèle. Les chefs d'accusation d'escroquerie aggravée, d'abus de confiance et de financement illégal de campagne utilisés pour nous salir ont tous été écartés. Qui le sait ? Pourquoi cela n'a-t-il pas fait la une ? Seul le motif farfelu de prêt illicite de main-d'œuvre a été retenu pour sauver les apparences d'un dossier totalement vide après un acharnement judiciaire hors du commun. Nous contestons également ce motif jamais utilisé dans le cadre d'une campagne présidentielle. L'association mise en cause était tenue de facturer toutes ses prestations au prix de marché. Dans le cas contraire, on nous aurait reproché la sous-facturation, ce qui constitue un don illicite de personne morale.

Notre indignation était donc légitime. Pourtant, cette histoire ressort régulièrement, tel un feuilleton, pour disqualifier celui qui, ce jour-là, a assumé de prendre sur lui la foudre pour défendre notre mouvement politique. Le serpent se mord la queue. Si vous n'avez rien à vous reprocher, comment accepter un tel traitement contre un mouvement politique d'opposition ? Mais si vous protestez, on vous reprochera de l'avoir fait. Ainsi la perquisition au siège du mouvement sert aujourd'hui de carte joker de confort à celles et ceux qui rêvent d'éliminer Jean-Luc Mélenchon, mais qui n'ont jamais d'arguments suffisamment percutants pour le faire.

Dans l'opinion, c'est assez partagé. Il y a ceux pour qui la réaction de Jean-Luc Mélenchon était justifiée et démontre une capacité de résistance à l'injustice. Il y a ceux pour qui parler fort à un policier, malgré les arguments de fond et le refus incompréhensible de nous permettre d'accéder aux locaux, c'est déjà trop. À ces derniers, je recommande d'aller visionner un instant les images de la confrontation entre les socialistes et la police de 1979. Dans votre moteur de recherche, tapez : « Radio riposte ». Attention, âmes sensibles s'abstenir ! Mélenchon à côté de Fabius et ses camarades d'alors, c'est petits bras ! Pourtant, deux ans après, en 1981, ils gouvernaient ! Dans la même tribune à *Libé* en septembre 2019, Yazid Ben Hounet interrogeait :

« Près d'une année après les perquisitions, qu'avons-nous donc appris, à l'exception que la colère est humaine et que Jean-Luc

Mélenchon appartient à cette espèce ? Sur le fond : rien ! Nous ne savons toujours pas quelles sont les raisons valables ayant justifié un tel déploiement, ni qui a ordonné et coordonné ces dizaines de perquisitions se déroulant simultanément dans plusieurs régions. Nous ne savons toujours pas quel est le fondement ayant motivé la décision du juge des libertés et de la détention d'autoriser des perquisitions dans leurs formes garantissant le moins de droit aux citoyens et personnes morales ciblés – ce qui est assez délicat pour un parti et mouvement d'opposition. Nous ne savons pas non plus quels sont les éléments perquisitionnés et quel usage il en a été fait. Amis journalistes et chercheurs en sciences sociales, voilà donc de bons sujets d'enquête ! Des sujets importants pour qui s'intéresse à la question démocratique et au bon usage de la justice. »

Pas mieux.

Après l'épisode des perquisitions, nous n'avions pas l'intention de nous cacher. Il nous fallait rapidement un événement pour rebondir et vérifier le soutien que nous percevions chez nos sympathisants. Comme à chaque grande étape précédente, c'est par Lille que passa une nouvelle fois la solution. Je proposais à Jean-Luc Mélenchon de tenir au plus vite un meeting. Le théâtre Sébastopol de Lille était réservé pour le 30 octobre, moins de quinze jours après les perquisitions. Thème choisi pour le meeting : l'évasion fiscale.

Le jour J, le théâtre était plein à craquer et, une nouvelle fois, dans la file d'attente qui courait jusque loin dans la rue devant le théâtre, tout le monde n'avait pas pu rentrer. On avait l'impression d'être une veille d'élections. La ferveur était grande. Celles et ceux qui avaient fait le déplacement étaient venus participer à un moment de communion. Non seulement il était important de se regrouper à ce moment précis, mais il s'agissait aussi de témoigner confiance et affection envers notre leader après les événements récents. C'est ce qu'étaient venus faire bon nombre de militants. La salle était très chaude.

Avant que le meeting ne commence, un micro circula et on demanda aux participants pourquoi ils avaient fait le déplacement ce mardi soir. La première intervention confirma l'impression : « Je suis particulièrement ravie d'être ici à Lille avec Jean-Luc Mélenchon ce soir. J'ai été profondément choquée par la façon dont se sont déroulées les perquisitions il y a quinze jours. Je l'ai vécu comme une attaque politique de notre mouvement. Je suis aussi ici ce soir pour réaffirmer que Jean-Luc Mélenchon, c'est notre porte-parole et qu'avec lui nous allons aller de l'avant et nous allons enfin ce soir refaire de la politique. » Applaudissements à tout rompre ponctués de « Résistance ! » Après une brève intervention d'Ugo Bernalicis, de moi-même et de chacune de nos suppléantes, le théâtre Sébastopol accueillait Jean-Luc Mélenchon, visiblement ému à son arrivée sur scène sous les applaudissements.

« Merci à vous tous ! Vous imaginez tout ce que votre accueil m'apporte après ces quinze jours passés sous l'outrage et l'offense permanente. J'ai incarné notre cause commune. J'ai défendu ce que nous sommes. Entouré de la chaleur de mes amis. Notre principale force. Et quoi qu'il en soit, parce que nous croyons en la démocratie, seulement à la démocratie, dans les luttes sociales, écologiques, mais avec des bulletins de vote, nous allons, vaille que vaille, régler nos comptes. Ces comptes, ce ne sont pas ceux d'un parti. Ce ne sont même pas ceux d'un mouvement. Ce sont ceux d'un peuple, maltraité, humilié, appauvri, ridiculisé, insulté par celui qui est censé le représenter. Nous le faisons avec sérieux, discipline dans l'action. »

Il ne reviendra sur le sujet qu'après plus d'une heure d'un discours consacré, comme prévu, aux 100 milliards de fraude et d'évasion fiscale qui minent la France.

« Macron a créé une police fiscale avec 50 agents. Eh ! Deux fois moins que de policiers mobilisés pour nous perquisitionner ! » Hilarité dans la salle. « L'Office central de lutte contre la corruption et les infractions financières et fiscales. Dans cet office, il y a 281 perquisitions par an pour 300 enquêtes. Ça veut dire qu'il y a moins d'une perquisition par enquête. Et ça c'est une moyenne parce que depuis mardi dernier, à moi tout seul, j'en ai 11 de perquisitions ! Ils n'avaient rien d'autre à faire ? Si, parce que même eux ils faisaient la gueule, parce que ça ne leur plaît pas de faire de la politique. Ça ne leur plaît pas d'être instrumentalisés pour aller au domicile de 11 personnes dont au moins 10 ne savaient même pas ce qui leur arrivait. Ça ne leur plaît pas de faire ça. Les fonctionnaires de la justice, les fonctionnaires de la police, ça ne leur plaît pas de faire de la politique. Eux, ils font ce boulot parce qu'ils croient que leur mission, c'est de courir après les voleurs. Pas après les militants politiques et pas après le principal parti d'opposition dans ce pays. [...] Cette impasse démocratique vient de franchir une étape. Après la criminalisation de l'action syndicale, après la criminalisation de l'action écologique, maintenant on vient de passer à la criminalisation de l'action politique, parlementaire. Quelle que soit la détestation que l'on puisse avoir de moi et des 17 parlementaires de La France insoumise, quoi qu'on pense de nous, il est inacceptable que l'on soit soumis au régime qui n'est appliqué qu'au grand banditisme et au terrorisme, parce que nous ne sommes ni des terroristes, ni des bandits, ni des voyous ! Nous sommes des militants, des citoyens engagés ! Je suis le président d'un groupe parlementaire ! »

Puis, il revient sur les arguments de fond à propos du fait générateur des perquisitions, ces dénonciations sans fondement.

« Je n'ai jamais demandé à être au-dessus des lois. Je me soumets à la loi. D'ailleurs, je me tenais tranquille pendant cette perquisition aussi longtemps que je croyais qu'il ne s'agissait que de moi.

C'est quand j'ai compris que les autres étaient perquisitionnés, que trois sièges politiques étaient perquisitionnés, qu'on nous a pris tous les disques durs du siège du Parti de gauche, c'est-à-dire que tous nos fichiers d'adhérents étaient menacés. Voilà pourquoi je n'ai pas voulu qu'on puisse en faire autant au mouvement La France insoumise, que je puisse être témoin et dire "ça je vous ne le permets pas". On ne voulait pas que je rentre. C'est vous que j'ai défendus ce jour-là. Votre droit à l'anonymat. Alors oui, après, on peut faire tourner en boucle pendant des jours et des jours les quarante secondes où il faut bien parler fort pour se faire entendre et obtenir le résultat. C'est une persécution politique. Nous ne sommes coupables de rien. Il n'y a pas un fait contre nous. Il y a deux dénonciations et une meute qui s'est jetée sur nous avec un plaisir, une joie glapissante, qui fait tout de suite sentir le milieu social d'où elle vient. Vous avez peut-être connu ça dans votre vie, si vous avez été syndicaliste ou associatif ou si un jour dans votre vie, vous avez défendu quelque chose. Vous les connaissez, ces remarques. Sur vous les filles : "Ah ! calme-toi ! Arrête ! Tu es une hystérique". Et vous autres, les hommes : "Ah t'es pas capable de faire autre chose, tu ne veux pas la fermer !" On a tous connu ça. C'est ça qu'on m'a fait. Peine perdue ! Nous ne baisserons pas les yeux. Personne ne nous les fera baisser. Jamais ! Je demande la restitution de tous les documents qui n'ont pas de rapport avec les dénonciations contre nous. Parce que je n'ai pas confiance. Parce que 24 heures après, il y avait déjà des PV d'audition que moi je n'ai même pas pu lire, dans la presse. La justice ferait bien de se demander pourquoi ça circule alors que c'est un interdit de les faire circuler. Est-ce qu'il y a des gens corrompus qui reçoivent de l'argent pour donner ces informations ? Heureusement, nous avons une presse libre qui a compris quel était l'enjeu. Que ce n'était pas ma colère, mais le fond du problème qui importait », ajouta-t-il plein d'ironie.

« Je suis avec vous depuis une heure, je n'arrive plus à arrêter tellement ça me recharge les batteries. » C'était l'un des objectifs inavoués de cette opération et cela avait fonctionné. Nous sortions de ce meeting pleinement rassurés : certes, ils nous avaient touchés. Mais sûrement pas coulés.

11

Même si Macron ne veut pas, nous on est là !

L'affaire Benalla, ce proche du Président chargé de sa sécurité qui avait violenté des manifestants à Paris alors qu'il portait un uniforme de police pour une mission d'« observation », avait été un franchissement de seuil. Dès lors, Emmanuel Macron n'était plus seulement le président des riches qui casse le Code du travail, supprime l'impôt de solidarité sur la fortune et instaure la *flat-tax*. Il était aussi le monarque, se croyant au-dessus de tout, tout permis, tout-puissant : « S'ils veulent un responsable, il est devant vous, qu'ils viennent le chercher ! », avait-il déclaré en pleine tempête, l'air halluciné devant un parterre de parlementaires supporters.

« On vient te chercher chez toi », cela allait bientôt devenir une chanson tournée contre lui. Tout pour les riches mais dans le même temps, la hausse de la CSG pour les retraités, les 5 euros d'APL retirés aux plus pauvres et la hausse des tarifs de l'énergie et des complémentaires santé pour tous. Le tout couronné par ces phrases, tout en mépris, sur « ceux qui ne sont rien » avant « les Gaulois réfractaires » ou « la meilleure façon de se payer un costard, c'est de travailler » et d'ailleurs « je traverse la rue, je vous trouve un emploi » ! Cela commençait à faire vraiment beaucoup. L'équilibre était déjà fragile lorsqu'il décida d'augmenter les tarifs du carburant. Motif invoqué : l'écologie. La hausse des tarifs dissuaderait de choisir la voiture individuelle ! Ce ne fut donc pas la goutte d'eau mais bien celle de carburant qui fit déborder le vase.

Quinze jours après les perquisitions au siège de La France insoumise, le meeting du théâtre Sébastopol à Lille fut aussi la toute première expression politique de Jean-Luc Mélenchon à propos du mouvement naissant des Gilets jaunes, dont le premier rassemblement était appelé quelques jours plus tard :

« Il faut que je vous dise quelque chose qui nous a bien occupés à discuter ce matin au groupe parlementaire. Vous savez que les carburants et le fioul ont augmenté considérablement. Ce sont des dépenses qui interviennent au milieu d'un paquet d'autres. Le gaz, l'électricité. Le gaz, vous vous rappelez ? Ils l'ont privatisé. "Jamais le gaz de France ne sera privatisé", avait pourtant dit monsieur Sarkozy. Mais ils l'ont fait quand même et depuis le gaz a augmenté de 50 % ! Vous êtes contents ? Grâce à la privatisation, les énergies sont libérées ! La compétitivité est accrue et la concurrence fait baisser les prix ! », dit-il plein d'ironie avant de clarifier : « La privatisation coûte toujours plus cher que le bien public et que le monopole. Car l'actionnaire privé, il faut bien rémunérer le risque qu'il prend en libérant son énergie ! Donc ça vous coûte forcément plus cher. »

Puis il en vint aux prémices du mouvement des Gilets jaunes :

« Alors, au milieu de tout ça, que voulez-vous que fassent les pauvres gens ? Ils essaient de faire face. C'est tout ce qu'ils font. Ils ne voient pas par où attraper le problème. Et un jour, vous ne pouvez pas savoir où, vous ne pouvez pas savoir quand, il y a quelqu'un qui se fâche vraiment et ça met en mouvement un tas d'autres et ce tas d'autres en entraîne encore un tas d'autres. Et c'est ce qu'il se passe. Il y a des gens qui disent : "Écoutez, moi je gagne un SMIC. Votre histoire, c'est 100 euros ou 150 euros de plus par mois. Vous me dites 'si j'augmente le prix du carburant, on utilisera moins de carburant'. Mais qui utilisera moins de carburant ? Vous allez rapprocher l'école de ma maison ? Je vais pouvoir aller au centre commercial comment ? Vous allez m'y emmener et me ramener ? En transports collectifs ? Il n'y en a pas !" Dans ce cas, que se passe-t-il ? Les gens vont réduire d'autres postes de consommation et une injustice va en entraîner d'autres. Comme je dois payer l'essence et que je veux payer l'électricité, peut-être que je ne vais pas payer ma note de gaz. 540 000 coupures de gaz l'année dernière ! 15 % des Français qui ont eu froid pendant l'hiver ! 130 000 personnes à qui on a coupé l'eau ! C'est interdit de le faire, mais ils le font quand même. Ah, ils ne vous la coupent pas : il vous coule des petites gouttes pendant des heures. Voilà comment ils maltraitent les pauvres gens. »

Cette histoire de prix du carburant, l'élément déclencheur du mouvement des Gilets jaunes, correspond exactement à l'événement fortuit décrit dans le livre *L'Ère du peuple*. Jean-Luc Mélenchon y rappelle que les révolutions ne se déclenchent jamais par idéologie ou par l'action d'un parti d'avant-garde. C'est toujours, en premier lieu, un événement, un grain de sable qui fait dévaler la pente. Le plus souvent, c'est une question d'accès à un réseau essentiel qui soulève le peuple ainsi qu'on a pu le vérifier dans la plupart des révolutions citoyennes contemporaines à travers le monde.

Alors qu'à elles seules et prises séparément, quatre entreprises françaises, dont Total et trois grandes banques qui investissent dans les énergies fossiles, ont un bilan carbone supérieur à l'ensemble du pays, Emmanuel Macron avait décidé de faire de l'écologie en augmentant le prix du carburant pour tous ! On peut rappeler aussi par la même occasion qu'un vol sur dix au départ de la France est un jet privé, qu'en France les 10 % les plus riches polluent 40 fois plus que les 10 % les plus pauvres, ou que 20 entreprises produisent 55 % des déchets plastiques du monde. Oui, ce sont d'abord les riches et les grandes entreprises qui détruisent la planète. Le dire, c'est simplement établir un fait.

Ainsi, lorsque vous n'avez pas d'autre choix que votre voiture individuelle pour vous déplacer, emmener vos enfants à l'école, aller faire les courses et travailler, le prix peut bien augmenter, vous ne renoncerez pas pour autant à vos déplacements. Vous paierez parce que vous n'avez pas le choix, et vous rognerez sur d'autres postes de dépenses et prioritairement les loisirs. Cette écologie-là, injuste, qui culpabilise et pénalise le consommateur à qui la publicité fait pourtant de multiples injonctions contradictoires, est à bannir. Nous devons au contraire instaurer l'écologie populaire, liée à la question sociale et nécessitant une meilleure répartition de la richesse produite. Par exemple, augmenter les salaires, c'est aussi permettre des consommations et une alimentation de meilleure qualité. Plutôt que d'imaginer le changement par la consommation et le fameux « pouvoir du consommateur » qui est d'abord réservé à ceux qui en ont le plus les moyens, il faut le réaliser par la production. Plutôt que de demander au consommateur de bien choisir les produits qu'il achète, il faut dissuader les entreprises de produire et de faire de la publicité pour les mauvais !

Cette hausse du prix du carburant était totalement inacceptable. Elle fut donc l'élément déclencheur de la colère de cette France silencieuse. Celle qui ne parvient pas à joindre les deux bouts, souvent malgré son travail. Le mouvement des Gilets jaunes est essentiellement un mouvement de travailleurs pauvres et de gens en recherche d'emploi, subissant les premiers l'affaiblissement de l'État et de ses services publics, en particulier dans les zones rurales. Cette France des délaissés a donc choisi de monter sur la table. Pour mieux se rendre visible, ces femmes et ces hommes avaient décidé de porter ce vêtement dont on les avait obligés à équiper leur véhicule individuel : le Gilet jaune à haute visibilité. Tout un symbole.

Qu'importe que les commentateurs fielleux se soient senti pousser des ailes en nous envoyant à la figure des « de toute façon, ils ne votent pas pour vous ». Ce n'était pas notre sujet.

C'était d'abord et avant tout un rendez-vous avec l'histoire sociale du pays. Ce mouvement vérifiait la théorie de *L'Ère du peuple*, confirmait de nombreuses intuitions mais, plus que tout, était un événement attendu. Bien sûr, il outrepassait tous les modes d'action traditionnels, politiques et syndicaux. Tant et si bien que de nombreux responsables hésitaient, ne sachant ni trop quoi dire ni trop quoi faire lors des premières mobilisations. Dès ce 30 octobre 2018, Jean-Luc Mélenchon, lui, avait en revanche les idées claires :

« Il y a un mouvement qui a été appelé. D'abord par des femmes. Je suis d'ailleurs frappé de voir que le principal personnage qui s'exprime est elle-même une auto-entrepreneure. Auto-entrepreneur, c'est une galère. La protection sociale, il n'y en a pas et ainsi de suite. Et maintenant, pour faire encore plus chic, ils disent "micro-entreprise". Bon, en gros auto-esclavage ! Parce que c'est ce que c'est, il ne faut pas raconter d'histoire ! Les gens se saignent, essayent de bien faire. Ils essayent de bien travailler, d'être courageux. Et puis, c'est toujours mieux de dire "je suis auto-entrepreneur". Et vous pouvez même dire "je suis auto-entrepreneur d'une start-up !", ça fait encore mieux ! Parce que c'est avec des mots aussi que l'on construit nos vies et nos représentations sociales et ce n'est pas indigne. On ne peut pas le reprocher aux gens. Eh bien là, c'est pareil. Ils se mettent en colère. Ont-ils raison d'être en colère ? Oui, ils ont raison ! »

L'objet de la discussion que nous avions eu le matin en réunion de groupe n'était d'ailleurs pas de savoir si les raisons de cette colère étaient justifiées ou non. Elles l'étaient. Non, l'objet de la discussion était ailleurs. Le mouvement naissant échappait totalement aux structures en place, y compris syndicales. Plusieurs d'entre elles alertaient sur la présence d'individus d'extrême droite dans le mouvement. Fallait-il pour autant résumer ce mouvement tout entier à un mouvement d'extrême droite ? Fallait-il ne pas y être ou le stigmatiser pour cette raison ? Fallait-il, le cas échéant, laisser l'extrême droite s'en réclamer alors que la description des faits comme les premières revendications portées correspondaient exactement au diagnostic que nous posions depuis des années ?

Jean-Luc Mélenchon résuma ce soir-là notre réponse s'agissant de la participation ou non à ce premier rassemblement des Gilets jaunes :

« Il se trouve que, parmi mes amis et camarades, et parmi les insoumis, beaucoup disent "moi je vais le faire". Et qu'est-ce que je devrais leur dire ? "Non, ne le fais pas parce qu'il y a des fachos ?!" Alors il va me dire "mais moi je suis fâché, pas facho". Et il aura raison. Qu'est-ce que je lui dis ? Qu'il ne faut pas lutter ? Parce que dans la lutte il y en a qui ne te plaisent pas ? » Nous avions bien reçu le message s'agissant du risque de récupération politique : « L'organisatrice, sur les visuels qu'elle distribue, dit "halte à la récupération politique !" Elle est contre le fait que certains partis viennent et prétendent représenter cette lutte. Je lui donne raison et nous allons tenir compte de ce qu'elle vient de dire. Donc nous, nous n'appellerons pas parce que nous ne ferons pas de récupération politique. Mais si nos amis sont dedans, eh bien on sera fiers d'eux ! Ne montrez pas du doigt ceux qui luttent ! Ne montrez pas du doigt ceux qui luttent parce que ceux qui sont avec eux essayent de les parasiter ! Je voulais vous dire ça. Il n'y a rien qui m'obligeait à le faire. Mais si je ne le fais pas, alors ce n'est pas honnête parce que vous ne savez pas ce qu'il peut se passer ce jour-là. Peut-être que des tas de gens, tout d'un coup, auront trouvé le point par lequel faire passer leur colère. Et leur colère est juste. Leur colère est digne. Leur colère mérite le respect. Nous ne les montrerons pas du doigt. »

Dès le 17 novembre, bon nombre de militants de La France insoumise et plusieurs parlementaires dont j'étais décidaient donc de se rendre sur les ronds-points et les manifestations qui deviendraient hebdomadaires. On ne pouvait pas théoriser la révolution citoyenne sans aller à la rencontre de celles et ceux qui se soulevaient avec pour première revendication l'abandon de cette injuste hausse de taxe sur les carburants. Pour riposte, la macronie disait d'eux qu'ils étaient antiécolos. Et dès le départ, certains Gilets jaunes, ayant compris la manipulation, inscrivaient des slogans radicalement écolos et anticapitalistes sur leurs gilets.

Ce mouvement est, avec la crise sanitaire, l'événement le plus important de ce quinquennat tant il y a d'enseignements à en tirer. Il est le boomerang qui revint en pleine figure d'un Président qui, dans sa pratique du pouvoir, a totalement fait abstraction du contexte dans lequel il a été élu, dans un « barrage » face à l'extrême droite. Il n'en a tenu aucun compte, agissant comme si le pays tout entier était enthousiasmé par l'ambition libérale qu'il portait. Dès les premières heures du quinquennat et alors qu'il avait donné des gages d'apaisement et de rassemblement pendant sa campagne de l'entre-deux-tours face à Marine Le Pen, il s'est employé à fracturer pour mieux installer l'espace politique nouveau qu'il constituait. Sa politique qui favorise les plus favorisés est aussi très dure avec les plus faibles. Emmanuel Macron se défend d'avoir porté l'idée de ruissellement. En effet, l'idée selon laquelle permettre aux plus riches de s'enrichir profiterait à toute la société ne se vérifie pas du tout. Mais si lui-même n'y croit pas, c'est donc qu'il assume une politique qui enrichit l'oligarchie financière qui l'a porté au pouvoir. C'est pire encore.

Dès la première journée d'action des Gilets jaunes à laquelle je participais depuis la manifestation de Lille, je fus convaincu que notre choix d'y être était absolument le bon. Aucun risque pour la récupération politique : ce mouvement était à vue d'œil irrécupérable. Il y avait bien sûr quelques personnes hostiles à la présence des « politiques ». Les « politiques », cette catégorie dans laquelle vous basculez automatiquement dès lors que vous gagnez une élection et dans laquelle tout se vaudrait. Mais l'immense majorité des personnes qui venaient à moi saluaient ma présence et étaient contentes d'avoir l'oreille d'un élu qui s'intéressait à ce qu'ils avaient à dire. Ce fut le même accueil pour ceux de mes collègues qui, dans leur région, avaient fait un choix similaire. C'était profondément notre place d'élu du peuple que d'être avec eux. À la tribune de l'Assemblée nationale, mon camarade Jean-Hugues Ratenon, député de la Réunion, avait brandi un Gilet jaune pour leur rendre hommage, faisant interrompre la séance par le président de l'Assemblée.

Derrière ces Gilets jaunes, des récits de vie à la pelle. Des femmes et des hommes, parfois venant en famille entière, dont la plupart n'avaient jamais mis un pied dans une manifestation de leur vie. Difficile d'établir un profil précis des participants tant le mouvement charriait des réalités différentes. Je remarquais cependant que la plupart d'entre eux avaient un emploi, souvent des emplois précaires ou des carrières gelées, quand ils n'étaient pas en recherche d'emploi. Étaient présents aussi pas mal de retraités qui avaient de plus en plus de mal à vivre avec leurs petites retraites. C'était très populaire. Il y avait là surtout des ouvriers, des employés et des personnes au chômage. Politiquement, beaucoup confiaient s'abstenir depuis plus ou moins longtemps. Les électeurs de La France insoumise y étaient apparemment assez nombreux et venaient à moi en saluant le travail du groupe parlementaire à l'Assemblée nationale : « On vous suit ! Vous nous défendez bien ! Continuez ! » Il y avait aussi, incontestablement, pas mal d'électeurs du Rassemblement national. Certains n'hésitaient pas à me dire leur hostilité sans vouloir discuter mais d'autres, au contraire, venaient à la discussion. Je ne me souvenais pas avoir eu d'échanges aussi utiles pour comprendre et convaincre depuis un long moment.

Jean-Luc Mélenchon les appelle « les fachés pas fachos ». Les électeurs d'extrême-droite, en colère mais qui ne sont pas fondamentalement convaincus par ses idées. Nous avons le devoir de nous adresser à eux pour leur rappeler que ce ne sont pas les migrants ni les musulmans de ce pays qui ont fermé les usines et qui s'accaparent l'essentiel des richesses produites sur le dos des travailleurs. Leur colère peut se diriger vers les causes communes du peuple auquel notre programme répond plutôt que vers les obsessions et diversions de l'extrême-droite.

Manifestation après manifestation, je collectionnais les photos de ces Gilets jaunes sur lesquels étaient inscrits des slogans et revendications. Il y eut d'abord les slogans écolos pour contrer l'offensive de la macronie sur le thème « les Gilets jaunes ne veulent pas que le prix du carburant augmente parce qu'ils ne sont pas soucieux d'écologie ». Ces slogans étaient très « écologie populaire » et anticapitalistes. Pas vraiment du genre centre-ville bobos, ni Europe Écologie les Verts. Puis, c'est bien sûr la question sociale et celle de la répartition des richesses qui occupaient l'essentiel de l'espace : « Macron, président des riches », rétablissement de l'ISF, abrogation de la *flat-tax*, augmentation des salaires et des pensions de retraites, réforme fiscale. Là aussi, le gouvernement a tenté l'amalgame en prétendant que les Gilets jaunes étaient hostiles à l'impôt pour mieux justifier ses baisses d'impôts alors que celles-ci concernaient essentiellement les plus riches et les grandes entreprises. La question posée par les revendications ne pouvait pas être résumée par « moins d'impôts » ou englobée dans le fameux « ras-le-bol fiscal ».

En fait, ce que disaient surtout les Gilets jaunes, c'était moins leur « ras-le-bol fiscal » général que la nécessité de meilleurs services publics et d'une meilleure répartition de l'effort fiscal entre tous. En résumé : les gros doivent payer gros et les petits, petit. Toutes les tentatives de faire dire autre chose aux Gilets jaunes que ce qu'ils disaient véritablement faisaient l'objet d'un traitement particulier à la manifestation suivante. Clairement, il fut entendu à mesure que le mouvement progressait que, s'il fallait classer les revendications des Gilets jaunes sur le vieil échiquier gauche/droite, ça penchait vraiment à gauche. Nous-mêmes avions pu constater que nombre d'entre elles étaient présentes dans le programme « L'Avenir en commun ». Les slogans et chansons aussi confirmaient l'idée que se trouvait là d'abord la France du travail :

« On est là, on est là, même si Macron ne veut pas, nous on est là. Pour l'honneur des travailleurs et pour un monde meilleur, même si Macron ne veut pas, nous on est là ! »

Les semaines passant, on observait le processus typique des révolutions citoyennes : tout commence par une revendication précise et immédiate (ici l'abandon de la hausse du prix des carburants) puis s'étend petit à petit et d'autant plus que le pouvoir ne répond pas à la demande initiale. En jouant le pourrissement du mouvement, Emmanuel Macron n'a permis qu'une chose : l'extension de la liste des revendications. De l'abandon de la hausse du prix des carburants, nous sommes donc passés à la hausse des salaires, à la revalorisation des retraites, au rétablissement de l'ISF et à la demande d'une grande réforme fiscale. Et très vite, tout convergeait vers l'exercice du pouvoir lui-même et la question démocratique.

Qui est le souverain ? Le peuple. Le référendum d'initiative citoyenne (RIC) devint petit à petit la revendication prioritaire et unifiante du mouvement. Cette disposition était dans le programme de Jean-Luc Mélenchon depuis deux élections présidentielles. L'affaire Benalla et son « s'ils veulent un responsable, il est devant vous, qu'ils viennent le chercher ! » revenaient régulièrement dans les conversations. « Entendu », lui répondaient en substance les Gilets jaunes à chaque début de manif : « On vient te chercher chez toi ! » En dehors des manifestations dans les grandes villes, le mouvement des Gilets jaunes fut surtout un mouvement rural avec l'occupation des ronds-points jusqu'en dehors des grandes métropoles. Des centaines de cahiers de doléances y furent rédigés, non sans parallèle avec le processus révolutionnaire de 1789.

Dès les premières manifestations, le gouvernement a choisi la répression féroce du mouvement. À Lille, j'entamais la première d'une série de visites à certains Gilets jaunes placés en garde à vue. Parmi eux, des militants de La France insoumise, ramassés opportunément. L'immense majorité de celles et ceux que j'ai pu rencontrer au début du mouvement des Gilets jaunes étaient absolument non violents et pacifiques. Il y avait même une véritable hostilité à l'égard de ceux qui venaient pour casser ou s'infiltrer dans la manifestation avec ce type de méthodes violentes. Le gouvernement a choisi de jouer la montre face aux revendications d'une part, et la répression généralisée sans distinction entre les participants d'autre part avec le recours à la technique des nasses, jugée depuis illégale par le Conseil d'État. Cette doctrine violente n'a fait qu'accroître les tensions pour mieux décrédibiliser le mouvement.

Le traitement médiatique des Gilets Jaunes, au départ plutôt bienveillant, a lui aussi glissé vers des méthodes déplorables. Ainsi, quand vous participez à une manifestation massive, que vous vous êtes donné du mal pour cela et que vous rentrez chez vous le soir et vous apercevez en regardant la télévision que l'on en rend compte uniquement en zoomant sur les cas de violences qui ne représentent pas du tout le mouvement dans son ensemble, il y a de quoi être en colère. C'est ainsi que, petit à petit, les tensions n'étaient que plus fortes en manifestation. Certains Gilets jaunes, que j'avais connus pacifiques convaincus en début de mouvement, finissaient par tolérer la violence, voire davantage, face à la conjugaison du traitement médiatique, de la répression féroce orchestrée par le pouvoir et de l'absence de réponse aux revendications et aux aspirations sociales et démocratiques.

Oui, il y a eu des actions violentes et des débordements dans le mouvement des Gilets jaunes. Mais choisir de ne traiter le mouvement qu'au travers du prisme de la violence ou le résumer à ses débordements ne fait qu'accroître la détermination de ses participants du fait du dégoût que cela inspire. Ainsi, après les avoir taxés d'« antiécolos » au démarrage, puis « violents » dans leur ensemble alors que les incidents des Champs-Élysées, du *Fouquet's* ou de la porte défoncée du ministère de Benjamin Griveaux n'avaient à peu près rien à voir avec l'ambiance de départ sur les ronds-points, on tenta même de leur coller l'étiquette définitivement disqualifiante d'« antisémites » lorsque quelques actes aussi isolés qu'inacceptables avaient été commis.

Le recours à la violence dans les manifestations était, semaine après semaine, proportionnel à la répression féroce, à l'absence de réponse sur le fond des revendications et au traitement médiatique disqualifiant. Avec Jean-Luc Mélenchon, à chaque occasion, nous avons rappelé notre principe : l'histoire a parfois été violente, mais la violence en politique n'est pas acceptable car elle rabougrit le mouvement et ce sont toujours les nôtres qui en pâtissent les premiers. Cependant, parce que comprendre ne veut pas dire excuser, nous affirmons qu'il n'y a pas d'ordre public possible, pas de paix civile, sans justice sociale.

Force est de constater que cette exigence de justice sociale, Emmanuel Macron n'y a pas répondu. Plutôt que d'entendre les revendications et d'apprécier ce dont les Gilets jaunes étaient le nom, cette France des délaissés qui décident de s'en mêler, il n'a visé qu'un seul but : écraser le mouvement.

Le bilan de la répression des Gilets jaunes par le pouvoir macroniste est une tache indélébile. Les plus hautes institutions comme l'ONU[1], le Conseil de l'Europe[2] ou le Défenseur des droits[3] ont ouvertement critiqué la gestion du maintien de l'ordre et l'usage d'armes comme les lanceurs de balles de défense (LBD) ou les grenades de désencerclement. Le pouvoir macroniste était en pleine dérive autoritaire. Le libéralisme économique se double désormais d'un autoritarisme sur le plan des libertés démocratiques. Le nombre et la gravité des blessures ont atteint des records. Au milieu des multiples scènes de violences policières, 32 manifestants ont été éborgnés et 5 ont eu la main arrachée. On se souvient, par exemple, de Jérôme Rodrigues éborgné, de Manu, ce nordiste éborgné à Paris par un tir tendu de lanceur de grenade lacrymogène alors qu'il était en train de discuter tranquillement. On pourrait en citer bien d'autres et, bien sûr, Zineb Redouane, cette octogénaire algérienne décédée après avoir été atteinte par un tir de grenade lacrymogène alors qu'elle se trouvait dans son appartement de Marseille dont elle fermait les fenêtres pour échapper aux gaz dans la rue. Parmi les nombreux blessés, beaucoup de manifestants pacifiques mais aussi des journalistes et des observateurs. Les images de violences policières inondaient la toile et, pour la première fois, étaient relayées par les grands médias.

On nous riait au nez lorsque nous en appelions à la désescalade. Dans un communiqué daté de novembre 2019, soit un an après le début du mouvement, Amnesty International appuyait aussi cette idée :

« Plusieurs pays européens ont adopté des pratiques de gestion des manifestations centrées sur l'idée de dialogue et de

1. « France : des experts de l'ONU dénoncent des restrictions graves aux droits des manifestants "Gilets jaunes" », Haut-commissariat des Nations unies aux droits de l'homme, 14 février 2019.

2. Dunja Mijatović, commissaire aux droits de l'homme du Conseil de l'Europe, « Mémorandum sur le maintien de l'ordre et liberté de réunion dans le contexte du mouvement des "Gilets jaunes" en France », 26 février 2019.

3. « Décision du Défenseur des droits n° 2020-131 », 9 juillet 2020.

désescalade afin d'éviter d'avoir à recourir à la force. Même lorsque des violences sont commises par des manifestants, les autorités cherchent alors à limiter le recours à la force et à privilégier la protection du droit de manifester pacifiquement. De nombreuses pratiques permettent de mieux respecter les droits humains. Le recours à des agents de liaison pour dialoguer avec les manifestants ou l'abandon de certains armements pourraient faire baisser les tensions et rétablir la confiance et la reconnaissance de la légitimité de la police. Les organisations internationales, y compris la Cour européenne des droits de l'homme, reconnaissent que les États doivent, pour protéger la liberté d'expression, accepter dans certains cas de tolérer quelques désordres sans avoir recours à la force, comme par exemple les blocages routiers. »

« La répression massive et indiscriminée est non seulement illégale, mais aussi contre-productive : elle tend à radicaliser tous les participants en créant une forme de solidarité face aux forces de l'ordre. Le résultat est contre-productif car les violences ne cessent pas et les droits des manifestants pacifiques sont menacés », ajoute Anne-Sophie Simpere d'Amnesty.

Il y eut aussi des blessés parmi les policiers, ce qui n'est pas plus acceptable. Dans le cadre d'une manifestation, la police ne devrait ni se vivre ni être vécue en adversaire des manifestants. Son rôle est de garantir la sûreté et la liberté d'expression de ces derniers. Ce ne fut pas le cas pendant les Gilets jaunes, notamment sous les ordres des ministres Castaner puis Darmanin et du préfet Lallement. La responsabilité est d'abord celle de la hiérarchie et des donneurs d'ordre. Ainsi, ces méthodes barbares furent répétées, par exemple, lors de la manifestation des pompiers du 28 janvier 2020, qui vit pompiers et policiers s'affronter violemment, ou lors de l'évacuation de la place de la République à Paris occupée par des personnes sans abri sous des tentes le 23 novembre 2020.

À ces violences s'ajoute la répression judiciaire. En un an, 3 204 condamnations ont été prononcées, dont 2 282 peines de prison ferme ou avec sursis, et 900 peines alternatives[1]. Au total, 403 furent assorties d'un mandat de dépôt, et donc d'une incarcération. Ces condamnations ont été prononcées en grande partie pour des outrages à agents, des jets de pierres et des dégradations. Moyenne d'âge des condamnés : entre 35 et 40 ans, sans casier judiciaire, sans commune mesure avec les profils des casseurs habituels. C'est donc par la répression violente et par la judiciarisation massive qu'Emmanuel Macron a tenté de mettre fin à ce mouvement des Gilets jaunes.

Après avoir commencé par ne rien céder, en décembre 2018, il recula finalement sur la hausse des taxes sur le carburant. Le 10 décembre de la même année, lors d'une allocution présidentielle, Emmanuel Macron dut faire plusieurs annonces : l'augmentation du revenu d'un travailleur au SMIC de 100 euros par mois dès 2019 « sans qu'il en coûte un euro de plus pour l'employeur », le retour à la défiscalisation des heures supplémentaires, l'annulation de la hausse de la CSG pour les retraites de moins de 2 000 euros par mois et une défiscalisation de la prime de fin d'année dans les entreprises. Mais il s'opposa au rétablissement de l'impôt de solidarité sur la fortune (ISF), devenu, avec le RIC, la demande principale des Gilets jaunes.

En réalité, la hausse du revenu des travailleurs au SMIC reposa pour 80 % sur la mise en œuvre plus rapide que prévu de sa promesse de hausse de la prime d'activité. L'augmentation de la prime d'activité ne donne pas de droits supplémentaires, ni sur la retraite ni sur l'assurance-chômage. Si ces annonces furent donc un signe de recul, elles n'étaient évidemment pas en mesure de satisfaire les Gilets jaunes.

1. Alexandre Léchenet et Simon Gouin, « Gilets jaunes face à la justice : 3 000 condamnations prononcées, 1 000 peines de prison ferme », *Bastamag*, 23 septembre 2019.

Macron embraya sur son fameux « Grand débat » où on le vit prendre la parole pendant des heures dans des sortes de meetings marathons censés répondre à la colère du pays. En parallèle de cette mascarade, les Gilets jaunes lançaient « Le vrai débat » pour poursuivre l'établissement des cahiers de doléances qui doivent aujourd'hui être rangés dans les archives. Le mouvement ne s'est en fait arrêté que beaucoup plus tard, en mars 2020, avec l'arrivée de la pandémie et le premier confinement.

Certes, aujourd'hui la plupart des Gilets jaunes de novembre 2018 sont de nouveau pliés sous les sièges des voitures. Mais que l'on ne s'y trompe pas. Les problèmes soulevés restent intacts et cette France des délaissés, qui paye le plus lourd tribut aux conséquences de la crise du Covid, n'a pas disparu. Bien au contraire. Voyez les manifestations incroyables au cœur de l'été en 2021 contre la société de contrôle généralisée instaurée par le pass sanitaire. En France, les principes républicains ne sont pas négociables. Et sûrement pas la liberté.

12

Dans la cour des grands

Depuis les premiers jours de mon engagement politique, j'ai souvent eu l'impression d'accélérations inattendues. Une conjonction entre mon investissement, l'énergie et le cœur mis à la tâche d'une part, mais aussi des occasions saisies, des perches tendues d'autre part. Finalement, tous les parcours de vie sont probablement empreints de cela. En m'engageant auprès de Jean-Luc Mélenchon en 2012, je ne m'attendais pas à exercer des responsabilités militantes au sein du Parti de gauche aussi rapidement. En travaillant à la construction de La France insoumise en 2016, je ne m'attendais pas à être candidat aux élections législatives dès 2017 et encore moins à être élu député. En arrivant à l'Assemblée, je ne m'attendais pas à faire ce premier discours qui me fit subitement quitter l'anonymat en devenant l'un des principaux porte-parole médiatiques du mouvement. Chaque palier franchi amène au suivant.

Je croyais avoir atteint un rythme de croisière déjà inespéré pour ce qu'il restait de mon mandat quand, en 2019, Jean-Luc Mélenchon me fournit l'occasion de franchir une nouvelle étape décisive. Je savais qu'il n'improvise jamais mais ce n'est qu'après coup que j'ai compris où il voulait m'amener. Mes passages médias fonctionnaient bien. Sans doute était-il temps de son point de vue que cela se remarque encore davantage. À l'approche des élections européennes et en plein « Grand débat national » initié par Emmanuel Macron et censé répondre à la mobilisation des Gilets jaunes, plusieurs chaînes d'informations décidèrent d'organiser des débats entre les principaux chefs des différentes formations politiques. Jean-Luc Mélenchon était naturellement invité à y participer. Mais il fit un autre choix. Il déclina l'invitation pour se rendre à d'autres rendez-vous, notamment un meeting de campagne. En coulisses, son cabinet tentait de faire accepter à la chaîne que quelqu'un d'autre que lui puisse nous représenter. Et ce fut moi.

Le 10 avril 2019 donc, j'étais invité à participer à un marathon de trois heures de débat avec les principaux chefs de partis sur CNews et Europe 1. Fil rouge de la soirée : « Quelle France, dans quelle Europe ? » Face à moi, presque que des poids lourds : Laurent Wauquiez, Stanislas Guerini, David Cormand, Nicolas Dupont-Aignan, Olivier Faure et Marine Le Pen. J'étais le seul dans l'arène à participer sans être tenant du titre qui justifiait l'invitation. Il fallait que je fasse honneur à celles et ceux qui m'avaient fait confiance pour les représenter ce soir-là. Pas le droit à l'erreur. Chacun des invités avait son public de supporters. Quelques insoumis avaient fait le déplacement et, parmi eux, mon collègue Ugo Bernalicis.

J'avais préparé ce débat un peu à la manière dont je préparais les longues émissions politiques du dimanche. Avec des fiches dont on retire le superflu à mesure qu'on les maîtrise pour n'en garder que quelques points saillants et chiffres indispensables. Le tout couronné de quelques *punchlines* bien senties pour marquer les séquences. Je retrouvais l'ambiance de préparation des discours. Ou, souvenirs plus lointains, l'ambiance de préparation d'un examen ! Une fois sur le plateau, le mieux est de n'avoir plus besoin de tout cela, de se laisser imprégner par l'ambiance et de faire de son mieux pour faire œuvre de pédagogie et de force de conviction. Dans un débat, il ne faut jamais perdre de vue que, davantage qu'à vos contradicteurs, vous parlez à ceux qui regardent. Il faut repérer et saisir les occasions de marquer le point. Pour le reste, il y a ce que l'on ne change pas : on vient aussi comme on est.

Les séquences de l'émission correspondaient aux principaux thèmes mis en discussion par la mobilisation des Gilets jaunes et du « Grand débat » d'Emmanuel Macron. Je me souviens d'une première intervention sur la fiscalité, la nécessité d'une réforme fiscale pour mieux répartir l'effort entre tous et soulager les petits contribuables, ainsi que de lutter contre l'évasion fiscale en prenant quelques exemples sur ce que la récupération de cet argent volé aux Français pourrait financer. Puis, sur l'écologie populaire et la nécessité d'augmenter les revenus des bas salaires pour donner accès à de meilleures consommations. Après une heure de débat, vint le chapitre sur le maintien de l'ordre, en réaction aux manifestations. Plusieurs participants invoquaient le sempiternel « ordre républicain » pour justifier les interventions policières musclées contre les Gilets jaunes. Juste après l'intervention de Stanislas Guerini, je saisis la balle au bond :

« Vous avez remarqué comme souvent on convoque l'ordre républicain pour appeler au calme ? Mais la république n'est pas un régime neutre. La devise, ça n'est pas juste bon pour les frontons des mairies. C'est « Liberté, Égalité, Fraternité », 566 morts dans la rue dont 13 enfants. Est-ce que c'est l'ordre républicain ? 9 millions de pauvres dans ce pays. Est-ce que c'est l'ordre républicain ? 500 morts par an au travail. Est-ce que c'est l'ordre républicain ? Un agriculteur qui se suicide tous les deux jours. Est-ce que c'est l'ordre républicain ? Non, ça n'est pas l'ordre républicain. L'ordre républicain, ce ne sont pas les tirs de balles de défense et les grenades de désencerclement pour réprimer un mouvement de contestation populaire ! L'ordre républicain, c'est la souveraineté populaire, bafouée depuis le référendum de 2005 et que monsieur Macron continue de bafouer. L'ordre républicain, c'est l'égalité devant l'impôt. C'est la justice sociale. L'ordre républicain, ce sont les intérêts particuliers soumis à l'intérêt général. C'est la loi contre les privilèges. C'est la loi contre les Benalla ! Voilà ce qu'est l'ordre républicain. »

Dans le public, les insoumis qui ne cessaient de hocher de la tête derrière moi se mirent à applaudir et malgré les reproches des présentateurs. Je continuais :

« Alors après, bien sûr, et j'ai déjà eu l'occasion de le dire : je ne suis pas d'accord avec la violence en politique. Mais monsieur Castaner porte la responsabilité des milliers de blessés, côté manifestants comme côté policiers, par ses pratiques et, normalement, comme homme d'État, il devrait partir, il devrait s'en aller. Voilà ce qui doit être dit. Il n'y a pas d'ordre public possible sans justice sociale. Par conséquent, il faut d'abord apporter la réponse politique que nos concitoyens attendent depuis maintenant près de quatre mois. Et vous portez la responsabilité du fait que des gens honnêtes, qui venaient là en famille dans ces manifestations, souvent avec le souci de mobilisations pacifiques, ont fini, de votre faute, par croire après quatre mois que la violence était utile pour se faire entendre. Ça aussi, c'est votre responsabilité. »

Un peu plus tard dans l'émission vint, bien sûr, la séquence sur l'immigration, dont je ne voyais pas bien ce qu'elle venait faire dans un débat censé correspondre aux questions soulevées par les Gilets jaunes. Juste à côté de moi se trouvait celle dont la question est le fonds de commerce, la zone de confort en dehors de laquelle tout est beaucoup plus difficile pour elle : Marine Le Pen. Je décidais d'aller l'affronter sur son terrain de prédilection. *A priori*, pas l'exercice le plus simple. Même si je l'avais vue à l'œuvre dans beaucoup de débats, j'avais été frappé pendant l'heure que je venais de passer à ses côtés par sa faiblesse. Je m'en étais fait tout un fromage et, finalement, elle ne m'impressionnait absolument pas. Quand vint mon tour, j'avançais vers elle :

« La question de l'immigration me paraît prendre beaucoup plus de place dans le débat médiatique qu'elle n'a d'intérêt pour les Français. D'ailleurs, dans les enquêtes d'opinion, la question de l'immigration est naturellement loin derrière celle de l'emploi ou du pouvoir d'achat. »

Alors que le terrain était installé, sur ce sujet dont elle fait son beurre, ça ne manqua pas de la faire réagir : « C'est la première préoccupation des Européens ! », dit-elle. Je repris mon développement :

« En la matière aussi, il faut désenfumer. Regardons précisément : entre 2015 et 2016, on a aux portes de l'Union européenne 1,2 million de demandeurs d'asile. Ça fait 0,2 % de la population de l'Union européenne. 2 réfugiés pour 1 000 habitants. Regardons en France, en 2017 : 100 000 demandes d'asile. 30 000 ont été acceptées, ça fait donc 0,06 % de la population française. Par conséquent, première chose : il n'y a ni vague ni submersion. Mais, pendant que madame Le Pen le fait croire, vous avez des gens qui n'ont jamais vu un migrant de leur vie et qui peut-être n'en verront jamais, qui sont pris d'une peur panique réelle à propos de cette question. Pendant ce temps, madame Le Pen, elle, peut continuer à dire qu'elle est contre la hausse du SMIC… »

Je suis tourné vers elle qui est juste à ma droite. Je lui fais face et elle me coupe : « Vous n'en avez pas assez de prendre les gens pour des imbéciles ? En général c'est Macron qui fait ça ! », dit-elle en montrant du doigt Stanislas Guerini comme pour m'inviter à la lâcher elle pour lui réserver mes coups à lui. Je continue : « Elle peut continuer à aller parader avec ses amis autrichiens qui décident de la semaine de travail de 60 heures. Elle peut mettre sur sa liste aux élections européennes des gens qui sont pour la suppression de l'ISF, etc. » Elle s'énerve.

« Madame Le Pen, revenons à la raison si vous le supportez ! Il y a 67 millions de personnes qui aujourd'hui, dans le monde, sont concernées par l'émigration forcée. Pas qui choisissent de quitter leur pays ! Qui n'ont pas d'autre choix que de le faire. D'accord ?! Ce que vous dites assez peu aussi en général, madame Le Pen, c'est que 80 % des mouvements migratoires se font entre pays du Sud et qu'il y a également des mouvements intra-européens dont on ne vous parlera pas. Comme, par exemple, le fait que

400 000 Grecs ont été poussés à quitter leur pays pour fuir les politiques d'austérité imposées par Bruxelles. Alors moi, je vais vous dire, vous pouvez creuser tous les fossés que vous voudrez, vous pouvez mettre tous les quotas que vous voudrez : quand on voit que depuis les années 2000 à peu près 30 000 personnes sont portées disparues ou mortes en traversant un fossé dont je ne pense pas que l'on puisse faire plus grand, que celui de la mer Méditerranée qui est devenue un véritable cimetière, vous pourrez faire ce que vous voudrez, vous ne réglerez pas la question. Je pense, compte tenu de la proportion, que la France peut prendre sa part. Une fois qu'on a dit cela, il faut dire aussi que l'Union européenne est incapable d'organiser les choses. C'est complètement anarchique avec les règles de Dublin qui font que c'est le premier pays d'entrée qui est chargé de l'accueil. Mais mon raisonnement ne serait pas complet si je ne disais pas ceci : le premier des problèmes n'est pas que les gens arrivent chez nous. C'est qu'ils soient obligés de partir de chez eux. Et nous avons des responsabilités dans le fait qu'ils soient obligés de partir de chez eux. En voici trois : certains conflits, des guerres, dans lesquels nous avons mis les mains en étant arrimés à l'OTAN dont il faut sortir. »

« Ça c'est vrai », répondit Le Pen. « Les accords commerciaux inégaux, les accords de libre-échange », ajoutais-je. « C'est vrai aussi », répondit-elle sans avoir prévu la suite.

« Accord de libre-échange que parfois madame Le Pen au Parlement européen vote, comme les accords de pêche avec le Libéria. Vous ruinez les capacités de développement locales et donc les gens finissent par devoir partir. Et ensuite : le changement climatique qui devrait mettre tout le monde d'accord parce que les experts du GIEC nous disent que d'ici à 2050, si on n'endigue pas le réchauffement climatique, ce ne sont plus 67 millions de personnes mais 250 millions de personnes qui, je le répète madame Le Pen, ne vont pas choisir de partir mais n'auront pas d'autres choix ! Il faut donc traiter ces causes raisonnablement d'une part, et organiser les conditions d'accueil et faire face à notre devoir d'humanité d'autre part. »

Sur le coup, dans l'action, je ne m'étais pas rendu compte de la portée de ce premier face-à-face entre Marine Le Pen et moi. Ce n'est qu'ensuite, lorsque l'on m'a montré les images, que j'ai compris ce qu'il venait de se passer. Il y avait de ma part une grande fermeté, mais les arguments précis y étaient. Le développement était suffisamment pédagogique pour qu'un soutien de Le Pen le comprenne et, pourquoi pas, s'interroge. C'est toute la différence entre un débat où la contradiction permet cela et l'interview politique où l'invité n'a absolument aucun contradicteur. Quoique les journalistes politiques adoptent de plus en plus souvent un ton de contradicteur, voire s'assument comme « journaliste engagé » pour ne pas dire qu'ils sont des militants politiques ! Voyez le traitement que subissent les intervenants de gauche invités sur C News et Europe 1 ! Derrière moi, la parole fut donnée à Olivier Faure : « Il y a des gens ici qui depuis longtemps se sont emparés du sujet de l'immigration pour en faire leur fonds de commerce. Et, ce que vient de dire à l'instant Adrien Quatennens est l'exacte vérité. »

Vers la fin de l'émission, il fut demandé à chacun d'entre nous de dire sa vision de l'Europe. Je dis la nôtre :

« L'idéal de coopération entre les peuples qui était l'idée vendue à sa fondation a été dévoyé. Aujourd'hui, l'Union européenne, c'est juste un marché. On parlait à l'instant du Brexit. Le Brexit est un symptôme de la dislocation en cours de cette Union européenne. Il y a encore quelque temps, on se posait la question de savoir quel serait le prochain pays à entrer dans l'Union. Aujourd'hui on peut se demander quel sera le prochain à en sortir. Monsieur Juncker nous dit qu'il n'y a pas de choix démocratiques possibles contre les traités européens. Eh bien nous, nous disons qu'il n'y a pas de traités possibles contre la démocratie ! Nous sommes les héritiers du "non" exprimé clairement par les Français en 2005. Leur vote a été foulé aux pieds par les amis de monsieur Wauquiez avec Nicolas Sarkozy et son traité de Lisbonne avec madame Merkel. Je crois que cette cicatrice reste aujourd'hui encore ouverte. J'entends qu'Emmanuel Macron et sa candidate nous vendent dans un régime incantatoire et assez peu concret "l'Europe qui protège". Mais quand on y regarde de plus près, que voit-on ? Est-ce que l'Europe protège la démocratie quand les Grecs font un choix souverain et qu'immédiatement, la Commission et la Banque centrale européenne viennent les saisir à la gorge pour faire appliquer la seule politique possible aux yeux de la Commission européenne : l'ordo-libéralisme ? Est-ce que l'Europe protège l'environnement quand elle nous oblige à continuer le libre-échange et les traités comme le CETA ? Et moi, je crois contrairement à monsieur Cormand d'Europe Écologie les Verts, que dans le cadre des traités actuels, nous ne pouvons pas mener de politique écologique ambitieuse. Car pour cela, il faut investir massivement et les traités budgétaires nous en empêchent. Si nous voulons interdire le glyphosate à nos agriculteurs, il faut aussi faire en sorte que les produits glyphosatés venus de l'extérieur n'entrent pas sur notre territoire. Or en vertu des traités sur la concurrence, ça n'est pas possible. Est-ce que l'Europe protège les droits sociaux quand on poursuit la directive du travail détaché, dont d'ailleurs madame Le Pen était absente au moment du vote en 2014 ! Entre l'écologie et les traités, il faut choisir. Entre les droits sociaux et les traités, il faut choisir. Je crois en fait qu'entre la construction européenne et ces traités, il faut choisir. Je termine en posant une question à monsieur Guerini puisque j'ai entendu madame Loiseau, votre candidate, qui propose un SMIC européen. Je trouve cela vraiment intéressant. Mais elle ajoute que le SMIC européen pourrait être un revenu décent, à 886 euros ! C'est-à-dire que l'Europe des solutions de madame Loiseau, c'est amputer le SMIC Français de 317 euros ! C'est ça votre Europe des solutions, monsieur Guerini ? »

Quand vint l'heure de la minute de conclusion pour chacun, je savais que j'avais accompli ce soir-là la nouvelle tâche que Jean-Luc Mélenchon m'avait confiée.

« Emmanuel Macron et ceux qui l'ont précédé ont mené le pays dans une impasse dont il est temps de sortir. D'importants défis nous font face que nous ne pourrons pas relever en poursuivant l'absurde modèle de la compétition entre tous. Cet avenir en commun auquel nous aspirons n'est pas atteignable dans le cadre des actuels traités européens qui interdisent l'harmonisation sociale et fiscale, sont antiécologiques, antidémocratiques et antisociaux. Il faut se débarrasser de monsieur Macron sans succomber aux sirènes de madame Le Pen, sa roue de secours. Évitons-nous de connaître à nouveau le second tour pourri que nous avons connu lors de la dernière élection présidentielle. »

Ces trois heures de débat firent quasiment l'effet du premier discours à l'Assemblée deux ans auparavant. Certains commentateurs ou responsables politiques me découvraient ou me redécouvraient à ce moment-là. Toutes sortes de commentaires au superlatif me revenaient. Pour moi, la tâche était accomplie. C'était l'essentiel. Dans la maison insoumise, tout le monde était content et ceux qui pensaient encore que derrière Mélenchon, rien ne tenait debout et qu'après lui ce serait terminé, avaient de quoi changer d'avis. Lui, qui m'avait confié cette mission, ou qui m'avait fait passer ce test, au choix, était absolument ravi.

Moins de quinze jours plus tard, une autre chaîne, LCI et son présentateur David Pujadas, décidaient d'organiser un débat similaire. Exactement le même casting, à ceci près qu'ils n'avaient pas invité le chef d'Europe Écologie les Verts mais François Bayrou pour le Modem. Avec Guerini, ils seraient donc deux macronistes sur le plateau. De nouveau, Jean-Luc Mélenchon fut invité. Dès qu'il reçut l'invitation, il me dit : « C'était parfait sur CNews, tu y retournes sur LCI ? » Rebelote.

Trois heures de débat. Architecture assez proche et façon de procéder similaire. Moment-clé : la feuille de paie à zéro euro d'un travailleur roumain détaché que j'avais tendue à Stanislas Guerini. Il s'agissait d'un travailleur détaché depuis l'Italie, où il n'avait jamais mis les pieds, pour aller travailler sur le chantier du terminal méthanier de Dunkerque. Je voulais dénoncer l'imposture de la République en Marche selon laquelle tout était réglé sur ce sujet et que ce serait désormais « à travail égal salaire égal », ce qui était faux. Cela sur les conseils de Marina Mesure, notre camarade engagée dans le syndicalisme international qui m'avait fourni cette fiche de paie incroyable.

À l'évidence, ces deux débats télé où j'avais joué le chef de parti sans même en avoir le titre étaient un test. Jean-Luc Mélenchon avait une idée derrière la tête. En mai, malgré un résultat bien en deçà de nos espoirs et des efforts déployés dans la campagne, La France insoumise gagnait un nouveau groupe parlementaire aux élections européennes. Nous étions 17 députés à l'Assemblée nationale, ils seraient 6 à la délégation insoumise au Parlement européen : Younous Omarjee, Emmanuel Maurel, Anne-Sophie Pelletier, Manon Aubry, Leïla Chaibi et Manuel Bompard. Ce dernier conduirait la délégation. Avec le groupe parlementaire à l'Assemblée nationale, ce groupe de députés européens formerait ce que nous avons appelé l'intergroupe. Une seule et même entité. Jean-Luc Mélenchon avait déjà son nouveau dispositif pré-présidentielle en tête, au cas où. Sans avoir d'absolue certitude, il réfléchissait déjà à 2022. Pour cela, il devait recomposer une équipe. Il était temps pour lui de confier les rênes à cette nouvelle génération qu'il avait su faire monter.

Peu de temps après les européennes, il sollicita une discussion avec moi à ce sujet : « Tes deux débats ont impressionné. Tout le monde est fier. Tu étais meilleur qu'eux, plus qu'à leur niveau. Moi, j'ai fait ça pendant des années, c'est votre tour à présent. Puisqu'il ne te manquait que le titre, tu pourrais devenir coordinateur du mouvement. » En quelques semaines, son scénario se mettait en place : Manuel Bompard, devenu en mai le chef de la délégation insoumise au Parlement européen, Mathilde Panot élue à la mi-juin vice-présidente du groupe parlementaire à l'Assemblée, lui laissant à lui l'occasion de quitter son rôle de président de groupe le moment venu, et moi, coordinateur du mouvement en juillet après que les insoumis auront voté en faveur de la nouvelle proposition d'organisation de La France insoumise lors de la convention. Les médias ont traduit ma position comme celle d'un « numéro 2 » bien qu'il n'y ait pas cette hiérarchie au sein du mouvement. Nous faisons d'abord et avant tout un formidable travail d'équipe, sans connaître les divisions internes que connaissent beaucoup de formations politiques autour de nous. Avec Mathilde Panot à la vice-présidence du groupe, Manuel Bompard en talentueux directeur de campagne et chef de la délégation au Parlement européen, le député Bastien Lachaud organisateur hors pair d'événements, Clémence Guetté comme coordinatrice du programme, nous faisons incontestablement une belle équipe aux côtés de Jean-Luc Mélenchon. Le 12 octobre 2021, Mathilde est passée de vice-présidente à présidente du groupe parlementaire LFI à l'Assemblée. À 32 ans, elle est la plus jeune présidente de groupe parlementaire de l'histoire de l'Assemblée nationale.

Mais cette équipe n'est pas exhaustive. Pour dire vrai, il faudrait tout un chapitre pour citer les noms de ces femmes et ces hommes sans qui nous ne ferions rien : qu'il s'agisse des équipes de son cabinet, de celles du siège qui font tourner la maison, de celles qui partout en France suivent les luttes écologiques et sociales, de l'ensemble de ces deux groupes parlementaires de combat et leurs collaborateurs. Aussi, les ponts indispensables entre générations s'opèrent. À mes yeux, c'est essentiel, en tout cas, j'en ai besoin pour fonctionner. Gardons-nous de faire du jeunisme. Les plus jeunes d'entre nous ont besoin de l'expérience de ceux qui étaient déjà là dans les saisons précédentes. Je sais ce que je dois, par exemple, à mes amis Corbière et Garrido. Je sais aussi ce que je dois à Martine Billard, Éric Coquerel, Danielle Simonnet, Gabriel Amard et tant d'autres qui, avec Jean-Luc Mélenchon, ont tout bâti en partant de si peu.

Ce que cela veut surtout dire, c'est que si demain il fallait gouverner la France, nous saurions amplement le faire et le faire bien. Ce que cela veut dire encore, c'est que les fondations sont suffisamment solides pour résister à toutes les tempêtes et relever le drapeau aussi longtemps qu'il le faudra. À soixante-dix ans et une vie entière passée au combat politique, Jean-Luc Mélenchon peut être concentré sur la bataille présidentielle et s'appuyer sur ces équipes qu'il a construites lui-même. Il a aussi réussi cela : assurer la relève et donc la pérennité du combat politique que nous menons.

Ce sont en fait plusieurs générations que Jean-Luc Mélenchon a amenées au combat. Les très nombreux témoignages qui, début octobre 2021, inondaient les réseaux sociaux avec le hashtag #GenerationMelenchon le prouvent. À chaque saison, de nouveaux arrivent que les précédents équipent pour qu'ils viennent au renfort.

Bien sûr, certains nous quittent pendant que d'autres arrivent. C'est le propre d'un mouvement. Certains départs ont eu lieu pour des raisons qui m'échappent encore aujourd'hui. J'ai souvent eu le sentiment que les commentaires à notre égard et les campagnes de calomnies contre nous avaient davantage pesé dans leurs décisions que ce que nous faisions réellement. Ces théories étranges sur le fait que nous nous serions écartés de la ligne de 2017 ne tiennent pas debout pour autant que j'y ai réfléchi. Que faisions-nous de si différent pendant la campagne de 2017 que nous ne ferions plus aujourd'hui ? Nous sommes à l'action autour d'un programme, certes réactualisé, mais qui n'a aucunement changé de trajectoire et d'objectifs. Que font-ils aujourd'hui de plus utile en dehors du mouvement qu'ils ne feraient s'ils avaient poursuivi le chemin avec nous ? D'autres avaient visiblement de sérieuses divergences de fond si l'on en croit leur trajectoire. Quelle tristesse de voir certains ne briller que comme « ex ». Être un « ex » de chez Mélenchon, vous assure un instant de gloire. Mais un instant seulement.

Il y en a un qui illustre bien cela. Nous l'avons vu débarquer sans prévenir un soir, sur un plateau de télévision. C'était le 14 mai 2019 pour annoncer qu'il rejoignait le Rassemblement national. Revoir cette séquence aujourd'hui rappelle que le ridicule ne tue pas.

Quinze jours avant qu'il annonce cette traîtrise maximale, je dînais avec Andréa Kotarac à Lyon autour de quelques autres militants. Nous n'avions rien vu venir. Aucun signe avant-coureur. Rien. Il n'avait exprimé aucun doute. Outre que c'est politiquement incompréhensible, c'est aussi dur humainement et spécialement pour ses plus proches amis de la région. Il était de l'aventure depuis le Parti de gauche. À partir de quand avait-il commencé à virer de bord ? Pour quelles raisons, à part le pur opportunisme ? Aujourd'hui encore, je ne le comprends pas, mais je sais qu'Andréa Kotarac a eu son heure de gloire, ces quelque vingt minutes d'interview pour dire qu'il nous quittait pour rejoindre l'adversaire absolu dans l'histoire, en mai 2019. À mon avis, on n'entendra jamais plus parler de lui. Jean-Luc Mélenchon avait misé sur lui comme sur certains autres d'entre nous. Je crois que l'ignominie du choix l'a aidé à surmonter la déception quasi instantanément comme ce fut mon cas.

Le nouveau dispositif en place, une nouvelle bataille de grande ampleur s'annonçait : celle des retraites. Pour nous, la mère des batailles : celle du temps de travail qui avait animé les premières luttes ouvrières du 1er mai. Comme souvent, Emmanuel Macron masquait son intention réelle derrière des apparences de progrès. On se souvient que quand il a explosé le Code du travail protecteur, c'était prétendument pour améliorer « le dialogue social » et « libérer les énergies ». Quand il veut faire la réforme de l'assurance chômage qui va rendre plus difficile l'accès à l'indemnisation et baisser les indemnités des chômeurs, c'est pour « lutter contre la précarité ». Plus c'est gros, plus ça passe ! Pour les retraites, son argument était tout trouvé : la simplification d'un système jugé trop complexe. Ressort sur lequel s'appuyer : les régimes spéciaux issus des conquêtes sociales dans certains secteurs d'activité. Avec ça, il comptait attiser la jalousie et diviser les travailleurs pour faire passer la véritable pilule. Celle de l'augmentation du temps de travail dans la vie et de la baisse généralisée du niveau des pensions.

Or, rien ne la justifie. « On vit plus longtemps, on doit donc travailler plus longtemps », justifiait-il, oubliant évidemment de dire que c'est notamment parce que l'on travaille moins longtemps que l'on vit plus longtemps. Il oubliait aussi de dire que l'espérance de vie en bonne santé stagne et qu'il y a 6 années d'écart d'espérance de vie entre un cadre et un ouvrier et 13 années entre les 5 % les plus riches et les 5 % les plus pauvres. Derrière la simplification prétendue du système par points, l'objectif réel d'Emmanuel Macron était de faire travailler les Français plus longtemps sans le dire. Et de les jeter dans les bras de ses amis de la finance proposant des retraites complémentaires. En effet, à mesure que l'espérance de vie dans le pays a augmenté, on a consacré une part proportionnellement plus importante de richesses au financement des retraites. Aujourd'hui cela représente 14 % du Produit intérieur brut (PIB) et nous avons toutes les raisons d'en être fiers. C'est à ce prix que la France est un des pays qui a le moins de retraités pauvres même s'il y en a toujours trop. Mais alors que les projections démographiques montrent que la part des seniors dans la population va continuer d'augmenter, l'intention d'Emmanuel Macron est de plafonner à 14 % la part de richesse nationale consacrée aux retraites. C'est-à-dire faire des économies.

Or, si on maintient la même part de la richesse nationale consacrée aux retraites alors que la part des seniors dans la population continue d'augmenter, pas besoin d'avoir fait de grandes études pour comprendre que la solution c'est de baisser le niveau des pensions pour tous ou de pousser les gens à travailler plus longtemps. Ce qui est en fait une seule et même chose. En effet, si à 62 ans vous partez à la retraite avec une décote jusqu'à un âge dit « d'équilibre » permettant d'assurer qu'on ne consacre pas une part plus importante de richesses au financement des retraites, l'alternative pour une retraite sans décote, c'est de travailler plus longtemps. À moins que vous ne vous tourniez vers d'autres solutions que le régime général par répartition. Par exemple en faisant appel aux retraites complémentaires privées proposées par les assurances. Pendant les débats sur la réforme des retraites, les publicités pullulaient pour ce type de solutions. Le gestionnaire d'actifs Black Rock avait conseillé l'Élysée pour cette réforme des retraites. On en comprend l'intérêt.

Le gouvernement a tenté d'introduire de la confusion avec l'instauration d'un âge pivot, indiquant que la réforme ne concernerait que les Français nés après 1975. En fait, la réforme concernait bien l'ensemble des Français nés dès 1959. Le programme d'Emmanuel Macron écrivait noir sur blanc qu'il ne toucherait pas à l'âge de départ à la retraite ni au niveau des pensions. Or, de fait, avec cette réforme, c'est évidemment ce qu'il faisait : vous pourrez partir au même âge mais avec une retraite de misère. Donc soit vous travaillerez plus longtemps, soit vous chercherez à compléter votre retraite en faisant appel aux assureurs privés qui n'attendent qu'une chose : récupérer l'argent des retraites. En plein débat sur la réforme, le patron de BlackRock avait été élevé au rang d'officier de la Légion d'honneur.

Nous avons fait de cette bataille une véritable guérilla parlementaire. Pour la préparer, j'avais monté un groupe de travail avec quelques économistes pointus. La France insoumise aurait son contre-projet. Objectif : démonter la réforme du gouvernement et faire la démonstration qu'une autre réforme est possible, permettant de financer la retraite à 60 ans à taux plein pour une carrière complète avec 40 annuités, tout en consolidant notre système de retraites par répartition et en améliorant la reconnaissance de la pénibilité. Argument principal : un travailleur français produit en moyenne trois fois plus aujourd'hui qu'il y a cinquante ans. On peut donc financer plus de retraites avec autant de travailleurs. Et ceux qui soutiennent le contraire le font pour masquer la prédation du capital sur le travail : un travailleur français travaille aussi aujourd'hui beaucoup plus pour rémunérer le capital et les actionnaires qu'il y a quarante ans. Financer les retraites, c'est aussi rééquilibrer la répartition des richesses entre travail et capital. Aussi, nous faisions la démonstration qu'augmenter le temps de travail dans la vie, c'est aussi augmenter le chômage aux deux extrémités de la vie active : d'un côté des seniors poussés à travailler toujours plus longtemps et qui ont du mal à retrouver du travail pendant que des jeunes à l'autre bout ne demandent qu'à s'insérer dans l'emploi[1].

La bataille des retraites n'est en fait rien d'autre qu'une bataille pour la répartition de la richesse produite mal maquillée derrière les phrases creuses du genre « On vit plus longtemps, il faut travailler plus longtemps ». On peut travailler moins longtemps parce que l'on produit plus de richesses avec moins de travail, à la condition que le capital n'accapare pas cette richesse produite, tout simplement. C'est aussi un débat philosophique : à quoi bon travailler plus longtemps que le temps nécessaire à la production de ce dont nous avons besoin ? Si l'on produit plus de richesses avec moins de travail, pourquoi travailler plus longtemps ? Pour enrichir qui ? N'est-il pas préférable de se dégager du temps libre ? Le temps libre, n'est-ce pas la quête ultime des êtres humains ? Un temps que l'on puisse investir pour soi, ses proches et la collectivité. Un temps qu'il n'y a aucune difficulté à financer si on assume la nécessité de partager les richesses créées.

Cinq grands principes fondent notre contre-projet : la liberté de partir dès 60 ans, 40 annuités, un calcul basé sur les 10 meilleures années, un minimum vieillesse porté au niveau du seuil de pauvreté et aucune retraite inférieure au SMIC pour une carrière complète. Comment le financer ? En cuisinant un plus gros gâteau pour que chacun puisse en avoir une part suffisante alors qu'Emmanuel Macron veut garder le même gâteau quel que soit le nombre d'invités à table et donc couper de toujours plus petites parts. Pour financer notre contre-projet, nous aurions besoin de consacrer 2 points de PIB de plus aux retraites d'ici à 2040, c'est-à-dire

1. « Réforme des retraites : le contre-projet de La France insoumise », à télécharger sur https://lafranceinsoumise.fr/2019/12/17/reforme-des-retraites-contre-projet/

passer de 14 % à 16 %. En mobilisant les réserves immédiates, en augmentant les recettes par la relance de l'activité et de l'emploi et en augmentant les salaires et les cotisations. Ces « cotisations » qu'ils appellent des « charges » pour faire oublier qu'elles sont une part du salaire. Non, ce qui est une « charge » pour les travailleurs, ce ne sont pas les cotisations sociales. C'est le capital ! Il n'y aura d'ailleurs pas de problème de financement des retraites avant des années compte tenu des presque 150 milliards de réserves que l'on trouve dans les différents fonds.

Avant que commence la bataille à l'Assemblée, les parlementaires insoumis se déployaient partout dans le pays en soutien à celles et ceux qui menaient la lutte par la grève. La grève si souvent décriée dans les médias osant parler de « prise d'otage » dans une confusion détestable avec les pires heures vécues récemment par notre pays. La grève que d'aucuns détestent mais dont tous sont heureux de profiter des résultats quand il s'agit, par exemple, de remplir le coffre de la voiture pour partir en famille prendre quelques jours de vacances. Rien n'a jamais été donné. Pas même les congés payés. Tout a toujours été arraché. Les pourfendeurs de la grève souhaitent-ils que l'on retire de leurs acquis sociaux tout ce que la grève a permis de gagner ? Ainsi, nous étions présents jusque dans le froid du mois de décembre, pendant les fêtes de Noël, sur les piquets de grève des quais de gare, auprès des cheminotes et cheminots, fers de lance de la lutte. « Ils se battent pour leur régime spécial », disaient ceux qui voulaient instiller partout la division des travailleurs dans la séquence.

Non, les cheminots et tous les autres ne se battaient pas seulement pour leurs régimes spéciaux mais ils expliquaient partout comment cette réforme allait toucher tout le monde. Macron aurait tant voulu réussir à faire en sorte que les Français pensent que cette réforme ne concernerait que les régimes spéciaux. Nous avons tenu tête. Nous avons expliqué partout que tout le monde, absolument tout le monde, serait concerné.

Nous multiplions les réunions publiques et les meetings pédagogiques pour faire comprendre la réforme par points et présenter notre contre-projet. L'un de ces meetings restera parmi mes plus beaux souvenirs du mandat. Le 30 janvier, à Lille, je partageais l'affiche avec Jean-Luc Mélenchon[1]. Au cœur de ma circonscription, la salle était pleine et l'on dut une nouvelle fois sonoriser l'extérieur. Plutôt que de faire un discours chacun notre tour, Jean-Luc et moi étions tous les deux sur scène, et nous assurions le discours à deux voix, une partie après l'autre, avec des transitions qui faisaient beaucoup rire la salle. J'avais parlé d'une soirée « numéro spécial de *C'est pas sorcier* consacré aux retraites. À vous de deviner lequel de nous est Fred et lequel est Jamy ! »

Quelle émotion pour moi de partager cette scène avec lui dans un moment aussi important de la vie du pays. Je fis référence au premier meeting dont j'avais été le spectateur sept années plus tôt. Lui et moi, le maître et l'élève en somme, partageant la même scène. Quel joli message et quel beau spectacle en plus de l'œuvre utile faite ce soir-là dans la déconstruction de la réforme d'Emmanuel Macron et la préparation de la bataille parlementaire ! Le jeune combattant et le chef de guerre. L'efficacité de notre duo était totale.

Lorsque la réforme arriva à l'Assemblée, nous étions ainsi plus que préparés. Avec le contre-projet, j'avais eu l'occasion de passes d'armes qui donnaient le ton face à Jean-Paul Delevoye, l'envoyé du gouvernement sur la réforme des retraites. Avant qu'il dût démissionner pour ses mandats non déclarés à la Haute Autorité pour la transparence de la vie publique (HATVP) et les conflits d'intérêts dans cette réforme des retraites relevés par plusieurs médias, il ne s'y était pas trompé : c'est bien de notre côté que viendrait l'opposition la plus difficile à affronter.

1. Meeting sur les retraites avec Jean-Luc Mélenchon à Lille, à visionner sur la chaîne YouTube de Jean-Luc Mélenchon.

Le 9 octobre 2019, sur le plateau de David Pujadas, je lui faisais face dans l'émission *La Grande Confrontation*. Dans un débat embrouillé par les cas particuliers, de telle sorte que le téléspectateur pouvait difficilement saisir les enjeux saillants de la réforme, j'étais venu avec mes graphiques et ma besace d'arguments. On ne pouvait compter que là-dessus. Le débat sur les retraites est sans doute le moment du mandat où je me suis senti le plus à l'aise dans mon travail d'opposition. Les syndicats et de nombreux collectifs faisaient aussi le boulot et la mobilisation prenait de mieux en mieux dans la rue. Dans la bataille parlementaire, nous avons envoyé le ban et l'arrière-ban, débarquant à une dizaine en pleine nuit dans les travaux de commissions et ne cédant pas un pouce de terrain à l'adversaire. Nous savions l'importance du moment et combien nous faisions ça pour ces braves gens qui se battaient dehors et nous regardaient faire dedans.

Plus les semaines passaient, plus le gouvernement était dans la nasse, sa réforme devenant hautement impopulaire. Delevoye dut partir en cours de route, remplacé par Laurent Pietraszewski, député LREM du Nord. Celui-là même qui avait été le rapporteur du texte des ordonnances contre le Code du travail au tout début du mandat. Il me retrouvait de nouveau en première ligne face à lui. Pour la séance, nous avions déposé 23 147 amendements, soit 10 000 de plus que le groupe communiste, dix fois plus que Les Républicains et 22 000 de plus que les socialistes ! Loin des grandes heures de l'obstruction parlementaire des précédentes législatures, même si on nous les a beaucoup reprochés. Juste de quoi faire durer, comme il le fallait. Les Français ne voulaient pas de cette réforme et ils avaient raison. Nous étions déterminés à être un rempart. Si Macron voulait faire travailler les Français plus longtemps et baisser le niveau des pensions de retraites, il devrait d'abord nous passer sur le corps. Le premier article ne fut adopté en séance qu'après 70 heures de débats.

Le 29 février 2020, le Premier ministre Édouard Philippe engageait la responsabilité du gouvernement par un lamentable 49-3 qui rappelait les grandes heures de contestation de l'action du gouvernement de Manuel Valls dans le quinquennat précédent lors de la loi El Khomri. Mais le même jour, le gouvernement était déjà préoccupé par un tout autre sujet. Un Conseil des ministres exceptionnel traitait de l'épidémie de Covid-19. Le 16 mars 2020, Emmanuel Macron déclarait la suspension de toutes les réformes, à commencer par celle des retraites. La France entrait alors dans son premier confinement. L'épidémie et ses conséquences, un autre appel à tout changer. Nous avons eu la peau de la réforme des retraites. Si celle-ci devait être remise à l'ordre du jour, qu'Emmanuel Macron se le dise, il nous trouvera de nouveau face à lui. Selon le baromètre Odoxa du 6 octobre 2021, 4 Français sur 5 sont opposés à l'augmentation de l'âge de départ à la retraite. Ils ont raison. C'est injuste et inutile.

Au tout début de l'épidémie de Covid en France, le Premier ministre Édouard Philippe convoquait régulièrement les présidents de groupes parlementaires et les chefs de partis à Matignon pour un point de situation. Jean-Luc et moi devions nous retrouver dans un café non loin de là, avant de participer au premier de ces rendez-vous. Dans un échange par messages, de bon matin avant nos retrouvailles, il me dit : « Il y aura de la presse dans la cour. L'image est importante : toi et moi, ensemble, entrant là. » En remontant tous les deux la rue de Varenne jusqu'à Matignon, je lui ai dit, souriant mais blaguant à peine : « Si toi tu es de l'autre côté à l'Élysée, moi je me verrais bien faire le job ici ! » Il sourit et me dit : « Donc tu postules, Adrien ? »

13

La République, c'est nous !

Dans les matinales et autres émissions politiques, le Mélenchon-*bashing* est devenu un sport national. Presque tous les matins et tous les soirs, on parle de lui et tout le monde donne son avis. C'est assez formidable. Peut-être est-ce parce qu'il a lui-même décidé de ne plus y aller aussi souvent qu'avant et de laisser la place à d'autres. Il doit donc leur manquer. Alors ils en parlent et ils en font beaucoup parler. Cela prouve évidemment sa centralité dans le paysage politique, mais aussi combien nous sommes la force à abattre aux yeux du système.

Ainsi, mettre en cause Jean-Luc Mélenchon pour tout à la fois, ou pour rien ou n'importe quoi, est devenu quelque chose de normal, de convenu. Comme un bruit de fond quotidien. Encore un peu et on ne sera plus très loin de le ramener de force dans le bulletin météo ! Il pleut ? Oui. C'est la faute à Mélenchon ! Cela me fait penser à cette image, si drôle, qui circule sur les réseaux sociaux. On y voit un chat, sur le dos, les pattes en l'air, qui vient de renverser un vase, cassé au sol. À la manière d'une bande dessinée, la bulle lui fait dire « C'est pas moi, c'est Mélenchon ! »

Ainsi, ces uns et ces autres, qui ne tiendraient pas la mer plus de quelques secondes s'ils étaient face à l'un d'entre nous pour répliquer, peuvent taper à bras raccourcis sur Jean-Luc Mélenchon, sans contradiction et, le plus souvent, sous le regard complice et amusé de l'intervieweur. On y parle « d'ambiguïtés » mais on ne dit jamais lesquelles. De rupture avec « les rives de la république » sans expliquer en quoi et sans plus savoir définir la république elle-même. Et quand on voit ce qu'incarnent politiquement ceux qui mettent Jean-Luc Mélenchon en cause, on aurait presque envie de rire. Il n'empêche, l'offensive est violente. Et surtout, le procédé qui consiste à ne jamais demander à l'émetteur de préciser ses propos ou d'argumenter est tout simplement honteux.

Imaginez que moi, j'arrive sur un plateau de télé en racontant les pires crasses sur un ministre ou un responsable politique, usant de qualificatifs tous plus infamants et grossiers les uns que les autres et que la seule réaction du journaliste face à moi consiste en un hochement de tête complice avant de poser la question suivante ! Je devrais essayer, tiens ! C'est un véritable processus de diabolisation qui est à l'œuvre à notre endroit, à l'heure où l'extrême droite, jugée trop molle par le gouvernement, bénéficie de l'effet inverse. Renvoyer dos à dos l'extrême droite et notre courant politique, celui de la révolution citoyenne et, en définitive, de la république jusqu'au bout, est dangereux. « Plutôt Hitler que le Front populaire », disaient d'autres bien avant eux. Surtout, il ne faut pas s'y tromper : même si les attaques paraissent personnelles, Jean-Luc Mélenchon n'est pas attaqué pour sa personne. Il est attaqué à cause du programme de rupture qu'il incarne. Si demain, à sa place, moi ou n'importe lequel d'entre nous marchait devant, il subirait les mêmes attaques.

Depuis que j'ai rejoint Jean-Luc Mélenchon, j'ai appris non seulement à repérer mais aussi à combattre ces attaques répétitives et les campagnes de calomnies contre nous. On peut choisir de faire le dos rond parfois. On peut aussi rendre les coups quand c'est nécessaire. L'intensité de ces campagnes infamantes constitue généralement un bon sondage : elles sont d'autant plus fortes que nous sommes forts nous-mêmes ou qu'une échéance électorale approche. À titre d'exemple et sans aucun mépris pour Philippe

Poutou, le candidat du NPA porte un programme beaucoup plus radical que le nôtre encore et on ne voit pas pour autant qu'il soit la cible de telles campagnes de diabolisation. Vous saisissez ?

Opportunes ou méthodiquement organisées, comme elles le sont contre toutes les femmes et hommes de notre courant politique à peu près partout dans le monde, ces campagnes infamantes poursuivent un objectif : nous disqualifier d'office. Le plus souvent, elles renforcent le noyau de convaincus, conscients qu'il ne s'agit de rien d'autre que de la lutte et que, peu importe celui qui marche devant, cela ne cessera jamais. Mais elles visent aussi à décourager ou tromper les hésitants et les fébriles qui pensent que cela a une réalité ou qu'il n'y a « pas de fumée sans feu ». Surtout, elles exonèrent ceux qui en sont à l'origine, comme l'ensemble de nos adversaires qui peuvent s'en saisir opportunément, de devoir discuter concrètement du programme que nous portons.

Notre solidité sur le fond est connue, de même que notre capacité à mettre en cause la politique de nos adversaires avec force. Ainsi pour eux, mieux vaut dire que Jean-Luc Mélenchon est un « ennemi de la République » que de devoir débattre de sa proposition de passer à la 6e République. Mieux vaut nous coller l'étiquette « d'extrémiste » que de devoir assumer concrètement avec nous le débat sur le partage des richesses, l'emploi ou la bifurcation écologique. Mieux vaut dire que Jean-Luc Mélenchon est « ambigu sur la lutte contre l'antisémitisme » que de voir mis en cause le communautarisme de certaines organisations qui interviennent dans le domaine politique ou de devoir débattre de la politique de colonisation de l'État d'Israël bafouant le droit international dont nous nous réclamons pour la paix. Mieux vaut nous repeindre avec des qualificatifs comme « islamo-gauchiste » que d'être mis soi-même devant ses propres contradictions en matière de laïcité. Mieux vaut nous dire « anti-flics » que de reconnaître l'existence de violences policières et de s'intéresser aux propositions des insoumis pour refonder la police républicaine et renforcer ses moyens. Mieux vaut nous dire « complotistes » que d'assumer la critique des effets de système, par exemple dans les médias. Bref, par tous les moyens, mieux vaut mille fois la polémique à propos de Jean-Luc Mélenchon que la discussion à propos de son programme. Voilà, je le crois, leur credo.

Je me souviens d'un trajet en taxi avec Jean-Luc Mélenchon pendant lequel le chauffeur interrompit notre conversation pour dire : « On pense souvent à vous. Ne lâchez rien ! Tout de même, qu'est-ce qu'ils vous mettent dans la figure ! » Stoïque, Jean-Luc répondit : « Vous n'imaginiez tout de même pas qu'avec un score de 19,5 % et 7 millions de voix à la dernière élection présidentielle, ils allaient nous laisser tranquilles ! Vous imaginez ce que ça représente pour eux un programme comme le nôtre aux portes du pouvoir ?! »

D'abord, nous sommes le plus souvent mal définis. On nous colle volontiers l'étiquette « extrême gauche ». Non pas qu'il s'agisse d'une insulte, mais cette caractérisation politique ne correspond tout simplement pas à ce que nous sommes. Le programme « L'Avenir en commun » n'est pas un programme d'extrême gauche. C'est un programme de gouvernement, certes de rupture, qui répond aux urgences démocratiques, sociales, écologiques et s'attache à l'idée d'une France indépendante au service de la paix. Nous qualifier d'extrême gauche, c'est aussi manquer de respect à tout un courant politique qui existe en France et qu'on ne peut pas rayer d'un trait de plume. Il y a une extrême gauche revendiquée en France. Elle a ses partis. Ils s'appellent Lutte ouvrière, Nouveau parti anticapitaliste. Ce sont des camarades que nous retrouvons régulièrement dans les luttes, mais ça n'est pas La France insoumise.

Notre objectif est de conquérir le pouvoir par les urnes. Nous sommes les partisans d'une révolution citoyenne. C'est-à-dire un changement radical, parce que c'est la seule chose qu'il soit raisonnable de faire vu la situation, mais avec des bulletins de vote. Avant de rejoindre le Parti de gauche de Jean-Luc Mélenchon, j'avais suivi pendant quelques années le NPA sans jamais y avoir adhéré. Ce qui a notamment fait la différence et m'a convaincu de rejoindre Jean-Luc Mélenchon, c'est que dans le triptyque du Parti de gauche, il y avait bien sûr le lien entre « écologie », et « socialisme » mais aussi et surtout le mot « république ».

Sur le plateau de Cyril Hanouna où était invité Jean-Luc Mélenchon le 11 février 2021, on n'attendait pas autant de mises au point salutaires venant de certains chroniqueurs. Je me souviens par exemple de Yann Moix disant : « On a beaucoup moqué Jean-Luc Mélenchon quand il a crié "La République, c'est moi" mais concrètement, compte tenu de ce qu'il porte et incarne, c'est plutôt vrai ! » Et Karim Zéribi et Bernard Laporte de renchérir sur le même plateau : « Oui, moi aussi je trouve ça nul qu'on dise que Jean-Luc Mélenchon n'est pas républicain. On peut être en désaccord avec lui sur beaucoup de sujets, mais Jean-Luc Mélenchon est évidemment un républicain. »

Avant de m'engager en politique, le terme de « république » dans la bouche des dirigeants me paraissait totalement vide de substance. La République est, par abus de langage, la plupart du temps convoquée pour signifier l'autorité ou l'ordre public et pour faire des leçons de morale sans contenu. Ce qui m'a tout de suite plu chez les mélenchonistes, c'est qu'ils étaient les seuls à redonner du sens au terme. La république n'est pas un régime neutre. Elle porte un contenu politique. D'abord, sa naissance la situe politiquement. Elle est le fruit de la Grande Révolution de 1789 et de l'abolition de la monarchie. En république, c'est le peuple qui est souverain, en opposition au monarque de droit divin. La souveraineté populaire et son exercice concret, voilà le premier défi de tout républicain. Et qui mieux que Jean-Luc Mélenchon le porte aujourd'hui avec la proposition d'une assemblée constituante pour passer à la 6e République et en finir avec cette Ve République qui est une forme de monarchie présidentielle ?

Si l'on s'attache à cette idée de souveraineté populaire, on ne peut pas se prétendre républicain et faire adopter des traités européens refusés par le peuple par référendum. Pourtant, le parti de Nicolas Sarkozy s'appelle bien « Les Républicains ». La confusion est totale. Les mots ne veulent plus rien dire. On a souvent opposé la République aux Gilets jaunes. Pourtant, leurs cahiers de doléances et leur revendication d'un référendum d'initiative citoyenne sont profondément républicains. On peut dire sans hésiter que le processus de la Grande Révolution de 1789 est inachevé. En effet, il reste des privilèges à abolir.

Notre devise républicaine, présente sur les frontons de tous les bâtiments publics, est un programme politique en soi : « Liberté, Égalité, Fraternité ». Jean-Luc Mélenchon rappelle régulièrement que, contrairement à bien d'autres devises nationales, la devise française peut être mise en partage avec l'humanité entière. En mai 2021, il publiait d'ailleurs un livre intitulé *Députés du peuple humain*, reprenant un des discours à l'Assemblée résumant la pensée écologique insoumise et l'idée d'intérêt général humain.

Si la devise républicaine est un programme politique, peut-on se réclamer de la république en restreignant les libertés publiques ? Le principal obstacle à l'universalisme qui est notre objectif, c'est le racisme, ce sont les discriminations. Peut-on être républicain sans mener le combat antiraciste ou en étant raciste soi-même ? Peut-on se dire républicain et mener des politiques qui concourent objectivement à l'accroissement des inégalités ? Peut-on se dire républicain sans répondre à son devoir de fraternité ? La République fonde la nation. Notre nation est une nation politique et non pas une nation ethnique. Ce qui définit la communauté nationale, ce n'est ni une couleur de peau, ni une religion, ni une culture.

C'est un contrat politique. En quelque sorte, « Liberté, Égalité, Fraternité », donc Français !

Dès lors, on comprend que « la République » dans la bouche de bien des responsables politiques est un confusionnisme. À l'inverse, le programme « L'Avenir en commun » est, lui, absolument républicain. J'invite le lecteur à retrouver les écrits, discours et nombreuses conférences de Jean-Luc Mélenchon à propos de la république. Il n'y a pas de responsable politique qui incarne mieux que lui ce qu'elle est véritablement. Voyez, par exemple, son discours de juin 2021, intitulé « La laïcité est le moyen de la souveraineté du peuple » sur la loi séparatisme à l'Assemblée nationale. Dès lors, on peut s'offusquer d'une phrase criée un peu fort dans un moment de colère. Mais on peut aussi comprendre le sens profond de cette idée d'incarnation de la République. Dans une interview, Jean-Luc Mélenchon revenait sur cette fameuse phrase « La République, c'est moi » en disant : « Ils pensaient se moquer. Ils m'ont offert un slogan. » Il doit d'ailleurs rester quelques tee-shirts « La République, c'est moi » dans la boutique de La France insoumise ! Ils se sont très bien vendus.

Dans le genre mises en cause infamantes et instantanément disqualifiantes, il y a bien sûr la question de l'antisémitisme. Certains de nos adversaires se sont sentis autorisés à reprocher à Jean-Luc Mélenchon des « ambiguïtés sur l'antisémitisme ». Ils sont assez subtils pour ne pas carrément oser dire « Jean-Luc Mélenchon est antisémite ». Mais comme pour chacune des autres, l'accusation à elle seule suffit à faire le mal. Ainsi, en 2013, pour avoir critiqué les choix économiques de Pierre Moscovici, alors ministre de l'Économie, en déclarant qu'il ne pensait « plus en français mais dans la langue de la finance internationale », le Parti socialiste dit d'abord de Jean-Luc Mélenchon que ses propos relevaient « du vocabulaire des années 1930 » avant de carrément l'accuser d'antisémitisme. Ou comment éviter le véritable sens du propos sur la finance !

Jean-Luc Mélenchon, abasourdi par ces accusations, avoua qu'il ne connaissait pas la religion de Pierre Moscovici. Lors du congrès du Parti de gauche, il remit avec force les pendules à l'heure : « Si un jour, un jour un seul dans sa vie, parce qu'il est juif quelqu'un venait ou à l'insulter, ou à l'offenser, ou à le menacer, alors il nous trouverait tous comme un seul corps, un seul bloc à ses côtés ! »

En fait, et contrairement à ceux qui nous accusent, en républicains conséquents, nous refusons tous les communautarismes. Tous. Ainsi, face à Philippe Val, le 30 novembre 2017 sur le plateau de l'*Émission politique* de France 2 qui, après un propos lourd de sous-entendu, ajoutait « Je ne dis pas que vous êtes antisémite, je ne l'ai pas dit Jean-Luc Mélenchon, d'ailleurs je ne le pense pas une seule seconde », il répondit :

« L'antisémitisme n'est pas dans mes moyens. Écoutez-moi, monsieur, dans tous mes meetings, je refuse les communautarismes. Tous. D'accord ? Tous sans exception. Je défends l'universalité de la condition humaine. Je défends toutes les victimes. Je suis donc, comme vous, scandalisé quand quelqu'un est frappé ou menacé parce qu'il est juif. Comme je suis scandalisé quand quelqu'un est frappé parce que femme, ou parce qu'il est musulman, ou parce qu'il est catholique, ou parce qu'il est protestant. Vous comprenez ça ? Il y a des gens qui sont fondamentalement universalistes. C'est mon cas. »

Notons au passage que le même Philippe Val, jadis à *Charlie Hebdo*, témoignait en 2021 en faveur du journal identitaire *Valeurs actuelles* lors du procès de ce dernier pour avoir représenté la députée Danièle Obono en esclave, parce que noire et insoumise. Un naufrage intellectuel comme il y en a tant d'autres. Le journal fut condamné.

Le 23 mars 2018, l'assassinat à caractère antisémite de madame Mireille Knoll, quatre-vingt-cinq ans, a soulevé le pays d'émotion et suscité l'indignation. À la suite de l'appel de la famille de la victime, plusieurs organisations politiques, dont La France insoumise, ont participé à une marche blanche quelques jours plus tard. Nous savions que des groupes extrémistes y seraient, comme la Ligue de défense juive, considérée aux États-Unis comme une organisation terroriste. Mais qu'importe : il était évident pour nous qu'il n'y avait nul autre endroit où être ce jour-là. Nous nous sommes toujours battus contre l'antisémitisme comme contre toutes les formes de racisme. N'en déplaise à ceux qui, dans un confusionnisme dangereux, essayent de faire passer toute critique de la politique de l'État d'Israël pour de l'antisémitisme. Défendre la résolution de l'ONU de 1967 pour la solution à deux États entre Israël et la Palestine avec Jérusalem-Est pour capitale ne fait pas de nous des antisémites mais juste des partisans de la paix. Défendre les droits du peuple palestinien face à la colonisation illégale de l'État d'Israël ne fait pas de nous des antisémites mais juste des partisans du respect du droit international.

Parce que nous savions que ces « ambiguïtés » supposées sur ce sujet étaient de nature à exciter certains groupes extrémistes contre nous, nous avons souhaité prendre contact avec certaines organisations afin d'obtenir des garanties quant à notre sécurité lors de la participation à la marche blanche. Alexis Corbière contacta ainsi par téléphone Francis Kalifat, le président du Conseil représentatif des institutions juives de France (Crif), dont on sait les positions hostiles envers La France insoumise. En juin 2021, dans un communiqué, le Crif appelait d'ailleurs à ne voter ni pour le Rassemblement national ni pour La France insoumise. Qu'est-ce donc que cela sinon du communautarisme ? Lorsque Corbière s'entretint au téléphone avec Francis Kalifat, ce dernier osa même lui parler de sa « clientèle électorale » de Seine-Saint-Denis. Disait-il la même chose quand Manuel Valls participait aux ruptures de jeûne du Ramadan dans une mosquée, ce que vous ne verrez jamais un insoumis faire ? Je ne le pense pas.

Et le lendemain, à la marche, alors qu'il y avait lieu de faire une démonstration d'unité populaire contre l'antisémitisme, on vécut l'impensable. Alors que la marche se mettait en place, le bar dans lequel les députés insoumis s'étaient donné rendez-vous était encerclé par quelques dizaines de personnes qui nous cherchaient avec l'intention visible d'en découdre. Nous avons choisi de faire confiance aux autorités et, ceints de nos écharpes tricolores, nous sommes sortis du bar pour rejoindre le départ du cortège. Dès que nous avons mis un pied dehors, ils se sont jetés sur nous. Sans le service d'ordre constituant la bulle autour du groupe d'élus, ils nous auraient passés à tabac. Ils cherchaient à nous atteindre physiquement en criant des insultes ignobles. Les femmes du groupe étaient, par exemple, traitées de « putes à bougnoules ». Nous n'avons pu faire que quelques dizaines de mètres, encerclés par ces sauvages, sous les yeux des élus de droite et de la République en Marche, pour la plupart indifférents. En croisant le regard enragé de ceux qui s'en prenaient à nous et en voyant l'indifférence que suscitait notre agression chez la plupart des élus d'autres bords, je me suis vraiment dit que ça ne tournait plus rond du tout dans notre pays. Je crois me souvenir que seul Richard Ferrand nous avait exprimé clairement son soutien sur le moment.

Aussi, je le dis, j'ai eu peur pour nous. Je puisais le courage de patienter que cette scène de chaos cesse en écoutant ceux des présents qui, moins nombreux, venaient nous soutenir parmi lesquels un rabbin. Et, malgré notre volonté de marcher contre l'antisémitisme, la police décida de nous exfiltrer de la marche. Incroyable. Des élus en écharpe, tout ce qu'il y a de plus républicains, empêchés de marcher en hommage à une femme victime de l'antisémitisme à cause de groupes extrémistes, le tout sous le regard indifférent d'autres élus de la République !

Le temps de reprendre notre souffle dans une rue plus éloignée où nous nous trouvions en sécurité, et Jean-Luc Mélenchon répondit aux micros tendus. Nous pensions d'abord à la famille de la victime. La dignité de son intervention après le choc que nous venions de subir me laisse admiratif aujourd'hui encore lorsque je revois la séquence :

« Ce qui est important, c'est que le message passe jusqu'au plus profond village de France, que chaque juif sache qu'il est sous la protection de la totalité de la communauté nationale. Voilà ce qui est important. Et que jamais nos réserves d'amour pour notre peuple ne s'épuiseront. Voilà. Et ça, c'est la leçon du gendarme Beltrame, c'est le sens des événements que nous venons de vivre. »

La leçon du gendarme Arnaud Beltrame, mort le 24 mars 2018 à Carcassonne, victime de l'attaque terroriste de Trèbes où, la veille, il s'était volontairement substitué à un otage. Alors qu'il intervient peu en séance de questions au gouvernement pour laisser toute sa place au groupe, Jean-Luc Mélenchon avait proposé d'intervenir pour rendre hommage au lieutenant-colonel dans l'hémicycle :

« À Trèbes et à Carcassonne, comme ailleurs auparavant, l'acte terroriste a déployé une abjecte violence. Mais qui était calculée. Son but : subjuguer la raison, imposer la soumission à la peur qui pousse au chacun pour soi. Et, pour finir, abolir la norme humaine. Alors que le pire était en place, cependant, j'ose le dire : le mal a été vaincu. Parce que la scène a été inversée. Le lieutenant-colonel Arnaud Beltrame a remis le monde humain en ordre. Il a réaffirmé la primauté de la compassion. Il a assumé la primauté d'un altruisme absolu : celui qui prend pour soi la mort possible de l'autre, illustrant ainsi les valeurs de foi et de philosophie auxquelles il était attaché personnellement. En ce sens, le lieutenant-colonel Beltrame est un héros de la condition humaine. Certes, son sacrifice n'efface ni la douleur, ni le sang, ni la mort. Mais il nous fait devoir. Devoir impératif et impérieux : à notre tour de refuser à l'ennemi quelque victoire que ce soit. Et d'abord celle de la division, de la confusion et de la polémique qui viendrait à nous déchirer. Monsieur le Premier ministre, opposition, nous vous disons : nous sommes certains que vous, vos ministres, et tous les services de l'État avez, dans cette circonstance, avez fait tout ce qui était en votre pouvoir, du mieux que vous pouviez. Monsieur le Premier ministre, nous sommes disponibles pour l'union autour de la mémoire de ceux qui sont morts et de l'exemple qu'ils nous donnent. Appelez-nous à un deuil national et nous vous répondrons favorablement. »

Cette intervention avait fait se lever l'immense majorité des députés de l'Assemblée nationale. Les commentateurs saluaient unanimement la force des mots de Jean-Luc Mélenchon dont peu sont capables, tout le monde le sait.

Contrairement à ce que racontent nos calomniateurs, Jean-Luc Mélenchon a toujours eu les mots rassembleurs lorsque notre pays a été frappé. À chaque fois, il a été l'un des seuls à rappeler que, conformément à ce qu'ont théorisé les tenants du djihadisme moderne, derrière les morts que leurs actes provoquent, le but des terroristes islamistes est d'instaurer un clivage dans la société française pour qu'elle se disloque entre les musulmans et les non-musulmans. Ils détestent que l'on vive ensemble. Ils veulent nous séparer. Ils ont déjà dit qu'ils attendaient de leurs attentats une montée des actes contre les musulmans pour que ces derniers se sentent à leur tour menacés. Par conséquent, faire preuve d'unité dans l'épreuve, c'est la première riposte face à l'ennemi. C'est le premier des devoirs. Nous diviser sur la question de la religion, c'est leur donner le point qu'ils cherchent à obtenir alors que l'essentiel des musulmans, dont on ne rappelle jamais assez qu'ils sont les premières victimes du terrorisme islamiste à travers le monde, ne demandent qu'à vivre en paix, comme tout le monde.

Ainsi, après l'attentat contre *Charlie Hebdo*, rédaction dans laquelle il comptait des amis personnels, Jean-Luc Mélenchon, sur place, déclarait :

« Il s'agit de faire la démonstration que nous sommes capables de nous serrer les coudes, de faire peuple ensemble et que rien ne nous divisera. La République, elle est une et indivisible, pas seulement par ses frontières mais par son peuple. Il faut faire tout ça en même temps et être davantage dans l'amour que dans la haine. Je ne sais pas s'il y a une cause quelconque poursuivie par des moyens pareils, mais ils la déshonorent par de telles méthodes. Il faut se serrer les coudes. Et surtout penser à ces pauvres gens qui sont morts aujourd'hui. Il y a un devoir de compassion et là, c'est la force humaine qui va nous permettre de vaincre ce que ces gens essayent de faire. »

En novembre 2015, après les attentats du Bataclan et en Île-de-France, on le retrouvait aux côtés du futur premier ministre, Édouard Philippe, sur le plateau exceptionnel de l'émission *On n'est pas couché* animée par Laurent Ruquier, avec la même clarté. Le 20 avril 2017 également, alors qu'à quelques jours seulement du premier tour des élections présidentielles et en plein débat télévisé, il apprenait en direct avec ses concurrents et adversaires l'attentat survenu sur les Champs-Élysées, tuant le policier Xavier Jugelé :

« Je crois m'exprimer au nom de ceux qui sont non seulement sur ce plateau, mais également en coulisses pour dire que nous adressons une pensée émue à la famille du policier qui a été tué, aux policiers blessés ainsi qu'aux personnes traumatisées par cette scène. Il faut que l'on sache bien que les criminels ne seront jamais impunis dans ce pays et que leurs complices ne seront jamais oubliés, quelle que soit leur importance dans la société. Dans l'attente d'information plus sûre, il me paraît nécessaire de répondre d'abord à notre devoir de citoyen. Pas de panique. Ne pas interrompre le processus de notre démocratie, de manière à bien montrer que les violents n'auront pas le dernier mot contre les républicains. Enfin, notre devoir de citoyens est de ne pas nous abaisser à des polémiques dont rêve l'ennemi mais au contraire de rester unis. Il me revient d'ailleurs de dire que nous serons d'autant plus unis que la misère et l'inégale répartition de la richesse ne nous aura pas divisés. Nous serons d'autant plus unis que nous ne saurons pas dans la main d'une petite caste de tout-puissants qui décident de tout, plutôt qu'égaux en droits comme des citoyens libres dans une République totalement rénovée. Et enfin, parce qu'il faut que la vie, toujours, l'emporte sur la mort, nous serons d'autant plus unis que nous aurons un grand projet en commun : celui de faire changer notre mode de production, d'échanges de consommation. »

Surtout, cette volonté d'avoir à chaque fois une parole rassembleuse pour ne pas donner le point de la division à l'ennemi qui nous frappe ne signifie aucunement que les questions de politiques pratiques posées par les attentats ne seraient pas traitées au sein de La France insoumise. Au contraire, nous avons un programme détaillé s'agissant de la lutte concrète contre les actes terroristes, des moyens de renseignements humains en passant par nos relations commerciales avec certaines puissances qu'il faut réinterroger. De même, si Jean-Luc Mélenchon défend comme il se doit les musulmans qui pâtissent des comportements abjects de ceux qui les montrent du doigt après les attentats, il n'a jamais manqué de clarté s'agissant de l'islamisme politique.

Exemple face à Marine Le Pen dès 2011 :

« Dans ce pays, il n'y a pas de problème avec l'islam. Il y a un problème avec une poignée de fanatiques que nous mettrons à notre merci comme nous l'avons fait avant pour d'autres. D'une manière générale les Français pensent comme moi, ils en ont par-dessus la tête qu'on les bassine avec les histoires de religion. »

Ou en 2017 dans les meetings de la campagne :

« Nous nous battons contre l'islam politique, en toutes circonstances et en pleine fraternité avec la quasi-totalité des musulmans. »

Plus récemment encore sur LCI alors qu'on nous traitait déjà d'« islamo-gauchistes » :

« Ce que je veux que les islamistes politiques sachent, c'est que je reste avec mes amis leur ennemi comme je l'ai été quand il y avait le FIS, comme je l'ai été quand il y avait Ennahdha au pouvoir en Tunisie. Ce sont mes amis Chokri Belaïd et Mohamed Brahmi qui y ont été assassinés. »

Ou encore, le 21 septembre 2020, lors de la soirée de lancement de l'Institut la Boétie, à l'occasion d'un énième discours sur la République :

« La seule communauté acceptée en France est la communauté légale. Aucune autre communauté n'a le droit d'instituer des droits séparés qui ne s'appliqueraient qu'à ses membres. Aucune autre. »

Dès lors, où ? Quand ? À quel moment Jean-Luc Mélenchon est-il, lui, « ambigu sur la République et la laïcité », à part dans les accusations sans fondement de nos calomniateurs ? Pourquoi les journalistes ne reprennent-ils pas les mots de Jean-Luc Mélenchon lui-même sur ces sujets plutôt que de faire parler les imbéciles qui nous diabolisent par leurs calomnies, incapables qu'ils sont de nous affronter sur le programme ?

En général, quand tous les arguments ont été épuisés et qu'ils ne trouvent plus rien à répondre, ils remettent sur la table un épisode en pensant tenir là la preuve irréfutable de notre « ambiguïté », voire de notre « collaboration » avec les islamistes, comme l'a titré le journal d'extrême droite *Valeurs actuelles* : la marche contre la stigmatisation des musulmans à laquelle La France insoumise a participé en novembre 2019 à Paris.

Tous ont oublié pourquoi cette marche avait eu lieu. Elle a été appelée en réaction à la tentative de meurtre devant une mosquée à Bayonne et dans un contexte d'aggravation des actes dirigés contre les musulmans. Tous les républicains y avaient donc leur place. D'ailleurs, des syndicats comme la CGT, la FSU et tant d'autres, mais aussi des formations politiques et des responsables, du PCF, d'EELV y ont appelé. Sont-ils pour autant qualifiés d'islamo-gauchistes ? Non, bien sûr ! Pourquoi ?

Le débat sémantique sur l'emploi du terme « islamophobie » justifiait-il de tourner le dos à une manifestation d'appel à l'unité, contre le racisme et la stigmatisation des musulmans après un attentat contre une mosquée ? Sans aucune naïveté sur le fait que certains choisissent d'employer ce terme dans un but politique visant à contester la possibilité de critiquer une religion, le terme n'est-il pas majoritairement compris dans la population, sans arrière-pensée, comme désignant le racisme envers les musulmans ? Quel que soit le terme choisi, cette marche était nécessaire et d'abord républicaine. Combattre le racisme, c'est républicain. Le racisme est un obstacle à l'universalisme que nous visons.

Dans cette marche, on a chanté *La Marseillaise*, il y avait des pancartes et slogans : « Laïcité, protège-nous ! » Les commentateurs ont préféré retenir les quelques islamistes qui se trouvaient là avec des mots d'ordre politiques et religieux qui n'étaient pas ceux de la marche. Mais sur ce point aussi, Jean-Luc Mélenchon, depuis la marche, avait été très clair, sans hésiter, appelant à « ne pas confondre quelques personnes avec la valeur de la cause qui est servie » et faisant valoir que « dans d'autres manifestations, il y a des personnes indésirables ». On finit, disait-il, « par oublier l'événement fondateur » de ce défilé, à savoir « la tentative de meurtres devant la mosquée de Bayonne ». « S'il y a en effet ici des gens qui nous dérangent, il y a aussi des gens avec qui on est plus à l'aise », évoquant notamment la présence de la CGT. En effet, quand il y a des casseurs dans une manifestation de revendication sociale, les pacifistes doivent-ils renoncer à revendiquer ou à manifester ? Les commentateurs, comme les politiques, avaient été étonnamment bien plus avares de commentaires s'agissant des groupes extrémistes violents qui s'en prenaient à des élus dans la marche contre l'antisémitisme après l'assassinat de Mireille Knoll. Pourquoi ?

Le débat parlementaire sur le projet de loi « contre les séparatismes », devenu le projet de loi « contre le séparatisme » avant de devenir le projet de loi « confortant les principes républicains » a été un exemple de la confusion qui règne. Quels principes républicains se sont trouvés renforcés de quelque manière que ce soit par l'adoption de cette loi ? La liberté ? Assurément non. L'égalité ? Pas davantage car tous les sujets que nous avons posés sur la table pour y concourir ont été repoussés. La fraternité ? Écouter la teneur abjecte des débats qui ont eu lieu suffit à comprendre que non. La laïcité alors ? Eh bien non, le contraire ! Une preuve que la République et sa laïcité sont utilisées à tout bout de champ par des gens qui, soit ne savent absolument pas ce que c'est, ou alors leur font dire tout autre chose que ce qu'elles sont.

La loi de 1905 est d'abord une loi de liberté : la liberté de conscience et de culte. La laïcité est un principe qui rend concrète la République. Elle porte des droits inaliénables garantis à tout membre de la société, français ou étranger. La laïcité, c'est à la fois la liberté de conscience et de culte, l'égalité des citoyens en tout domaine sans discrimination aucune et la séparation du politique et du religieux, l'un dans la sphère publique, l'autre dans la sphère privée, sans emprise de l'un sur l'autre. De cette séparation découle la neutralité de l'État à l'égard de toutes les convictions philosophiques, religieuses ou politiques. « L'Église chez elle, l'État chez lui. »

La laïcité assure donc l'unité et l'indivisibilité du peuple. On a le droit de critiquer une religion. On n'a pas le droit de s'en prendre à des personnes en raison de leur appartenance réelle ou supposée à une religion. Aussi, la laïcité n'est pas un athéisme d'État. L'État n'organise pas les religions. Il ne s'en mêle pas. Il est indifférent aux religions. « L'État ne reconnaît ni ne salarie aucun culte », dit la loi.

Ainsi donc et pour ne citer que ces deux exemples, quand François Hollande, président de la République dit « l'État reconnaît tous les cultes », il transforme totalement la laïcité en autre chose que ce qu'elle est. De même pour Emmanuel Macron quand il explique dans un monastère qu'il faudrait « réparer » le lien « abîmé » entre l'Église et l'État. Ce lien n'a pas été « abîmé », il a été rompu volontairement et c'est le sens même de la laïcité. De même quand Sarkozy et Macron acceptent le titre honorifique de chanoine de Latran, c'est-à-dire curé d'honneur du pape en tant que présidents de la République.

Comme la République vidée de son contenu social, la laïcité est aussi maltraitée par ceux qui voudraient la faire devenir ce qu'elle n'est pas ! Par exemple, traiter de la question du port du burkini sur la plage n'a strictement rien à voir avec la laïcité, quoi qu'on pense du port du burkini sur la plage ! De même que le port du voile dans l'espace public. On a le droit de se passionner pour les modes vestimentaires, mais la laïcité n'est pas non plus la police du vêtement. Un agent du service public ne peut pas porter de signe religieux ostentatoire en vertu de la neutralité de l'État, mais un usager d'un service public en a parfaitement le droit. Le port du burkini à la piscine municipale, par exemple, peut relever du règlement intérieur et des tenues qu'on accepte ou non pour des raisons d'hygiène. Mais qui invoque la laïcité pour le mettre en cause ne comprend pas la laïcité. Chacun est libre d'apprécier ou non le port du burkini et d'avoir un avis sur le sujet, mais invoquer la République et la laïcité pour cela est en quelque sorte un hors sujet. En revanche, qu'un service public, donc l'État, instaure des horaires réservés à un public en raison des codes et exigences de sa religion contrevient, en effet, à la laïcité. Il faut donc être précis.

Ainsi, il ne faut rien céder à ceux qui utilisent les termes de République et de laïcité à géométrie variable, en espérant pouvoir masquer ainsi leurs obsessions envers les seuls musulmans. Ce sont eux les véritables séparatistes. Ils aimeraient une société française sans que la deuxième religion monothéiste de France ne soit visible. Ils veulent se séparer de certains de nos concitoyens. Eh bien nous, nous voulons au contraire faire France de tout bois et nous serrer les coudes face aux défis communs que nous avons à relever et qui dépassent largement nos désaccords sur ces sujets, nos différences de couleurs de peau ou de religion.

De la même manière, la confusion entre la religion elle-même et la radicalisation ne permet pas de s'attaquer efficacement à la seconde. C'est d'ailleurs là où la République, ses services publics et les associations reculent que les communautarismes et la radicalisation avancent. Ceux qui portent la responsabilité de la casse de nos services publics seraient donc bien inspirés de la mettre un peu en veilleuse sur ces sujets. Nous avons tant à réparer par leur faute. Par leurs politiques, ils ont semé le terreau favorable à ce que certains enfants de la République se tournent vers les fanatiques religieux en pensant trouver un salut que la République ne leur offre plus.

Ainsi donc, dans le débat parlementaire sur le séparatisme, il n'a pas été possible de parler de ce recul concret de la République dans tant de quartiers et donc de la question sociale. Alors qu'il s'agissait de « conforter les principes républicains » selon le titre du projet de loi. Un comble ! De même, La France insoumise, saluée pour ses positions dans ce débat parlementaire par des associations comme la Libre pensée, a été la seule force politique à aller au bout de la défense de la laïcité. Par exemple, par la voix d'Alexis Corbière, nous avons proposé de mettre fin au concordat d'Alsace-Moselle qui est une exception à la loi de 1905. Or les prétendus grands défenseurs de la laïcité n'ont pas voulu de cette idée de l'application de la loi laïque par excellence sur tout le territoire de la République.

Pour aller plus loin encore et lutter contre les déviances clientélistes, nous avons proposé un amendement pour interdire qu'un élu assiste en sa qualité d'élu, sauf grande exception, à des cérémonies religieuses. Lorsque l'on représente le peuple français, on n'a pas à participer à un office religieux en sa qualité de représentant du peuple. Un président de la République, un ministre, un parlementaire, n'a pas à accepter des injonctions à porter tel ou tel autre accoutrement religieux lorsqu'il est dans l'exercice de ses fonctions. Ils n'ont pas voulu non plus de cela.

De même, ils n'ont pas voulu que l'on interroge pendant le débat le financement public des écoles privées qui sont financées depuis 1959 par l'argent public. Cela coûte 12 milliards d'euros chaque année au contribuable soit 20 % des recettes de l'impôt sur le revenu pour financer une concurrence au service public !

Ils n'ont pas voulu non plus que l'on parle du séparatisme des riches qui, eux, concrètement se séparent du reste de la communauté nationale en constituant de véritables ghettos de riches et en choisissant partout et pour tout le privé plutôt que les services publics. Bref, de tout cela, ils n'ont pas voulu parler. Au lieu de quoi, nous avons eu un débat essentiellement consacré au port du voile islamique et rarement aux autres signes religieux ostentatoires, le tout dans une méconnaissance crasse des grands principes républicains.

Il est donc d'autant plus insupportable de recevoir des leçons de République et de laïcité de la part de ceux qui nous calomnient sur ce thème pour nous disqualifier. Quelle leçon de République Jean-Luc Mélenchon aurait à recevoir de ce tartuffe de Manuel Valls, parti faire le monarchiste et défiler avec l'extrême droite en Espagne avant de revenir en France pour devenir commentateur anti-Mélenchon à la télévision ? Ce grossier personnage, irresponsable, a été jusqu'à dire que « Mélenchon a une forme de responsabilité » au lendemain d'un attentat. Vous mesurez la gravité des accusations et les conséquences qu'elles pourraient avoir pour la sécurité du président du groupe parlementaire de La France insoumise ?

Quelle leçon de laïcité Jean-Luc Mélenchon aurait à recevoir de ce tartuffe de Jean-Michel Blanquer, personnellement impliqué dans le développement des écoles privées confessionnelles, connu pour avoir jadis fait pression sur le recteur Alain Morvan pour installer une école dont il s'est avéré que le fondateur avait des liens par intermédiaires avec Al-Qaïda ?

Quelle leçon de République Jean-Luc Mélenchon a-t-il à recevoir de la part de l'extrême droite qui n'a rien de républicaine ? Nous ne sommes ni islamistes, ni gauchistes, mais s'ils le veulent, on peut volontiers parler de ce qu'il se passe de leur côté ! N'est-ce pas, en effet, un ancien membre du service d'ordre du parti d'extrême droite dont le réseau a fourni les armes au terroriste islamiste Amedy Coulibaly ? N'est-ce pas un ancien candidat du RN aux municipales à Paris qui a été négociateur pour le cimentier Lafarge en Syrie afin que ce dernier puisse poursuivre son activité en territoire occupé par Daech ? Ne sont-ce pas des proches de Marine Le Pen que l'on retrouve en photo dans une manifestation de 2009 auprès du collectif Cheikh Yassine impliqué dans l'assassinat du professeur Samuel Paty ? Lors de l'attaque de la mosquée de Bayonne, le suspect n'était-il pas un ancien candidat du Front national ? Ne sont-ce pas des candidates du Rassemblement national aux élections de juin 2021 qui ont tenu des propos antisémites et négationnistes avant d'être finalement débarquées ?

La liste est longue des tartufferies de celles et ceux qui brillent en nous calomniant mais qui ont tant à se reprocher eux-mêmes. Cela pour dire que si le Mélenchon-*bashing* est devenu un sport national, les boomerangs sont prêts ! J'ai longtemps pratiqué la technique du dos rond moi-même en me disant : « Laissons-les dire, ça passera. » Mais je ne vois que trop bien le petit effet que cela produit sur des gens qui ne pensent plus à Mélenchon à travers les propos de Mélenchon mais à travers ce qu'on raconte de Mélenchon. Il y a donc un moment où il faut siffler la fin de la récréation, tout simplement. Parce que c'est grave et qu'il y va de la salubrité et du bon fonctionnement de notre démocratie.

Car pendant qu'Emmanuel Macron a fait le choix de venir sur le terrain du Rassemblement national pour mieux installer son duel rêvé, des digues importantes ont cédé. Le président de la République a fait l'éloge de Pétain, « grand militaire », et de Maurras, dans les colonnes du journal *l'Express* alors que les deux furent des antisémites notoires. Puis, on a vu lors du débat sur le séparatisme, ce face-à-face ahurissant entre Gérald Darmanin et Marine Le Pen. L'un reprochant à l'autre d'être « trop molle » à propos de l'islam. L'autre disant au premier qu'elle aurait pu écrire son livre à sa place. Toutes sortes de belles personnes jadis clairement opposées au parti d'extrême droite se sont mises à saluer les « efforts » de recentrage de Madame Le Pen. Derrière la vitrine dédiabolisée on découvrait les propos antisémites de certaines candidates RN juste avant les élections de juin 2021.

On a vu aussi cette tribune des militaires appelant leurs collègues d'active à intervenir pour rétablir on ne sait bien quel ordre. On voit plusieurs médias s'aligner sur l'agenda politique de l'extrême droite. Des menaces grandissantes comme cette vidéo publiée par un Youtubeur d'extrême droite que le délinquant multirécidiviste Éric Zemmour, condamné pour provocation à la discrimination raciale et provocation à la haine envers les musulmans, appelle son « ami ». Des agressions de l'extrême droite en période de campagne électorale. Et, dans ce contexte, le seul, parfois même seul contre tous, qui rappelle les principes de bon sens, les principes républicains et s'y accroche comme un phare dans la nuit, qui est-ce si ce n'est Jean-Luc Mélenchon ?

Ce fut encore le cas lorsque nous avons été la seule force politique refusant de participer à la manifestation du 19 mai 2021 appelée par des organisations syndicales de police devant l'Assemblée nationale qui, sous couvert d'hommage après que deux de leurs collègues ont été tués, portait des mots d'ordre contraire aux principes de la République. Nous avons toujours été de tous les hommages lorsque la police a été endeuillée. Moi-même j'étais l'un des rares parlementaires présents à la cérémonie de la journée d'hommage aux policiers morts pour la France à la fin du mois de juin 2021 dans ma circonscription. Mais le 19 mai, sous couvert d'hommage, nous avions été bien alertés par Ugo Bernalicis sur le fait qu'il s'agirait d'une manifestation portant des revendications antirépublicaines, voire factieuses.

Ainsi donc, devant l'Assemblée nationale, à un endroit où il est d'habitude interdit de manifester, on a vu la justice mise en cause comme étant « le problème de la police », le tout en présence du ministre de l'Intérieur lui-même. Un responsable syndical haranguer la foule en hurlant : « Il faut frapper les petites frappes ! » Un autre, interrogé par un journaliste, déclarer que si la manifestation était réussie, on pourrait faire « sauter les digues de la loi et de la Constitution » ! Les responsables politiques de gauche qui sont allés faire belle figure à cette manifestation en croyant y soutenir les policiers ont commis une faute politique. Ils n'ont plus aucune boussole. Ils agissent par trouille. Ce n'est pas parce que la police souffre et qu'elle est endeuillée qu'il faut se mettre à genoux devant n'importe quelles revendications ou surenchérir par peur d'être taxé de laxistes ou d'anti-flics. Il y a un problème dans la police, et ça n'est pas parce que c'est la police qu'il ne faut pas le dire et travailler à y remédier. Ce ne serait pas lui rendre service. Un policier républicain peut tout à fait comprendre cela. Je les appelle à lire nos propositions avec attention et à les critiquer si nécessaire.

Non seulement La France insoumise a toujours été présente dans les moments difficiles et les hommages, mais surtout, nous formulons des propositions concrètes et sérieuses, notamment grâce à l'excellent travail d'Ugo Bernalicis qui coordonne pour nous les questions de sécurité et de justice. Nous savons que les policiers meurent davantage de suicides. Nous avons été les premiers par la voix d'Alexis Corbière et Ugo Bernalicis à réclamer une commission d'enquête sur les suicides dans la police et à demander la remise en état des commissariats délabrés ainsi que le paiement des heures supplémentaires non payées. Nous portons l'idée d'une refondation de la police républicaine de la cave au grenier, avec des recrutements, des formations accrues, des moyens de renseignements supplémentaires, un retour de la police de proximité, un changement de la doctrine du maintien de l'ordre pour aller vers la désescalade.

De même, quand nous dénonçons les violences policières, c'est parce qu'il y a des violences policières et du racisme dans la police. Et dire qu'il y a des violences policières et du racisme dans la police ne veut pas dire que tous les policiers sont des violents et des racistes. Nous ne le prétendons pas. Nous ne généralisons pas. Nous ne sommes pas anti-flics. Nous ne crions pas « tout le monde déteste la police ». C'est au contraire parce que nous avons une haute idée de la police républicaine de notre pays que nous ne voulons pas la laisser dériver comme elle dérive. La politisation à outrance en son sein est inquiétante. Ainsi, quand des policiers refusent de saluer des élus insoumis en écharpe, peut-on encore parler de police républicaine ? Nous voulons réhabiliter le terme de gardien de la paix. Jean-Luc Mélenchon n'a, par exemple, jamais dit qu'il fallait « désarmer la police » comme on l'entend souvent. Il a dit qu'il fallait une police « aussi désarmée que possible », c'est-à-dire que l'on adapte l'armement et l'usage de la force à la proportion de la menace. Notre doctrine se résume dans le triptyque « prévention, répression proportionnée, réparation ». Certains débats ne supportent visiblement plus la nuance, mais nous ne renoncerons jamais à faire appel à la raison, aux arguments par des propositions.

La dernière trouvaille en date, c'est l'accusation de « complotisme ». Celle-ci, en effet, manquait à notre bingo ! Un dimanche de juin 2021 sur le plateau de *Questions politiques* animé par Ali Baddou, Jean-Luc Mélenchon fit un développement dans lequel il expliqua comment le système peut produire ses candidats de rechange en cas de besoin et comment des équivalents d'Emmanuel Macron sont ainsi sortis du chapeau dans plusieurs pays pour incarner l'oligarchie. À la suite de quoi il explique de façon affirmative la probabilité d'un attentat à proximité de l'échéance électorale, comme ce fut déjà le cas par le passé. Aucun des journalistes présents ne relève alors un problème dans ses propos, somme toute assez banals puisqu'en effet, il y a déjà eu des attentats à proximité de la tenue d'élections. En 2012 avec les tueries de Mohammed Merah, mais aussi en 2017 à quelques jours du premier tour, sur les Champs-Élysées. Et il est de notoriété publique que les terroristes choisissent le plus opportunément possible les moments du passage à l'action afin de peser sur la vie démocratique. Ils l'ont expliqué eux-mêmes.

De même, on sait que les attentats font souvent l'objet de récupération politique et d'un levier pour accroître la stigmatisation envers les musulmans, exactement comme le souhaitent d'ailleurs les terroristes. Mais d'aucuns qui guettent toujours la petite phrase qu'on pourra sortir de son contexte pour remettre des pièces dans la machine du Mélenchon-*bashing* ont laissé entendre que, par ces propos, Jean-Luc Mélenchon voulait dire que les attentats étaient programmés d'avance par des complots politiques ! Et évidemment, cela suscita l'émotion des familles des victimes. Nous avons rappelé notre soutien indéfectible à ces dernières mais Jean-Luc

Mélenchon n'a insulté personne en disant ce qu'il a dit. C'est du fameux « Printemps républicain », qui n'a d'ailleurs de républicain que le nom, qu'était parti le premier coup cette fois-là. Pendant quinze jours, tout le monde s'en est donné à cœur joie. Et après « complotiste », quelle sera la prochaine accusation infamante et infondée ? Car, à coup sûr, d'ici à la présidentielle, il y en aura bien d'autres, vous verrez !

Au moment des élections régionales et départementales, lassés par ces calomnies incessantes pour tenter de nous décrédibiliser, les insoumis ont spontanément réagi. Nous avons découvert la surprise sur Twitter. Une opération qui n'était absolument pas coordonnée depuis le centre de commandement de nos affaires. Avec le hashtag #EnnemidelaRépublique, après qu'un éditorialiste nous a ainsi mis en cause, des dizaines de milliers de témoignages affluaient de gens indiquant leur prénom, leur âge et le plus souvent leur métier et parcours de vie, précisant qu'ils votaient pour Jean-Luc Mélenchon et La France insoumise et interrogeant : « en quoi suis-je un #EnnemidelaRépublique ? »

Absolument magnifique. Émouvant. Je signalais à Jean-Luc Mélenchon l'ampleur de la vague de protestation insoumise qui se levait après l'avoir moi-même saluée sur les réseaux sociaux. Le lendemain, alors que ça continuait de plus belle, il la salua à son tour par ces mots résumant bien les choses :

« Je découvre avec tant d'émotion les 58 000 tweets d'affirmation politique contre l'infamie. L'un appelle à se débarrasser de moi, l'autre vous traite d'#EnnemidelaRepublique. Face à la violence sectaire "La République, c'est vous" ! »

14

Le mirage de l'union de la gauche

Un midi que nous déjeunions dans le secteur de l'Assemblée nationale avec un ancien frondeur socialiste, au cours du repas, ce dernier dit à Jean-Luc Mélenchon : « Il faut que tu envoies des signes envers la gauche. » À force de se l'entendre dire, manque de pot pour notre interlocuteur, si sympathique soit-il, je crois que c'était la fois de trop. Non sans masquer son agacement, Jean-Luc Mélenchon refit la liste, longue, exhaustive, de toutes les initiatives, tous les actes d'ouverture posés, toutes les mains tendues restées sans suite depuis de très longs mois. La seule exigence que nous avons toujours conservée à l'égard de nos partenaires pour les élections, c'est la clarté programmatique. La condition première de tout, c'est le programme et la ligne politique. Pour répondre aux aspirations populaires, il faut assumer une ligne de rupture claire.

Ainsi, en 2019, Jean-Luc Mélenchon avait proposé que l'on bâtisse une fédération populaire qui verrait se regrouper les partis, associations et syndicats autour de causes communes[1]. Avant de savoir si nous étions capables de nous retrouver pour des échéances électorales, étions-nous capables d'agir pour des buts communs dans les luttes ? La proposition fut sans effet. Nous l'avons renouvelée à maintes occasions. Par exemple récemment, pour

1. « Jean-Luc Mélenchon : "Je ne suis pas ma caricature" », entretien en une de *Libération* du 24 avril 2019.

proposer une initiative commune contre la propagation des idées d'extrême droite dans le pays. Refus du PCF, d'EELV et du PS. La première réunion sous la direction d'Éric Coquerel, chargé des relations unitaires, rassembla néanmoins de nombreux partis et syndicats. Après la tribune des militaires en retraite appelant leurs collègues d'active à intervenir en politique, Jean-Luc Mélenchon fut le premier responsable politique à réagir. De même, nous avons été la seule force politique parlementaire refusant de participer à la manifestation des organisations policières aux revendications factieuses devant l'Assemblée nationale le 19 mai. Ce n'est qu'après ce franchissement de seuil et les nouvelles menaces de l'extrême droite que les trois formations politiques qui refusaient de signer notre appel à une marche contre la propagation des idées d'extrême droite y appelèrent finalement, sans rejoindre le cadre commun que nous avions constitué pour autant.

Les élections régionales et départementales de juin 2021 furent une nouvelle vérification du vide que représentent les injonctions sans contenu à l'union. Nous avions pourtant décidé d'en faire une énième tentative. Dès juillet 2020, nous prenions l'initiative de rencontres bilatérales avec l'essentiel des formations politiques de gauche qui pourraient être nos partenaires pour ces élections. Nous savions qu'elles seraient marquées par une forte abstention, laquelle nous pénalise les premiers, même si personne n'avait imaginé alors son niveau historique. Sans ignorer l'importance de nos désaccords à l'échelle nationale, par exemple sur la question européenne, nous défendions l'idée que ceux-ci n'étant pas en cause dans les élections locales, nous pourrions les dépasser autour d'un programme commun adapté aux enjeux du scrutin.

Pour cela, nous avions proposé trois grands axes : instaurer un bouclier social et sanitaire à l'échelle des régions et des départements, engager la bifurcation écologique avec les moyens de ces collectivités, démocratiser ces instances par des outils permettant l'intervention populaire, comme le référendum d'initiative citoyenne défendu par les Gilets jaunes. Notre objectif : un accord national, sous un label commun, permettant de faire partout la même chose, les mêmes coalitions et d'ainsi se rendre lisibles à l'échelle de tout le pays, en cohérence aux régionales comme aux départementales.

À notre grand regret, ce ne fut pas possible. Le Parti communiste français, notre principal allié dans les élections, avait fait le choix de soutenir partout les exécutifs sortants du Parti socialiste en contrepartie du soutien de ce dernier à la candidature de Fabien Roussel, secrétaire national du PCF, dans les Hauts-de-France. Europe Écologie les Verts n'acceptait l'union qu'à la condition qu'elle se fasse systématiquement derrière eux. Même lorsque Jean-Luc Mélenchon leur fit une proposition totalement déséquilibrée en leur faveur en mettant sur la table cinq régions où La France insoumise pourrait soutenir une tête de liste EELV contre une région, une seule, où la réciproque pourrait exister, ils refusèrent. Pire, en PACA, et alors que tout laissait craindre la percée du Rassemblement national, la responsable nationale d'EELV en charge des élections fit le déplacement pour exclure La France insoumise du cadre collectif dans lequel les différentes formations politiques et citoyennes travaillaient ensemble depuis plusieurs mois sur place.

Au total, pas une région où l'on fit la même chose que dans la région voisine. Cohérence et lisibilité totalement absentes. Tambouille générale. Ils auraient voulu accroître l'abstention qu'ils ne s'y seraient pas pris autrement ! Alors que les élections départementales allaient se tenir le même jour que les élections régionales, il était impossible de présenter une offre cohérente entre les deux scrutins au sein d'une même région. Confusion totale. Ceux qui dansent le plus souvent la samba de l'union sont aussi ceux qui en sabotent la possibilité effective à la première occasion. Surtout lorsqu'il s'agit de travailler avec La France insoumise.

Sur la ligne de départ, La France insoumise fit néanmoins une démonstration : elle est le plus grand dénominateur commun à gauche. Capable de s'entendre avec tous, dès lors que les bases sont claires. Ainsi, par exemple, en Île-de-France, en Normandie ou en Auvergne-Rhône-Alpes, nous faisions liste commune avec les communistes. En Pays-de-la-Loire et en Centre-Val-de-Loire, derrière des candidats écologistes. De même, dans les Hauts-de-France, derrière une candidate écologiste dans le cadre d'un rassemblement de la gauche inédit en France allant du PS à La France insoumise. Rassemblement que nous avions rendu possible en nous rapprochant des Verts pour faire bouger les lignes. En retour, ceux-ci décidaient de nous exclure aux départementales. En Nouvelle-Aquitaine et en Occitanie, nous étions en coalition avec le NPA. Et en Bretagne, sous nos seules couleurs.

À l'arrivée, dans un océan d'abstention, La France insoumise passait de deux régions dans lesquelles elle était représentée à sept. Mais le tableau général fut essentiellement celui de la reconduction administrative et sans enthousiasme des sortants. Ce furent, avec la rouste électorale prise par le parti présidentiel et la faillite des sondeurs quant au niveau du Rassemblement national, beaucoup plus faible qu'annoncé, les seuls commentaires politiques médiatiques à propos de ces élections.

Pourtant, sous les radars des médias, deux territoires basculaient, installant des exécutifs proches de La France insoumise à la Réunion, avec Huguette Bello et à la Guyane avec Gabriel Serville, après un rassemblement incarnant une ligne de rupture en phase avec les récentes mobilisations populaires.

Dans les Hauts-de-France où nous avions accepté de faire l'essai de cette union très large de la gauche derrière une candidate écologiste, les électeurs ne s'étaient pas davantage mobilisés. L'addition des logos ne fait pas un contenu politique. Elle ne produit pas de dynamique. La gauche rassemblée dans les Hauts-de-France fit un résultat bien inférieur au total des scores de la gauche éclatée de 2015.

Dès lors, cela fut définitivement clair pour nous et la démonstration avait aussi le mérite de la clarté : la solution n'est pas dans l'union de la gauche. Bien sûr, comme le résume très bien la *punchline* de mon camarade Corbière, on peut faire en sorte qu'il n'y ait « pas de dispersion superficielle et pas d'union artificielle ». Mais considérer que le salut de la gauche repose exclusivement sur son rassemblement est une vue de l'esprit. Les Français ne se déplaceront pas aux urnes au seul motif que la gauche est rassemblée. Passer son temps à raconter que si elle n'est pas rassemblée, la gauche ne peut pas l'emporter, est une thèse invalidée par les faits. En 1965 et 1974, François Mitterrand perd comme candidat de la gauche rassemblée. En 1981, il gagne au second tour avec plusieurs candidats de gauche au premier tour, dont le Parti communiste à près de 16 %. C'est aussi vrai de François Hollande en 2012 mais aussi de Lionel Jospin qui, en 2002 rata de très peu la marche pour le second tour alors que la gauche était extrêmement divisée.

De même, les sondages publiés à un an de l'élection présidentielle de 2022 montraient que l'addition des électorats ne se produit pas. Sur la ligne de départ, on y distingue clairement une prime pour Jean-Luc Mélenchon, comparativement aux socialistes et aux écologistes. Il est régulièrement coté au double de chacun d'entre eux. Mais le plus édifiant, c'est que d'après les sondages, en cas de rassemblement d'un pôle social-démocrate verdi, les deux candidats rassemblés resteraient derrière Jean-Luc Mélenchon, dont la candidature monterait alors dans les intentions de vote. De même, si les trois se rassemblaient pour faire cette fameuse union de la gauche en dépit de leurs désaccords, Jean-Luc Mélenchon reste la meilleure locomotive mais le soutien de tous ne lui octroierait que deux points supplémentaires !

La gauche dans son ensemble est à un niveau historiquement bas en France et l'addition des voix ne se produit pas. Pourquoi ? C'est sans aucun doute pour des raisons de ligne politique. La casse du quinquennat précédent, celui de François Hollande qui a ouvert la voie à Emmanuel Macron et auquel les Verts ont participé, reste extrêmement forte dans les esprits. Régulièrement sur les réseaux sociaux, on voit ressurgir le hashtag #PlusJamaisPS. Le score de Lutte ouvrière dans la régionale des Hauts-de-France où tout le reste de la gauche était rassemblé est de ce point de vue significatif. Le PS et EELV ont gouverné ensemble sans avoir tiré tout le bilan de l'ère Hollande, dont le camp a d'ailleurs bien l'intention de continuer à peser. Cette offre politique sociale-démocrate et écologiste a déjà gouverné de 2012 à 2017 et elle a beaucoup déçu et trahi. Elle n'apporte rien de nouveau.

Manuel Valls théorise pour de mauvaises raisons, invoquant à tort et à travers la République et la laïcité dont il est un piètre représentant, son idée de « gauches irréconciliables ». Il y a cependant bien deux lignes à gauche : une gauche d'accompagnement qui s'accommode du productivisme et du libéralisme économique et des traités européens et une gauche de rupture qui dit clairement son intention de rompre avec ces derniers. Ainsi, par exemple, quand Anne Hidalgo fustige l'Association pour la taxation des transactions financières et pour l'action citoyenne (ATTAC) pour son action symbolique avec de la gouache effaçable à l'eau sur la devanture du grand magasin de *La Samaritaine* tenu par LVMH, elle dit sa préférence pour Bernard Arnault, champion de l'évasion fiscale, qui a accru sa fortune de 62 milliards pendant la période Covid. De même, quand elle se prononce en faveur de l'article 24 de la loi sécurité globale prétendant empêcher de filmer l'action des forces de police ou qu'elle participe à la manifestation des organisations policières devant l'Assemblée nationale, elle dit sa préférence pour les lois liberticides. Le silence de la gauche face à l'extension du pass sanitaire, malgré les manifestations impressionnantes au cours de l'été 2021, est édifiant et même glaçant. La gauche traditionnelle s'est coupée du peuple depuis longtemps. Certains ont même théorisé qu'il n'était plus utile d'aller dans les quartiers populaires où les gens ne votent plus et qu'il fallait plutôt se concentrer sur les classes moyennes des centres-villes qui votent. Notre tâche est inverse : les choses ne peuvent changer en profondeur qu'à la condition que le peuple s'en mêle.

Les injonctions à l'union de la gauche ou aux primaires de toute la gauche ne viennent pas des milieux populaires. Jamais dans un porte-à-porte dans les quartiers populaires on ne m'a parlé de l'union de la gauche. Pour l'essentiel, cela vient de militants politiques des zones urbaines, certes sincèrement angoissés par l'idée d'un nouveau quinquennat néolibéral ou de l'arrivée au pouvoir de l'extrême droite. Mais leur angoisse les empêche de regarder en face la réalité. L'argument souvent évoqué et mille fois entendu consiste à dire qu'il y a « plus de choses qui nous rassemblent que de choses qui nous divisent ». Voyons plutôt. Si nous nous retrouvions dans une salle, tous ensemble, avec pour unique but de ressortir unis, à quoi ressemblerait notre programme commun aujourd'hui ? Répondrait-il aux enjeux du moment ? Serait-il en mesure de mobiliser la grande masse du peuple qui se tient à l'écart des élections après les trahisons et les renoncements ? Nous ne le croyons pas.

La puissante grève civique qui s'exprime par l'abstention est un signe de l'essoufflement de notre démocratie et de ses institutions. La seule manière d'en finir avec les élections sans le peuple, c'est de permettre au peuple de refonder lui-même les règles du jeu démocratiques auxquelles il ne consent plus. Il faut donc lui permettre de le faire et pour cela convoquer une assemblée constituante pour passer à la 6e République et utiliser des outils comme le RIC. Le Parti socialiste n'en veut pas. Doit-on y renoncer ?

Pour protéger notre industrie, retrouver notre souveraineté dans des domaines stratégiques, empêcher le *dumping* social, et investir massivement comme il le faudra pour engager la bifurcation écologique, il faut rompre avec le carcan des actuels traités européens. Le Parti socialiste et Europe Écologie les Verts pensent au contraire, que l'on peut s'accommoder de ces traités qui ont pourtant été souverainement refusés par référendum par les Français. Doit-on continuer ?

On peut donc mettre tous nos désaccords sous le tapis pour sortir de la salle de réunion unis, mais quel programme aurions-nous à présenter ensemble aux Français ? Sûrement pas un programme de rupture. Cette rupture est pourtant une nécessité absolue. Jean-Luc Mélenchon n'est d'ailleurs pas opposé par principe à l'union. Il a lui-même dit de nombreuses fois sa disponibilité pour être le candidat commun. Mais à la condition que ce soit sur cette base de rupture claire. Et c'est bien cette ligne politique qui est en débat.

Quand l'ancien Premier ministre socialiste Bernard Cazeneuve déclare que « Jean-Luc Mélenchon doit être combattu », cela a le mérite d'être clair. Quand la présidente socialiste de la région Occitanie, Carole Delga, reprend à son compte, en chœur avec Anne Hidalgo, Olivier Faure ou la sénatrice Laurence Rossignol, les calomnies de la droite contre Jean-Luc Mélenchon, le message a le mérite d'être clair là aussi. En agissant de cette manière, les socialistes sont en cohérence avec les propos d'Olivier Faure qui, à l'aube du quinquennat Macron, disait vouloir la réussite du président de la République. En reprenant à leur compte les attaques de la droite contre Jean-Luc Mélenchon, que font-ils d'utile sinon aider à la réélection d'Emmanuel Macron en rendant impossible un éventuel rassemblement de second tour entre nous ?

Encore une fois, il ne s'agit pas d'un problème de personnes, d'ego ou de casting comme on l'entend souvent. C'est un problème de ligne politique. Et c'est au peuple, et à lui seul, qu'il revient de pouvoir le trancher. Car pendant qu'une poignée réclame l'union de la gauche et des primaires sans tenir aucun compte de ces réalités, la grande masse du peuple ne se prononce pas et se réfugie dans l'abstention. Or, c'est notre devoir de la faire reculer. Jean-Luc Mélenchon l'a dit mille fois : « À soixante-dix ans, je ne prépare pas ma carrière, ça va ! Je mène un combat. J'accomplis une tâche nécessaire. »

Le paysage politique post-régionales de juin 2021 vérifie l'intuition de novembre 2020, lorsque nous avons décidé d'entrer en campagne. Alors qu'Olivier Faure a laissé entendre pendant toute la période précédant les élections régionales que le PS pourrait s'allier avec EELV et, pourquoi pas, partir à la présidentielle derrière un candidat vert, il a radicalement changé de discours au lendemain du scrutin, poussant la candidature d'Anne Hidalgo. En toute hypothèse, il y aura un candidat du Parti socialiste à l'élection présidentielle. Le camp Hollande ne se laissera pas effacer.

Le second tour de la primaire d'Europe Écologie les Verts opposa Sandrine Rousseau, partisane d'une écologie de rupture, à Yannick Jadot que l'on peut qualifier sans lui faire insulte de candidat de centre gauche. C'est ce dernier qui, d'une courte tête et sans dynamique, l'emporta. Les convergences existent. Mais les points de désaccord ne peuvent pas être mis de côté. Exemple : Jean-Luc Mélenchon propose d'instaurer un protectionnisme écologique. Cela ne peut se faire dans le cadre des actuels traités européens dont Yannick Jadot n'a pas l'intention de sortir.

De même, très peu d'inscrits pour l'initiative de « primaire populaire » qui visait 500 000 signataires avant l'été 2021 et n'en rassemblait qu'un peu plus de 100 000 à peine à la rentrée. Si l'on comprend le but visé et les angoisses des organisateurs sur la dispersion à gauche, quoi de populaire, finalement, dans une sorte de guerre des clics sur une plateforme internet pour départager des miniatures de profils de candidats sans tenir aucun compte des propositions de chacune et chacun d'entre eux et de leurs divergences ? La démarche est assez méprisante pour le fond politique.

Alors que nous avons mené ensemble deux campagnes présidentielles, la première faisant passer le résultat de 1,93 % des voix en 2007 avec la candidature de Marie-George Buffet à 11,1 % avec le Front de gauche et la candidature de Jean-Luc Mélenchon, puis 19,6 % en 2017, le Parti communiste français a décidé lui aussi de porter une candidature indépendante pour 2022. Quel en est l'intérêt et le sens profond alors que l'essentiel de nos votes à l'Assemblée sont communs et que la compatibilité de nos électorats respectifs est très claire, constituant un pôle populaire ? Fabien Roussel cherche par tous les moyens à se distinguer de Jean-Luc Mélenchon. Quel est son rôle au juste dans cette campagne ? Fin 2020, lors d'un trajet en train pendant lequel nous discutions lui et moi comme cela nous arrive de temps en temps, il me disait clairement considérer 2022 comme perdu pour la gauche et qu'il reconsidérerait sa décision uniquement si un candidat était capable de l'emporter. Malgré cela, il est candidat, plafonnant à 2 % dans les enquêtes d'opinion. Pourquoi ce qui était possible en 2012 et 2017, non sans succès, ne le serait plus en 2022 ? Que peut-on faire avec des gens qui sont convaincus que l'élection est perdue d'avance et qui, dès lors, ne poursuivent pas une stratégie de conquête du pouvoir mais de conservation de leur appareil ? Nous pourrions non seulement réussir la présidentielle ensemble mais aussi les législatives. Notre main reste tendue à nos amis communistes.

De même, au cœur d'une bataille interne, le NPA a décidé de présenter une nouvelle fois Philippe Poutou alors que celui-ci était candidat aux régionales sur la liste emmenée par l'insoumise Clémence Guetté en Nouvelle-Aquitaine. Il ne s'agit pas de contester à tel ou tel autre la possibilité d'être candidat, mais ne pourrions-nous pas éviter des dispersions inutiles pour gagner ?

Le plus important, du reste, c'est que ces questions d'union de la gauche apparaissent très éloignées des considérations des Français et spécialement de ceux qui s'abstiennent dans les milieux populaires. Tout ce qui s'apparente à la gauche traditionnelle ou à l'addition de logos semble se transformer en plomb. Pendant que l'on se concentre sur les petites miettes éparpillées des intentions de vote déclarées à gauche en se demandant si en les collant coûte que coûte l'une à l'autre cela fabriquerait un gâteau, on ne parle pas à cette masse abstentionniste qui désespère de ne plus voir la politique répondre à ses préoccupations quotidiennes.

En lecteur assidu de la presse écrite, téléspectateur et auditeur de toutes les matinales politiques quand je n'y suis pas moi-même, j'écoute les interventions des uns et des autres avec attention depuis des années. Quel mortel ennui ! Pas une idée forte. Pas le début d'un travail programmatique. Beaucoup de phrases creuses. « La gauche doit se refonder. » « Il faut trouver un chemin. » Rien qui soit en mesure de retenir l'attention du grand nombre. Un grand filet d'eau tiède.

Après avoir passé les trois dernières années à tendre la main et à essayer des choses permettant même de vérifier si cette idée d'union avait une quelconque efficacité, notre diagnostic était donc fait : il n'y aura pas d'union de la gauche par les partis et ce qui s'y apparente ne produit pas la dynamique qu'il faut impérativement construire. Pour autant, notre souhait reste de bâtir une nouvelle force collective avec celles et ceux qui, d'où qu'ils viennent, souhaiteraient participer à la construction de ce pôle populaire. Seule cette méthode permettra de sortir la grande masse du peuple de l'atonie politique sur laquelle surfent les puissants qui veulent que rien ne change. Il fallait donc tourner et vite. En 2017, cela avait d'autant mieux fonctionné que nous avions su parler clair et faire campagne sans nous préoccuper de ce que faisait la gauche autour de nous.

Puisque l'union de la gauche autour de ses logos est un mirage, bâtissons plutôt l'union populaire autour d'un programme ! Droit au but.

15

Cap sur l'Union populaire

Août 2020, AmFIs d'été de La France insoumise. Devant 3 000 personnes au bord du lac à Châteauneuf-sur-Isère, Jean-Luc Mélenchon achève le discours de clôture de nos universités d'été. Conscient qu'il a une décision à prendre pour 2022, il annonce qu'il va consulter largement autour de lui. J'avais bien observé qu'il se mettait en ordre de bataille depuis plusieurs semaines en pratiquant les rituels de démarrage habituels. Mais je savais aussi qu'il ne feignait pas ses doutes. Même en l'ayant déjà été à deux reprises, on ne décide pas d'être candidat à l'élection présidentielle sur un coup de tête ou pour se faire plaisir. Après 1 h 40 de discours et alors que de nombreux journalistes s'attendaient à une annonce de candidature à ce moment-là, il conclut :

« Je prendrai ma décision au mois d'octobre et, auparavant, je consulterai en profondeur chacun de mes amis, car j'ai besoin pour savoir ce que je dois faire, d'avoir la certitude que les premiers qui me porteraient le cas échéant seraient mes camarades. Et que, si une autre option se présente entre nous pour assurer la continuité de ces idées, alors on puisse en parler. Je n'ai peur de rien. Je ne me lève pas tous les matins en aspirant à je ne sais quel futur glorieux parce que je suis bien placé pour savoir à quel point ce n'est pas si glorieux et que c'est plutôt lourd à porter. Je sais que l'ennemi est déchaîné. Je sais qu'il a inventé des enquêtes préliminaires cousues comme des perles sur un fil pour faire un collier de possibilités de m'accabler. Je sais que dans tous les pays ils le font. Ils essayent de faire trébucher en mentant, en trichant et en emprisonnant. Je sais que le juge qui était chez moi, lorsqu'ils sont entrés pour me perquisitionner, était allé auparavant faire un échange de bonnes pratiques avec le juge fasciste Moro au Brésil qui a saboté et truqué l'élection présidentielle. Mais à la fin, Lula est libre et nous aussi nous sommes libres, quoi qu'ils nous fassent, quoi qu'ils veuillent nous faire ! Nous ferons ce que nous avons décidé de faire, en conscience, en amitié et en fraternité et je sais que je peux compter sur vous pour porter, quel que soit celui qui en sera le titulaire, homme ou femme, la cause commune que je viens de décrire. Vive la France en République ! Vive la République en France ! »

Les différentes instances du mouvement insoumis consultées appuyant l'idée d'une nouvelle candidature de Jean-Luc Mélenchon pour l'élection présidentielle de 2022, ce dernier réunit au tout début du mois de novembre 2020 les deux groupes parlementaires, celui de l'Assemblée nationale et du Parlement européen, afin de les consulter à leur tour après avoir vu la plupart d'entre nous de façon individuelle. Autour de nous, les spéculations allaient bon train. Clémentine Autain, François Ruffin allaient-ils vouloir être candidats ? On se serait cru dans une nouvelle saison de la *Star Academy* !

L'éditorialiste Christophe Barbier avait même publié une vidéo argumentant sur le fait que Jean-Luc Mélenchon emmènerait son camp plus haut s'il choisissait de me céder la place de candidat à la présidentielle. Le journaliste m'avait déjà dit cela de vive voix et j'avais pris le temps de lui expliquer, de façon argumentée, pourquoi j'étais convaincu du contraire. Aucune flatterie n'est en mesure de me faire perdre la tête. Comment peut-on croire que ce rôle-là, pour mener la tâche qui est la nôtre, serait si facilement interchangeable ?

Lors de la réunion de l'intergroupe parlementaire, c'est Jean-Luc Mélenchon lui-même qui mit la question d'une autre option sur la table. L'émergence de personnalités depuis notre entrée à l'Assemblée nationale nous offrait en effet ce choix. Un problème de riches en quelque sorte ! Mais sans surprise, le tour de table s'est révélé sans appel. Unanimement, nous lui demandions d'être candidat à l'élection présidentielle de 2022. Cette capacité à nous regrouper autour du programme et de notre candidat quand tous les autres s'apprêtent à se bagarrer en interne pendant des mois est extrêmement précieuse. C'est autant de temps de gagné pour aller à l'essentiel : rencontrer les Français, mettre en mouvement, enraciner un programme, convaincre.

Pour ma part, cela était absolument évident et j'avais déjà eu l'occasion de lui dire en tête-à-tête autant que sur les plateaux télé. Bien sûr, ma loyauté et ma fidélité lui sont acquises. Je sais ce que je lui dois, c'est un fait. Mais là n'est même pas le sujet. Il s'agissait d'une décision grave, politique, collective. Si j'avais eu le moindre doute, si j'avais été convaincu par autre chose, je n'aurais pas hésité à le dire. Si un jour, dans les années à venir, il m'apparaissait que je puisse être utile à ce poste de combat, alors je le dirai. Mais être candidat à la présidentielle n'est pas un tour de manège que l'on attend pour se faire plaisir ou flatter son ego. On ne choisit pas d'être candidat à une élection comme on se payerait un saut en parachute pour l'adrénaline ! Ce n'est pas une affaire personnelle, pas un choix que l'on fait pour soi-même. C'est une mise à disposition, à bien des égards sacrificielle, pour accomplir une tâche plus grande que soi. Ça ne peut fonctionner que si les conditions sont réunies et que c'est le moment. Or j'en suis intimement convaincu, Jean-Luc Mélenchon reste, de très loin, le meilleur candidat parmi nous. Et au-delà, le meilleur candidat tout court dans l'offre politique actuelle.

Il est un pôle de stabilité. « Je suis le rocher dans le paysage, la montagne qui, quand vous ouvrez la fenêtre, est toujours là », avait-il déclaré lors d'une récente conférence de presse. Ça nous a tous beaucoup amusés mais, en attendant, et alors que tout semble partir dans le décor ou ne pas tenir la mer, c'est bien vrai. Pour moi, les choses sont très claires : tant que la carte Mélenchon est dans notre jeu et qu'elle peut être jouée, ce serait une erreur monumentale que de s'en priver. Parce qu'elle est de loin la plus forte, celle qui peut nous emmener le plus haut, jusqu'à l'exercice du pouvoir. Sa notoriété, son talent de tribun inégalé, sa culture, son expérience des campagnes… Aucune personnalité, si talentueuse et brillante soit-elle n'est en mesure de faire mieux que lui aujourd'hui. Je crois cela factuel.

Nous ne faisons pas tout cela pour témoigner. L'élection présidentielle n'est pas un spectacle ou un tour de piste. Notre objectif, c'est de bâtir une majorité populaire pour porter au pouvoir le programme « L'Avenir en commun ». Autour de Jean-Luc Mélenchon, les deux précédentes campagnes présidentielles de 2012 et de 2017 nous ont menés chacune plus près du but. Cette fois, nous partirions à la bataille renforcés de deux groupes parlementaires dont l'activité aura permis non seulement de démontrer notre capacité à gouverner, mais surtout de nous préparer très concrètement à cet exercice du pouvoir. Plutôt que de tout recommencer en partant de zéro à chaque fois, comme si chaque élection présidentielle nécessitait de repartir d'une page blanche, nous pouvons jouer sur la stabilité dans la durée et le processus cumulatif de la marche entamée depuis 2012. Nous ne changeons pas de trajectoire au gré du vent. Nous gardons le cap. Installer une personnalité politique dans le paysage, reconnue dans tout le pays et spécialement dans les milieux populaires les plus abstentionnistes, cela prend beaucoup de temps. Besoin de vous en convaincre ? Allez donc citer les noms des candidats à la présidentielle dans un quartier populaire et voyez combien les gens en connaissent !

En novembre 2020, bien que l'offre politique de 2022 ne fût pas encore stabilisée, nous savions déjà que le Parti communiste français aurait un candidat, que le Parti socialiste aurait un candidat, qu'Europe Écologie les Verts aurait un candidat. Dès lors pourquoi et quoi attendre ? Il fallait avancer. La dernière fois, nous étions partis en campagne en février 2016 pour l'élection d'avril 2017. Cette fois, nous commencerions encore plus tôt. Novembre 2020 pour avril 2022. Une campagne de temps long, sur le programme, en profondeur dans le pays pour atteindre les jeunes, les quartiers populaires, la France rurale.

Était-ce le bon moment, en pleine épidémie de Covid ? C'était la grande question, la seule peut-être, posée par les commentateurs. Pour nous, la réponse était oui. D'abord parce que le moment de l'épidémie, de sa gestion par le gouvernement et de ses conséquences, est un moment très politique. Mais aussi parce qu'il s'agissait de donner une perspective dans un moment qui en offrait peu. Et puis, le bon moment, c'est d'abord et avant tout celui qui fonctionne. La suite nous confirma donc que le choix était le bon.

Le 8 novembre 2020, un peu avant 19 h 00, je rejoignais Jean-Luc Mélenchon chez lui. Il sortait de chez le coiffeur, avait revêtu le costume des grands soirs. C'était un soir important. Je tenais à être à ses côtés pour cette troisième entrée dans le grand bain de la présidentielle. Nous prenions ensuite la route pour les studios de TF1. L'ambiance était décontractée. Arrivés sur place, on sentait tout de suite que toute la rédaction tenait son exclusivité. Tout un petit cérémonial assez protocolaire. Ce n'est pas tous les jours qu'on annonce sa candidature à l'élection présidentielle ! Jean-Luc Mélenchon se concentre quelques minutes avant d'entrer sur le plateau. Après une série de questions sur la gestion de l'épidémie, Anne-Claire Coudray lui pose la question tant attendue sur sa candidature à l'élection présidentielle.

Et cette fois, ce n'est pas dans l'arrière-salle d'un kebab lillois comme en 2016 mais depuis la loge du candidat, qu'attentif, je le regardais faire :

« Écoutez, quand tout va mal et que ça semble être nuit noire pour beaucoup de gens qui ne trouvent pas leur compte dans la brutalité de cette société, il faut allumer une lumière pour que l'on se dise "il y a un bout au tunnel". On peut faire autrement. Mon intention est d'aider à déconfiner les esprits, à nouveau à se projeter sur l'avenir. Alors, je ne dis pas que je sois une projection sympathique pour tout le monde ! Mais, pour des millions de braves gens, simples, oui. Je les appelle à se regrouper. Alors oui, je suis prêt et je propose ma candidature. Mais, il y a un mais. Je demande une investiture populaire. Par conséquent, je serai candidat définitivement si, et seulement si, j'ai recueilli 150 000 signatures de parrainages. À ce moment-là, je me sentirai investi par le peuple. Et, bien sûr, ça n'est pas un homme que l'on investit seulement, ça n'aurait pas de sens. C'est un programme. C'est "L'Avenir en commun", tout le monde le connaît. Je ne vais pas le résumer maintenant. Je peux vous dire sa philosophie : l'harmonie entre les êtres humains et avec la nature. Moi je veux que l'on recommence à parler des conditions de vie sociales, de l'écosystème, des gens, comment ils vivent, ce qu'ils attendent, leur dignité, au lieu de passer notre temps à les disputer sur la religion ou à essayer de les mettre au pas métro-auto-boulot-dodo. »

À la question de savoir s'il y avait d'autres propositions de candidatures au sein de La France insoumise, il répondit sans détour que non mais il ajouta :

« Je préfère inquiéter ceux qui ne nous aiment pas. S'ils en avaient fini avec moi, il y en aura d'autres. Il y a beaucoup de talents. J'ai d'ailleurs une équipe qui est prête à gouverner, un programme. Ce sont des points d'appui. Et bienvenue à tous ceux qui voudraient participer à cet engagement. »

La journaliste en profite pour l'interroger sur la nécessité d'union à gauche. Il répond :

« La dispersion peut nous nuire mais le pire serait la confusion. Des gens qui ne seraient d'accord sur à peu près rien mais qui donneraient l'impression, comme ça, de se mettre d'accord juste pour montrer du doigt les autres. 2022, c'est quand même le moment de tourner, de changer. Il y a plein de gens, de toutes opinions, pas seulement de ma famille politique qui voient bien que la société est en impasse. 2022 c'est une occasion. Nous sommes un grand pays, nous avons les moyens d'innover et de faire les choses différemment. Et puis surtout d'abolir la monarchie présidentielle. Mais ça, il n'y a que moi qui le propose. J'ai l'impression que les autres se verraient bien en monarque. »

L'interview à peine terminée, la plateforme prête à recueillir les signatures de citoyens appuyant sa candidature était en ligne. Pour cette première phase de la campagne visant à installer la candidature dans le paysage et à recueillir les signatures, nous l'avions appelée « Nous Sommes Pour ». Cette idée faisait partie de celles que Sophia Chikirou avait griffonnées sur le dessous de table en papier d'un restaurant où nous déjeunions ensemble avec Manuel Bompard quelques semaines plus tôt. On se creusait alors la tête pour trouver un slogan qui traduise correctement l'idée qu'il y en a marre de voter « contre » tel ou tel autre. Nous voulons appeler les Français à voter « pour ». « Nous sommes pour », formulation la plus directe, était l'une des premières idées que nous avions inscrites. Nous n'y étions revenus qu'en fin de repas. En plus de l'affirmation d'un vote positif, d'une majorité d'adhésion, j'y voyais une réponse directe à la critique facile faite des insoumis par les membres du gouvernement à l'Assemblée nationale : « Vous êtes toujours contre tout ! » Une négation insupportable de l'ampleur de notre travail programmatique. En effet, nous sommes presque toujours contre ce qu'ils font, mais il y a un tas d'autres choses pour lesquelles nous sommes et pour lesquelles nous nous battons.

Lors d'un autre déjeuner, possiblement le même que celui par lequel mon récit a commencé, avec Manuel Bompard, Bastien Lachaud, Clémence Guetté et Mathilde Panot, nous avions listé une série de choses pour lesquelles nous sommes. Une petite liste, ramassée, qui balise l'essentiel du programme et qui a servi à faire la première série d'affiches pour lancer la campagne :

Reconstruire l'hôpital, nous sommes pour !
Sortir des traités européens, nous sommes pour !
Fonder la 6e République, nous sommes pour !
Planifier la bifurcation écologique, nous sommes pour !
Sauver l'école, nous sommes pour !
Produire en France, nous sommes pour !
Vaincre la pauvreté, nous sommes pour !
Protéger la paix civile, nous sommes pour !

La première phase de la campagne était enclenchée. Et les choses sont allées beaucoup plus vite que nous ne les avions anticipées. Le chiffre de 150 000 signatures citoyennes en guise d'investiture populaire n'a pas été fixé par hasard. Il fait écho à une proposition de loi déposée par Jean-Luc Mélenchon à l'Assemblée nationale[1], elle-même reprenant les travaux d'une commission présidée par Lionel Jospin qui avait proposé d'instaurer cette possibilité de 150 000 parrainages citoyens comme alternative aux 500 signatures d'élus. C'était donc à la fois une manière de porter une proposition politique, tout en conditionnant la transformation de la proposition de candidature en candidature effective.

Lors de la réunion des deux groupes parlementaires qui précédait l'annonce de candidature, nous avions réfléchi au *timing* nécessaire

1. Proposition de loi organique instaurant une procédure de parrainages citoyens pour la candidature à l'élection présidentielle, déposée le 26 novembre 2020 à la présidence de l'Assemblée nationale.

pour atteindre ce seuil des 150 000 signatures. Nous nous étions dit que si cette première phase de la campagne nous occupait jusqu'au début de l'année 2021, c'est-à-dire pendant deux mois, ce serait déjà un bon rythme. À notre grande surprise, l'objectif fut atteint en seulement trois jours ! Une performance. À titre de comparaison, en plusieurs longs mois, divers appels pour telle ou telle autre primaire ou pour proposer la candidature de Christiane Taubira ont récolté laborieusement quelques dizaines de milliers de signatures. Quelle autre personnalité politique est capable de mobiliser 150 000 citoyens pour parrainer sa candidature en seulement trois jours ? Allez-y, on vous regarde ! Tant et si bien que, quatre jours seulement après avoir formulé cette proposition de candidature sur TF1, Jean-Luc Mélenchon dut confirmer sur BFMTV, dont il était l'invité pour une grande soirée spéciale, qu'il était déjà candidat : « Je l'ai dit donc je le fais ! »

Depuis ce mois de novembre 2020, nous avons déjà accompli un travail conséquent. Au moment où j'écris ces lignes, 256 500 personnes ont parrainé la candidature de Jean-Luc Mélenchon sur la plateforme melenchon2022.fr. À titre de comparaison, et pour répondre à ceux qui interrogent parfois la légitimité des candidats, Yannick Jadot a été investi lors de la primaire par 52 000 personnes, Anne Hidalgo désigné par 16 000 socialistes pendant leurs congrès et Arnaud Montebourg investi par lui-même ! Sur le terrain, les soutiens à la candidature de Jean-Luc Mélenchon créent et animent les groupes d'action et utilisent désormais l'application « Action Populaire » pour organiser leur activité militante. Ces outils ont été intégralement développés par nos équipes « outils numériques ». Une nouvelle fois, la capacité d'innovation de la maison est totale et nous confère une avance considérable. L'organisation est à un très bon niveau. L'édition 2021 de nos AMFis d'été, notre rentrée politique, a aussi beaucoup impressionné. C'était l'événement politique de la rentrée avec une centaine de conférences et ateliers, 150 invités extérieurs à La France insoumise, des concerts et un spectacle son et lumière à couper le souffle sur le lac de Châteauneuf-sur-Isère, près de Valence. Nous sommes prêts pour la suite.

Les neuf premiers mois de campagne ont été aussi marqués par la crise du Covid-19. Pas question de confiner la démocratie. C'est pourquoi, avant le premier meeting physique tenu à Aubin le 16 mai 2021, Jean-Luc Mélenchon a tenu deux meetings numériques en réalité augmentée, première mondiale, dont un consacré entièrement à la question centrale de l'eau et de son cycle perturbé. Une prouesse technique à voir absolument si vous ne l'avez pas encore vue[1].

À l'été 2021, Jean-Luc Mélenchon s'est rendu au Burkina Faso. Il y a rencontré des responsables engagés dans la révolution citoyenne qui y a eu lieu, il s'est exprimé au mémorial dédié à Thomas Sankara et y a tenu une conférence à l'université de Ouagadougou. Sur place, il a posé les jalons d'une nouvelle façon d'agir en commun entre les peuples des nations africaines et le peuple français, débarrassée de l'impérialisme, du néocolonialisme et du paternalisme.

À tout cela, il faut ajouter l'immense travail programmatique réalisé sous la coordination de Clémence Guetté. Car, on ne le rappellera jamais assez mais, pour nous, le candidat, c'est le programme. Nous avons donc engagé un processus de réactualisation de « L'Avenir en commun ». En huit mois, nous avons reçu plus de 5 000 contributions libres, près de 10 000 questionnaires consultatifs remplis, nous avons publié 60 vidéos relatives à l'actualisation du programme totalisant un million de vues. Des forums du programme, des rendez-vous hebdomadaires, « les jeudis du programme », ont rassemblé près de 70 invités extérieurs

1. Meeting sur l'eau : « La Terre est notre patrie commune », 10 avril 2021, à retrouver sur la chaîne YouTube de Jean-Luc Mélenchon.

à la campagne dans des émissions dédiées (syndicalistes, porte-parole d'associations, chefs d'entreprise, universitaires…). Nous avons mis en ligne un comparateur de programme pour que les visiteurs du site melenchon2022.fr puissent distinguer et comparer les différentes offres politiques pour la présidentielle. Nous avons publié en librairie quatre revues programmatiques très complètes. La première sur les questions démocratiques et la 6e République. La deuxième sur la planification de la bifurcation écologique. La troisième sur la question sociale et le progrès humain. La quatrième, enfin, sur les questions internationales. Chacune de ces revues s'est vendue à environ 10 000 exemplaires. Les quatre ont été envoyées par nos soins à des associations, collectifs, syndicats, universitaires afin de recueillir leurs avis, leurs critiques, leurs propositions. Tout ce processus débouchant sur la publication en novembre d'un nouveau programme complet, disponible en librairie cinq mois avant l'échéance, parce que nous respectons les électeurs.

Un gros travail parce que nous prenons tout cela très au sérieux. Avoir un programme précis, chiffré et mener campagne dans la durée avec ce bagage pour convaincre. Voilà notre méthode. C'est la méthode Mélenchon. Lui qui affirmait dans une récente note de blog :

« Je reste un militant à l'ancienne. J'aime l'organisation. Et j'en ai transmis une culture exigeante et perfectionniste à tous les jeunes dirigeants du mouvement insoumis. Eux-mêmes étaient déjà assez méthodiques dans la vie. Je sais combien ce trait de caractère explique souvent les rencontres politiques. »

Nous sommes pour et nous sommes prêts ! En effet, sur la base du programme, des propositions de lois, des plans d'action ont rempli les cartons à mesure que notre premier mandat de parlementaires avançait. S'il fallait gouverner le pays demain matin, nous saurions le faire.

Les élections départementales et régionales de 2021, menées dans le contexte précédemment décrit, se sont aussi superposées à cette première phase de la campagne. Dès qu'elles furent derrière nous, nous avons enclenché la seconde phase, en tenant compte du conseil souvent formulé autour de nous : « Maintenant, arrêtez de vous occuper des autres ! Vous êtes bien équipés. Avancez ! »

À présent, la stratégie que nous mettons en œuvre est celle de l'Union populaire. Comprendre l'Union populaire plutôt que l'union de la gauche. Évidemment, tout le monde peut contribuer à cette Union populaire. C'est une stratégie globale que Jean-Luc Mélenchon a décrite lors d'une conférence de presse qui annonçait l'ouverture de la saison 2 de la campagne.

Que voulons-nous ? Bâtir une majorité populaire. Pour cela, il nous faut convaincre une majorité d'électeurs. Comment le faire ? Autour d'un programme et en réunissant trois conditions. D'abord, ce programme doit affirmer la volonté de rompre avec le système qui produit ce dont les gens ne veulent plus et proposer des solutions concrètes à leurs problèmes quotidiens. Ensuite, il doit être crédible. C'est pourquoi notre programme n'est pas un petit fascicule marketing de circonstances. C'est un document précis et chiffré. Enfin, le candidat qui le porte doit faire une démonstration de capacité. Dans la vidéo introductive du nouveau site internet melenchon2022.fr correspondant à cette nouvelle phase de la campagne, Jean-Luc Mélenchon l'assure :

« Je suis déterminé à appliquer ce programme jusqu'au bout, quels que soient les obstacles. Comme vous le savez, je ne suis pas de ceux qui changent d'idées avec le vent, oublient leurs principes dans la difficulté ou cèdent au plus menaçant. Rompre avec ce monde cruel qui épuise les êtres humains et la nature, c'est possible. Affronter les conséquences du changement climatique, c'est possible. Retrouver le goût du futur, c'est possible. L'Union populaire est le chemin pour le faire. C'est la ligne de conduite de ma campagne. »

À présent, il s'agit de faire tous les efforts nécessaires pour amener cette campagne qui, comme nous l'avions prédit, est un véritable égout composé d'attaques, de polémiques, de calomnies et de surenchères, sur le fond et le programme. Car cette Union populaire que nous voulons bâtir existe dans le pays. Lorsque, à l'occasion des différentes niches parlementaires du groupe La France insoumise à l'Assemblée nationale, nous avons fait tester par sondage des mesures parmi les plus structurantes du programme, nous avons pu vérifier qu'elles sont soutenues par une majorité de Français. Nous avons eu confirmation de cela lorsque, pour notre rentrée de 2021, nous avons fait tester par un institut de sondage 42 propositions parmi les plus structurantes du programme l'Avenir en Commun.

On ne vous demande donc pas d'être séduit par un candidat, ni de l'aimer. Beaucoup de Français aiment Jean-Luc Mélenchon et vous en avez bien le droit vous aussi, mais il ne s'agit pas de l'épouser ! Que vous l'aimiez ou pas, il s'agit de se saisir de sa candidature et du point d'appui qu'elle constitue, avec les équipes qui l'entourent, pour faire appliquer un programme. C'est bien cela qui est à l'ordre du jour. Nous vous demandons, par exemple, si vous aussi, comme 9 Français sur 10, vous êtes pour augmenter le SMIC, instaurer une garantie d'emploi, conditionner les aides publiques à des contre-parties environnementales, créer un pôle public du médicament, interdire le glyphosate, limiter la malbouffe, etc.

Ou si, comme plus de 8 Français sur 10, vous êtes pour rétablir l'impôt de solidarité sur la fortune que Macron a aboli, pour taxer les profiteurs de crise, pour que les premières quantités d'eau soient gratuites pour tous, pour plafonner les frais bancaires, ou pour interdire les publicités pour les produits polluants, etc.

Peut-être aussi que, comme 7 Français sur 10, vous êtes pour la retraite à 60 ans, le référendum d'initiative citoyenne, et planifier la sortie du nucléaire, etc.

Nous savons aussi qu'au moins 6 Français sur 10 sont pour la 6e République, la semaine de travail de quatre jours, l'accès des jeunes de moins de 25 ans au RSA, l'interdiction du travail détaché et l'interdiction des fermes-usines, etc.

Il y a donc une majorité d'adhésion à notre programme. C'est établi. Lors de nos AMFiS d'été 2021, Jean-Daniel Lévy de l'institut Harris interactive a été jusqu'à nous dire : « Si il y avait un lien manifeste entre jugement électoral à l'égard du programme et comportement électoral, on éviterait de faire des intentions de vote au deuxième tour, car vous risqueriez de passer dès le premier tour ! » L'enjeu pour les jours qui nous séparent du mois d'avril 2022, c'est de traduire cette adhésion à un programme en bulletins de vote. Tous les sondages convergent vers l'idée que plus la participation populaire sera ample, plus nos chances de l'emporter seront fortes. Les électeurs les plus mobilisés sont d'abord les électeurs d'Emmanuel Macron et ceux des différentes nuances de droite. Les jeunes, les ouvriers, les employés sont trop nombreux à s'abstenir.

Aucun sondage n'est en mesure de prédire ce qu'il va se passer pour la raison que cela dépend essentiellement de la mobilisation ou non des abstentionnistes. C'est pourquoi notre priorité consiste à sillonner les quartiers du pays avec les caravanes populaires comme nous l'avons fait pendant l'été. Pour faire connaitre le programme, pour inscrire sur les listes électorales, pour convaincre de l'utilité et de la nécessité du vote. Car s'il y a mille raisons d'être en colère, d'être dégoûté et de se tenir à distance, nous le savons : l'abstention vote Macron. En effet, s'abstenir, c'est laisser la place à celles et ceux qui, en toute hypothèse, se déplaceront aux urnes pour faire le résultat. Et dans ce cas, le résultat, on le connaît déjà. L'abstention, la résignation sont nos principaux adversaires. Puisque nous sommes majoritaires dans ce pays à vouloir du programme de l'Union Populaire porté par la candidature de Jean-Luc Mélenchon, en 2022, n'attendons-pas : faisons-le !

16

Conclusion

En démocratie, nous ne sommes pas d'accord. Mais ça n'est pas un problème. Ça n'est pas un problème, car nous sommes organisés pour traiter ces désaccords le plus tranquillement possible. Les campagnes électorales sont le moment de leur expression. Mieux vaut pour la démocratie que les désaccords et les conflits y soient clairement exprimés afin de permettre au peuple de bien saisir les enjeux, de comparer les visions et les programmes qui en découlent et de choisir. Si toutes les offres politiques se ressemblent, si tout semble se valoir, la démocratie se meurt. La conflictualité en politique est un signe de bonne vitalité démocratique.

Le jour du vote, les électeurs tranchent. Le résultat de leur décision ne signifie pas que le vainqueur aurait raison contre tous les autres qui auraient tort. Simplement, le vainqueur a la légitimité des urnes pour appliquer les idées qu'il aura portées. Et les institutions de la Ve République confèrent au Président des pouvoirs exorbitants. Ainsi, la France aura vécu pendant des décennies au rythme des alternances politiques.

Mais voilà plusieurs quinquennats que les couleurs politiques changent sans que l'on ait l'impression que quoi que ce soit de fondamental ne soit changé, ni que notre quotidien se soit amélioré. Souvent, c'est pire. Tout bien pesé, qu'est-ce qui différencie tant le quinquennat Sarkozy du quinquennat Hollande et ces deux-là du quinquennat Macron ?

En avril 2022, l'élection présidentielle doit avoir lieu. Et chacun comprend que l'enjeu n'est plus de choisir la couleur politique d'une alternance dont on ne verrait pas de changement. On ne parle pas d'une gestion du pays à la petite semaine. L'humanité tout entière est bloquée dans une impasse. Notre pays ne fait pas exception. Compte tenu de son histoire et de la place particulière qu'il occupe dans le monde, ce qu'il choisira de faire est en mesure de changer le cours des événements. Les options qui s'offrent à nous sont connues. Je n'en vois guère que deux. La continuité ou la rupture. La continuité des trois quinquennats qui viennent de s'écouler en choisissant Emmanuel Macron, Xavier Bertrand ou n'importe quelle autre nuance de Sarkozy ou de Hollande selon votre préférence pour tel ou tel autre parfum de la même crème glacée. Certes, ça n'a pas tout à fait le même goût mais au fond, qu'est-ce que ça change ? Un peu moins de ceci, un peu plus de cela, le curseur plus haut ou plus bas, davantage d'un côté ou davantage de l'autre mais globalement, profondément la même chose une fois confronté au réel.

Je sais que vous me trouveriez mal inspiré de classer Marine Le Pen, Éric Zemmour ou tout autre candidat d'extrême droite dans la catégorie « continuité ». Vous auriez raison. Voir les clés de notre nation, fondée par la République, remises aux mains de ceux qui portent une vision ethniciste de la société et pensent que notre salut passerait par un repli identitaire, promettrait de graves tensions et ne nous ferait pas avancer d'un pouce sur toutes les tâches que nous devons accomplir collectivement. Par-dessus tout, l'unité du peuple qu'ils s'emploient à empêcher est une nécessité. Aucune rupture ne viendra en attrapant les problèmes par ce bout-là.

L'écosystème compatible avec la vie humaine est menacé. Bien que nous en soyons là, certains font radoter dans leurs discours les heures les plus sombres de notre histoire, trouvant encore le moyen de nous diviser. En revanche, leur silence assourdissant face à la concentration extrême de richesses entre quelques mains et face à la pauvreté qui s'étend en dit plus long que n'importe lequel de leurs discours. Avec ces gens-là au pouvoir rien ne changera de ce qui doit l'être véritablement. C'est d'ailleurs pourquoi, parmi ceux qui veulent que rien ne change, pour satisfaire leurs intérêts particuliers, beaucoup n'hésitent plus à affirmer leur préférence pour l'extrême droite si elle devait se trouver face à nous.

Tout est dit. Si les partisans des différentes nuances de continuité préfèrent l'extrême droite à l'Union populaire que nous souhaitons bâtir, c'est qu'ils ont compris qu'avec l'extrême droite il n'y aurait pas de rupture. Donc la continuité.

La rupture, nous sommes, avec Jean-Luc Mélenchon, les seuls à l'incarner. Précisons : nous sommes les seuls à l'incarner qui soient à la fois prêts à gouverner et en assument la volonté. Si vous ne voulez pas que ça change, c'est clair, ne votez surtout pas pour nous ! Mais, que vous le vouliez ou non, il faut tout changer. On peut décider de le faire tranquillement tant qu'il est encore temps. Mais nous savons aussi désormais que ce temps est compté. La démocratie ne survivra pas longtemps à la grève civique du peuple. La paix civile ne résistera pas longtemps à une accumulation toujours plus débordante de richesses aux pieds d'une tiers-mondisation accélérée. Les catastrophes climatiques n'attendront pas nos décisions. Elles sont déjà là. Soit on affronte ces grands enjeux avec civilité, méthode, organisation et tous ensemble. Soit on laisse les choses filer comme elles vont ou pire, on les aggrave, et dans ce cas nous irons d'une incertitude à l'autre. La seule chose qui soit absolument certaine dans ce cas, c'est que ça va tanguer très dur.

Cette élection présidentielle n'est donc pas une course de petits chevaux après les précédentes. Celles et ceux qui l'entreprennent de la sorte sont aussi irresponsables que ceux qui se battent pour que rien ne change.

Regardez-les, ceux qui pensent que c'est déjà perdu et qui ne feront rien pour aider à la victoire. Ceux dont le seul fait de concourir leur procure un tel bonheur, une telle ivresse, qu'ils en sont aveuglés et deviennent incapables de mesurer la gravité de la situation. Ceux qui utilisent ce rendez-vous électoral pour préparer celui d'après comme si la situation pouvait nous assurer qu'il y en aurait tant et tant d'autres encore et que tout allait tranquillement pouvoir continuer. Ceux-là sont assez stupides pour croire que quand Jean-Luc Mélenchon déclare que « 2022, c'est la dernière station avant le désert », il parle de notre mouvement ou de sa personne dont ils attendent d'être débarrassés ! Que ceux-là soient assurés que, quoi qu'il arrive, s'il fallait reconstruire, même depuis des cendres, nous le ferions. S'il y a une chose dont Jean-Luc Mélenchon se soit assuré et qui fait de lui le grand dirigeant politique qu'il est, c'est bien celle-là. La génération Mélenchon est prête à prendre la relève le moment venu. Elle sera au rendez-vous.

Il n'en reste pas moins qu'il n'y a plus de temps à perdre. Depuis que nous avons démarré cette campagne présidentielle, plusieurs fois on m'a approché en me disant : « La prochaine fois, ça pourrait être vous ! » Mais les insoumis ne sont pas devant l'élection présidentielle comme on attend son numéro au guichet ou à la poissonnerie ! Laissons cela aux autres ! Ils le font très bien. Ce que nous voulons, nous, ce que nous devons, c'est passer au plus vite par le chemin le plus court. Qu'importe celui qui marche devant du moment qu'il amène le programme à bon port, c'est-à-dire au sommet pour l'appliquer. Le chemin le plus court, c'est 2022. Celui qui marche devant est à cette place parce qu'il est le meilleur d'entre nous.

Quand je dis « qu'importe celui qui marche devant », je vous parle de politique. Mais je ne peux occulter la part d'humain, d'intime et de personnel dans toute cette histoire. Non seulement j'ai la certitude que Jean-Luc Mélenchon ferait un immense président de la République et le dernier de cette cinquième à bout de souffle. Regardez ses discours d'opposant, imaginez-le en situation et osez dire le contraire ! Mais aussi, voir cet homme qui a mené toute une vie de combat atteindre enfin l'objectif serait un immense bonheur et une leçon de persistance. Vous ne l'ignoriez sûrement pas et vous l'ignorez d'autant moins à présent que vous m'aurez lu : il représente énormément pour moi. Récemment, alors que nous discutions tous les deux comme nous le faisons régulièrement, il me disait : « Toi et moi, on pense pareil. Notre duo est une force. » Pendant toutes ces années, je ne me suis pas installé à ses côtés dans un rapport de consommation. J'ai appris beaucoup en cheminant avec lui. Comme beaucoup d'autres, je me bats pour que nous y arrivions. La dernière fois, nous étions si près du but qu'ensuite, j'ai redoublé d'efforts. J'ai consenti des sacrifices personnels. Et je me battrai jusqu'au bout. Tant que la possibilité d'y arriver existera.

Or il se trouve que cette possibilité est juste là, devant nous. À portée de vos choix, à portée de vos doigts et du bulletin de vote que vous saisirez si vous en faites le choix. S'il y a une chose, une seule que je voudrais que vous reteniez de ce récit, c'est que vous n'êtes pas les spectateurs d'une situation courue d'avance. Dans la vie, certaines choses nous échappent et d'autres peuvent être saisies. La politique est de ces dernières.

Dans le cas présent, quelles que soient les difficultés, quels que soient les pronostics, les prévisions, les manipulations, quels que soient les obstacles que ne cesseront jamais de placer en travers de notre chemin ceux qui ne veulent surtout pas nous voir y arriver, à la fin c'est toujours, absolument toujours, vous et vous seuls qui déciderez. À la condition que le jour J vous soyez au rendez-vous, cette fois, nous allons y arriver.

Si vous en êtes déjà convaincus, surtout ne vous en contentez pas ! Prenez votre part en convainquant autour de vous ! Je fais miens ses mots : « Notre nombre, notre dévouement, voilà notre force. Dans l'effort à fournir, de tout mon cœur, je prends toute ma part. Je vous invite à prendre la vôtre. »

Certes, il faut imaginer Sisyphe heureux. Mais le sommet s'impatiente de voir son rocher y arriver. Non comme une finalité. Mais comme un moyen. Celui de faire ce qui doit être enfin fait. Celui de tout changer. Qu'attendons-nous ?

« Si noire que soit la nuit, la lumière jamais ne s'éteint. Et si petite que soit la braise, c'est elle qui remet le feu à la plaine. »

Françaises, Français, choisissez ! Aux urnes, citoyens !

Table

RÉALISATION : NORD COMPO À VILLENEUVE-D'ASCQ
IMPRESSION : CPI FRANCE
DÉPÔT LÉGAL : NOVEMBRE 2021. N° 148092 (165176)
Imprimé en France